江苏税收
发展研究报告

2017

主 编 张为付

南京大学出版社

图书在版编目（CIP）数据

江苏税收发展研究报告. 2017 / 张为付主编. —南
京：南京大学出版社，2019.2
ISBN 978 - 7 - 305 - 21531 - 5

Ⅰ. ①江…　Ⅱ. ①张…　Ⅲ. ①地方税收-税收管理-
研究报告-江苏- 2017　Ⅳ. ①F812.753.042.3

中国版本图书馆 CIP 数据核字(2019)第 012203 号

出版发行　南京大学出版社
社　　址　南京市汉口路 22 号　　　邮　　编　210093
出 版 人　金鑫荣
书　　名　**江苏税收发展研究报告(2017)**
主　　编　张为付
责任编辑　王日俊　叶　婷
照　　排　南京理工大学资产经营有限公司
印　　刷　虎彩印艺股份有限公司
开　　本　787×1092　1/16　印张 16.75　字数 431 千
版　　次　2019 年 2 月第 1 版　2019 年 2 月第 1 次印刷
ISBN 978 - 7 - 305 - 21531 - 5
定　　价　128.00 元

网　　址：http://www.njupco.com
官方微博：http://weibo.com/njupco
官方微信号：njupress
销售咨询热线：(025)83594756

指导委员会

主　　任　张为付
委　　员　李　杏　宣　烨　原小能
　　　　　陆建康　丁　宏

编辑委员会

主　　编　张为付
副主编　田志刚
编写人员　毛翠英　陈桂华　王红领

本书为江苏高校优势学科建设工程资助项目(PAPD)、江苏高校人文社会科学校外研究基地"江苏现代服务业研究院"、江苏高校现代服务业协同创新中心和江苏省重点培育智库"现代服务业智库"的阶段性研究成果。

书　　　名:江苏税收发展研究报告(2017)

主　　　编:张为付

出　版　社:南京大学出版社

目　录

综　合　篇

税　制　篇

政 策 篇

征　管　篇

数　据　篇

综 合 篇

第一章 社会主要矛盾变化背景下
健全地方税体系建设

十九大报告提出我国社会的主要矛盾已经转化为人民日益增长的美好生活需要和不平衡不充分的发展之间的矛盾,对于地方税收问题而言,地方政府间税收发展不平衡不充分本身就是新时期社会主要矛盾的一个内生表现,健全地方税体系也是新时期建设现代化经济体系的应然要求,更是化解新时代社会主要矛盾的实然财力约束条件。因此,应按照中央政府主导下的"制度顶层设计"模式,以税收收入归属权与征收管理权来判断是否属于地方税,同时要综合考虑地方政府的经济发展程度、职责范围大小、税收自主空间需求、财政能力高低、经济调控需要等因素来选择税种,尽快建立健全我国的地方税体系。

一、1994 年分税制框架下的地方税体系

1994 年分税制改革前,伴随我国财政制度变迁模式,地方税体系经历了两个发展阶段:1950—1979 年,国家对经济振兴与政治稳定有着迫切需要,形成了中央绝对主导的财政体制变迁模式,尽管屠宰税、牧畜交易税、城市房地产税、文化娱乐税、车船使用牌照税、印花税和存款利息所得税成为了地方税种,固定比例分成收入包括农业税、工商业税的营业税、所得税,但稳定的地方税收体系没有形成,相关税种被多次合并与分解;1980—1993 年,国家有较强烈的促进经济快速发展的愿望,充分调动地方积极性成为财税改革的主导思想,让渡给地方政府利益的各种财政包干制纷纷出台,为了健全地方税制,先后恢复和开征了城市维护建设税、房地产税、车船使用税、和城镇土地使用税四个地方税种,共享收入包括产品税、营业税、增值税、所得税等,这一时期地方税种得以增加,地方固定与共享收入轮廓基本形成。

目前,我国执行的税制模式是 1994 年分税制改革的成果,分税制改革是对 1950—1993 年我国财政体制变迁的反思和制度上的重新设计。1994 年以前,我国财政体制改革的基本特点是通过财政包干、收入分成的机制设计来进行,财政包干制的基本框架是中央允许地方在上缴固定数量的收入之后获得收入,刺激地方政府扩展税基和税收努力。但由于地方政府害怕"棘轮效应"的出现,反而藏税于民①,这样,中央政府财政包干、收入分成机制的设计最终导致诸侯割据型财政体制的出现,破坏了国家财政体制的完整性;而收入递增包干、总额分成、上解额递增包干、定额上解、定额补助等多种制度形式被各省模仿使用,使中央对地方财政指标的测度也日益失去精准。当时情况表明,中央尝试通过"财政包干制"等制度模式,刺激地方政府扩展税基和提高税收努力的政策意愿已不能实现,并导致了中央财政预算收入占 GDP 份额下降的直接后果,削弱了中央政府对整体财政体制的控制能力。于是,以

---

① 刘云龙:《民主机制与民主财政——政府间财政分工及分工方式》,中国城市出版社 2001 年版。

增强中央政府宏观调控能力、规范中央与地方分配关系、合理调节地区间财力分配为主要目标的分税制得以施行。

1994年分税制改革的核心内容表现为三个方面:明确划分了中央与地方政府所属的税种体系,取代过去固定分成模式;健全了包括增值税在内的中央与地方共享税制度,增值税成了国家主体税种;分设了地税与国税两套征税机构。肯定地讲,分税制改革通过各项财税制度要素的安排,实现了为其核心目标服务的有机结合,通过从制度设计层面触动地方政府的利益,建立了它对组织财政收入的内在激励机制,在提高中央财政比重的同时,也带动了国家整体财税效率的增进;建立了地税与国税两套征税机构的制度设计,解决了中央与地方在税收征管方面由于委托—代理关系而引发的"道德风险",创造了相对稳定的财政制度环境。

在1994年分税制后,由于实行了中央财力集中的财政体制,使地方税体系表现出以下特征:一是地方税体系是在中央主导下形成的。中央政府利用手中强大的规则制定权,建立了相对稳定的地方税体系,并奠定了中央政府在财政收入比重上的优势;二是地方税体系是收入功能弱势的税收体系。分税制上收了以往地方税的主要税源,地方主体财源份额和绝对量都大幅度下降,并且分税不彻底,中央与地方共享税数量的增多,同时中央共享比重的提高,一定程度上弱化了地方税体系;三是共享税设计在地方体系内部实际执行过程中出现了偏差。中央与地方在税种划分总体框架上的共享税设计,使各层级地方政府间也衍生出很多复杂易变的共享税模式,省以下严格意义上的各层级政府相对独立的地方税体系并未形成。总体而言,分税制作为一项国家整体的制度变迁,未能充分考虑到各级政府间在制度变迁中存在联系性和互动性的制度设计方法,导致了相对稳定但并不充裕的地方税体系形成,这样的地方税体系使地方财政能力与地方事权不相适应,尤其对基层财政能力未给予满足,造成了地方税体系内在制度冲突空间的存在,是1994年分税制框架下地方税体系表现出来的显著特征。

实践中,地方税体系上述状况导致了我国很多财政问题的出现,譬如"乱收费"、"高负债"就是在充裕性地方税体系缺失的情况下,地方政府释放财政压力的出口。那么,随着"地方债务风险治理与规避"、"营业税改征增值税"、"事权与财政支出责任相适应"等国家财税改革方略的推进,意味着在地方政府不能通过非规范性收入体系释放财政压力、"营改增"强化了分税制的真空负效应以及财力不能匹配财政支出责任的情况下,国家必须要推动新一轮财政制度的改革来破解上述难题,改革的主要关键问题就是完善地方政府税收体系。

二、健全现代地方税体系应遵循的核心理念

党的十八届三中全会明确提出要科学划分各层级政府事权、改革税制、稳定税负,来激发中央和地方两个积极性,并建立事权和支出责任相适应的制度。这表明,我国新一轮财税体制改革主要意图是通过各层级政府间事权的科学划分,以及相适应的税收制度改革,使国家的整体财税体制达到较为稳定的良性均衡。由于地方政府财政支出责任的履行需要相匹配的财力,加之税制改革主要涉及地方税收体系完善层面,由此,健全地方税体系将成为我国新一轮财税体制改革的重点内容。

建立健全地方税体系遵循的核心理念,应与现代财政制度特质相契合。由于受到经济发展阶段以及国家财政资源有限等诸多因素的影响,我国早期的财政制度运行模式,财政资

源运行方向以保证政府部门正常运转为主,财政制度改革更多地关注财政制度自身,追求政府间财政最佳分配格局,强调的是上级政府对资源的掌握及宏观调控中的绝对地位,财政决策的实现过程是建立在科室内部的协商、达成一致的基础上的,在民众偏好满足程度方面存在较大的偏差。随着经济快速发展与财政资源相对充裕,我国财政制度经过多年的演进,已经从偏重科室内部协商、达成一致的财政制度运行模式,演进到了重点关注民生民计的现代财政制度模式,这种财政制度运行是以公共品的有效供给为逻辑起点,重点考虑财政制度与民众福祉的关系,强调公共品提供的质与量,把满足民众的需求作为财政制度运行的基本出发点,财政资源更多地投向了基础设施建设、居民的消费、教育文化、医疗卫生、社会保障、环境保护、就业支出、食品安全、公平分配、保障性住房等公共需求与弱势群体需求领域,并以财政资源运行高效率、公共服务均等化以及对弱势群体人文关怀为财政资源制度运行的基本价值准则。

科学的现代财政制度对制度自身的要求是:事权划分原则是清晰化、法制化、经济性、功能性、稳定性的结合;财权划分原则是充裕性、对称性、规范性、适应性的结合。据此,未来构建现代财政制度的着力点将表现为以下几个方面:

其一,遵从需求驱动型财政分工模式,在财政分工模式中融入规范化、法制化元素,并强调中央及地方政府责任和民众参与的决策价值,依据一致性同意原则,体现对基层政府公共品及服务优先性与民众偏好充分披露的尊重;

其二,清晰各层级政府间的事权与财政支出责任,塑造各层级政府相匹配的财政能力,赋予各层级政府在中央财政约束下的财政资源运行空间,打造各层级政府事权与财力相匹配的财政资源格局;

其三,各层级政府将会努力提升控制财政资源运行趋势的能力,包容并创造民众的决策习惯和技能,使民众在一定程度上都是公共决策潜在的参与者,最终使民众都能在宪法、法律框架下参与到公共事务中来。

在现代财政制度框架中,民众通过一定的平台与程序披露个人偏好并得到尊重,是"税收"赋予的权利,对政府财政行为的选择是民众对自己缴纳税收的一种保护,也是一种财政最终归属权的自我实现,而对民众尊重的实现取决于地方税能否通过财政支出来对民众偏好给予充分满足;需求驱动型财政分工模式核心价值是对基层政府提供公共品与服务优先性的考虑,这决定于充裕的地方税体系能否给予相匹配的支撑;而政府间事权与财政支出责任相适应是财政制度的基石,关系到比重占多数人福祉的提高,它的实现程度取决于地方税体系赋予地方财政能力的高低。因此,地方税体系是现代财政制度的核心内容,构建现代地方税的理念与现代财政制度上述着力点应是一致的,具体表现为以下几个方面:

(一)构建具有良性体制均衡的地方税体系

诺思说道:"制度均衡是这样一个状态,即在行为者的谈判力量及构成经济交换总体的一系列合约谈判给定时,没有一个行为者会发现将资源用于再建立协约是有利可图的。更注明的是,这一状态并不意味着,每个人对现有的规则和合约都满意,只是由于改变合约参与者游戏的相对成本和收益使得这样做不值得,现存的制度制约确定和创立了均衡。"① 科

---

① 诺思:《制度、制度变迁与经济绩效》,上海三联书店 1994 年版。

学现代财政制度下的地方税体系同样应表现为一种体制均衡,譬如以事权划分为基础、以受益原则为依据所进行的税种划分,应该是体制改革各参与方协商与合作的结果,但这种协商合作不是表面意义上的权益争夺,而是以满足民众偏好为核心的各层级政府财政关系的相互融合。地方税体系"均衡解"的合理性和存在性是经济发展、政治进步、民众诉求协调的结果,是适应整个国家制度变革的财政体制安排,体现着我国财政文化中和谐合作的思想,充分展现出财政体制选择过程中的民主性、法律性、规范性的特点。

(二)构建能赋予地方政府相称财政能力的地方税体系

地方政府所拥有的财政资源应与宪法和法律规定的义务相匹配,在现代财政制度框架下,地方政府必须拥有相称的财政能力。各层级政府的财政能力可以从政府满足各自辖区需求的能力上得到反映,而辖区政府满足需求的能力取决于它的财政可获资源能力。一个辖区政府财政可获资源能力主要来源于政府间财政补贴和能达到的税收收入水平。政府间财政补贴主要用来矫正潜在的财政资源和必须承担的财政责任的不平等分配的影响,但财政补贴不应该左右辖区政府本应达到的税收能力高度,因为只有辖区政府税收能力才能赋予地方政府相称并且稳定的财政地位。由此,构建的地方税体系必须能够获取满足财政需求的充足、稳定、可预期的税收收入,进而赋予地方政府相称的财政能力,使地方政府有能力来为本辖区的民众提供高质量的公共产品与服务。

(三)构建能充分体现法制化精神的地方税体系

在地方税体系构建的过程中,应体现出尊重地方政府的财政选择,保证其相对独立性和优先性的财政体制理念,鼓励地方税收行为的多样性、非官僚化、服务提供的变化,强调对民众负责、公民参与、合理调控,推崇以中央为主导下的中央与地方政府法律框架内的税收合作;要以法律的形式对各级政府间事权、财政支出责任界定的基础上,对地方税权也应给予明确界定,各级财政之间不存在无法律依据的行政命令关系,具有法律框架下的透明度、稳定与完备的地方政府税收制度,维持各级政府事权和支出范围的划分明确、税权划分明确的格局;采用形式理性的非人格化管理体制,地方政府的税收规则权、征收管理权和税收支出决策权等权限必须在宪法、法律约束下进行,以此保证征税标准明确、税收管理规范。

三、健全现代地方税体系的路径与策略

地方政府(Local government)被视为一个由民众选举而产生的机构,它的管辖权限仅限于辖区范围,并通过授权获得地方税收权以及地方公共服务供应的自由裁量权(Cole and Boyne,1995)。在论证关于服务水平的民主决策分权产生的资源配置效率收益时,奥兹分权化定理假定,最终的服务成本与选民的支付意愿搭配。原则上,应当由个别服务使用者支付使用费,否则市场将不能在地方政府辖区内取得配置效率,在这种情形下,地方政府有必要介入。这种介入除了政府收费外,利用税收与财政补贴是必要的,其中与地方性的正外部效应、优值品和公共物品相关的补贴需要通过征收地方性税收加以融资。[①]

---

① 斯蒂芬·贝利:《地方政府经济学:理论与实践》,北京大学出版社 2006 年版。

关于地方税(Local Tax)概念的界定,中外学者有多种不同的观点。英国学者 Stephen J. Bailey(1995)认为,地方税可以定义为地方政府通过设定税率和(或)界定税基来决定税收收入,并且为实现自身目标、保留所产生的税收收益。按照这一定义,地方政府与地方政府分享所得税、增值税和其他税的收益,由于是中央政府来决定税率和税基,所以应视其为中央对地方政府的给予收入。这一对地方税的理解是基于彻底财政分权理念下西方学者普遍的观点,强调地方税是税收规则权与税收收益权的统一。而我国一些学者不强调税收规则权的归属,以税收收入的最终归属来判定是否属于地方税(王诚尧,1988;何福林,1991),而另外一些学者认为税收规则权与税收收益权都归属于地方政府才是地方税(于光远,1991;王维国,2002;陈共,2004);还有学者认为,由于省级政府不是直接提供公共服务的真正地方政府,因此地方税应是指市(县)级政府税收(靳东升、王则斌,2013)。

给予地方税不同定义是与看待一个国家的财政分权程度有关系,而财政分权程度与一个国家的政治体制、政府管理模式、民族文化都有着密切的传承,因此,对地方税的认知既要从正式制度层面理解,又要考虑到正式制度以外因素的制约。地方税体系的形成存在"路径依赖",受历史、政治、文化等因素的影响程度较大,不排除理性地参与,但其制度安排更多的是依靠政治哲学和政治艺术,而不是纯理性技术的原则。我国民主集中制的政府治理结构是由历史、政治、经济、文化演进的必然选择,实践成果表明,中央政府主导下的"制度顶层设计"模式适合我国国情。因此,应以税收收入归属权与征收管理权来判断是否属于地方税,同时要综合考虑地方政府的经济发展程度、职责范围大小、税收自主空间需求、财政能力高低、经济调控需要等多个因素来对税种进行选择,进而构成科学合理的地方税体系。在实践中,地方税体系是地方税权、地方税种、地方税规模、地方征管机构四要素交互作用并逻辑统一的整体。因此,建立健全现代地方税体系主要应探讨四方面的问题:地方政府税权的空间、地方税税种群的选择、地方税规模的确定、地方税征管机构的有效性。

(一) 打造具有约束性的地方税税权空间

在实践中,地方政府的税权空间要依据一个国家经济、政治、文化的实际状况界定。在西方政府治理的体系中,辖区自治是政府管理的核心精神,存在自下而上分权的政治文化继承,在税收规则权上往往会给予地方政府更大的空间,但这种税权空间也不是无限的,会受到各种条例的制约。追溯美国的历史,正如托克维尔(Tocqueville,1835)所言:"乡镇成立于县之前,县又成立在州之前,而州又成立于联邦之前";汉密尔顿(Hamilton,1787)说道:"各种比较微小的利益,必须由地方政府管理,这些利益会形成许多影响的溪流,流经社会的每个部分……"。[1] 这意味着美国地方政府从开始就拥有高度自治权。从财政角度上看,美国采取的是自主管理财政原则,施行的联邦和州双主权的体制,把"整体利益"作为联邦财政的合法目标,联邦政府对州和地方政府的事项不能课税的"豁免主义"一定程度上说明了美国地方财政自治的优先地位。然而,就是在这个彻底分权的国家里,宪法也部分地通过特殊条款,部分地通过司法部门对宪法中与税务有关的其他条款的应用,对各州税权加以若干限制。[2] 地方政府自治的政治传统也不必然导致"税权自治"。英国就是具有地方政府自治传

---

[1] 汉密尔顿等:《联邦党人文集》,商务出版社 1980 年版。

[2] 马斯格雷夫:《财政理论与实践》,中国财政经济出版社 2003 年版。

统的国家,但地方政府必须受到中央政府的制约并在议会授权下进行,直至 2003 年英国颁布《地方政府法》,才给予绩效好的地方在税收等领域更多的自主权。在划分税收权限上,英国是一个税权高度集中的国家,地方政府只在税率的变动、某些捐费的征停、减免税等管理方面拥有一定的自主权。

根据我国的历史、政治、经济与文化的传承与现实,我国适合集中型税权空间划分模式,中央与地方政府税权空间划分由立法、行政、协议和合作共同决定。中央主要掌握税收立法权与对地方税权的否定权,即拥有对地方税税目调整权、税率设定权、减免权,设置与开征税种权的否定权,创立中央与地方政府协商合作的税权运转模式。在统一税法的前提下,应在中央政府为主导并拥有否定权的基础上,赋予地方政府相对灵活的税收权,即让地方政府具有一定的控制税收入源泉的权限与能力,地方政府可以决定征收某个特定的税种,也可以对税种的核心要素进行设定,同时具有相对的征收管理权。需要进一步强调的是,地方政府税权空间需要受到以中央政府为核心的财政体制框架的约束,以此保证国家整体制度的完整性与权威性,有利于全国性财税战略的全面推进。

(二)打造富有充裕性的地方税税种体系

Richard M. Bird(1993)认为理想的地方税原则包括:地方间没有转移的可能;能够获取尽可能满足地方间财政需求的充足的税收收入;长期获得稳定,可预期的税收收入;被纳税人认为公平(Fair);征税管理相对简易和有效;不能将税收负担转嫁给非居民;征税标准明确,履行对居民的说明责任。Richard A. Musgrave(1973)认为作为地方税的税种应具备三个特征:作为税源的生产要素基本不变;税源及管理依据于居住地;税款的使用与利益有关。Stephen J. Bailey(1995)提出了地方税的八条标准:横向公平与纵向公平;能提高配置效率;高度透明的可见性;地方自主;经济、简明与易遵守;收入充分;收入稳定;固定税基。靳东升、王则斌(2013)认为,与中央税相比,地方税应具有三个基本特征:其一,税源的非流动性。既地方税的税源具有明显的地域特征,其课税对象和征税范围相对固定于某一领域,不随纳税人的流动而流动;其二,课征的直接受益性。即按受益原则的要求,纳税人根据其从公共服务中获得的利益大小纳税。由于公共服务的提供者多为地方政府,所以按照受益原则课征的税种多为地方税;其三,对地方的强依附性。这种依附包括两层含义:一是指税源依附于地方,即税源的形成与地方政府提供良好的经营环境密切相关,或与地方政府的主观努力密切相关。二是指征管上与地方政府关系密切,依附于地方政府的支持,征管中地方政府更易于掌握税源,便于征收。① 综合而言,以征税效率高低为标准的效率原则、以税收负担分配均等为标准的公平原则、以税基广狭为标准的适当原则都可以为地方税种的选择提供依据。

分税制改革后,形成了以营业税(收入约占地方税比重的 40% 左右)为主体的地方税体系,随着"营改增"范围的不断扩展,地方政府面临着地方税主体税种的再选择问题。一般理论认为,由于地方所得税是高度再分配性质的税收,会对高纳税群体造成推出行政辖区的诱导,加之税基十分嬗变,难以为地方政府提供充分和稳定的收入,不适合作为地方税的主体税种。尽管地方流转税属于税收支付环节的"隐蔽税收",但同样会由于跨界购物行为引发

---

① 靳东升、王则斌:《构建地方税体系的若干重要问题的思考》,《公共经济与政策研究》2013 年第 4 期。

"高税率"政府辖区的居民向"低税率"辖区政府税基的转移,同样不是地方税主体税种的理想选择。

从我国地方税种格局分析,选择单一税种为地方税主体税种是不现实的,因此可以舍弃地方主体税种的概念,通过构建税群体系来支撑地方税体系。那么,当前最理想的选择方案是,通过对地方财产税群的打造来构建充裕性的地方税体系。一般而言,地方财产税群包括的税种有:房产税、契税、城镇土地使用税、土地增值税、车船税、契税、遗产税与赠予税(未开征)等。根据上述各税种税收要素属性,对财产税群进行评估,其作为构建地方税体系重点选择方案的理由有:其一,由于财产税不受经济活动短期波动的影响,税基也具有最低的流动性,可以规避地方所得税收益不稳定,以及地方流转税的税基易转移问题;其二,财产额比销售额、所得额更易于确认、界定和衡量,便于地方税务机关对税源的征管,征收成本相对低;其三,从受益原则出发,财产的形成和增值源于地方公共服务,所以财产税具有受益税性质,可促进地方居民参与公共事务,加强地方官员本身的财政责任。按照上述构建地方税体系的路径,最终地方税体系形成三个构架:一是由地方财产税群为核心的地方税收入体系;二是由增值税、所得税以及资源税等税种构成的共享税体系;三是由耕地占有税、环境保护税等税种构成的辅助体系。最终,地方税、地方费、地方债、上级财政补贴以及其他融资模式共同组成地方政府充裕的财政收入体系。

(三)打造存在弹性空间的地方税税收规模

蒂布特(Charles Tiebout,1956)、施蒂格勒(George Stigler,1957)、布坎南(James Buchanan,1965、1980)、特里西(Ricaid W. Tresch,1981)、奥兹(Oates,1972)、萨缪尔森(Paul A. Samuelson,1954、1998)、马斯格雷夫(Richard A. Musgrave,1999)等多位经济学家在论述财政联邦主义框架时,对地方税规模在技术操作层面给予了相应的提示。地方税的最优规模取决于多种因素:其一,层级政府辖区大小与辖区内居民数量是影响地方税规模的重要因素。公共品的消费与提供要受到地理和空间因素的影响,具有明显的地域性或区域性特征,当公共品的受益范围与政府辖区大小完全一致时,政府利用地方税来满足地方公共品需求是最有效率的,那么,此时所需要的税收规模就是某一辖区政府最优的税收规模;其二,地方公共品具有不同外溢性是考量地方税规模的重要因素。地方性公共品中大多数都具有不同程度的外溢性,造成了公共品受益范围和政府辖区互不重合更加常见,这必须要对公共品收益外溢的辖区政府获得成本的补偿,会导致某一辖区政府地方税规模的增加;其三,合理的地方税规模取决于地方政府事权与财政支出责任范围的大小。地方政府财政支出责任是地方税规模与政府间财政转移支付的依据,地方税规模必须以完全满足地方财政支出责任为下限,否则将失去合理性与有效性;其四,地方政府获取费、债、上级财政补贴及其他融资方式的能力也影响地方税的最终规模,这取决于国家对地方财政收入制度的整体设计。

在实践中,由于地方政府具有多重功能,辖区的合并与拆分、辖区居民数量变化、公共服务职责的改变、服务技术的革新都可能导致地方政府对税收能力需求的变动,因此确定最优的地方税规模是非常困难的。尽管有多项宏观指标可以对地方税的规模进行衡量,譬如地方税收入占GDP的比重、地方税收入占全国税收总额比重、地方税收入占地方财政收入比重、地方税收入占地方财政支出比重等,但如果脱离各层级地方政府实际的财政支出责任范围进行考量,所得指标数据对合理地方税规模的界定将显得笼统且不精确,只能用来衡量中央与地方税比重的总体科学性。合理的地方税规模应当具有层次性,不同层级政府所需的地方税规模是不同的,即使同一层级政府间比较,由于所处的辖区要素不同,地方税规模也存在较大的差异。那么,保持地方税规模的弹性空间是必要的:建立不同的地方税体系,实行不同的分税办法,推行差别的税种分享比例。改变以省级政府为中心平台设置地方税体系的办法,应以基层财政为主要平台设置,建立多元多层的地方税体系①;地方税不应当选择受地方经济周期影响较大、高流动性的税基征税,以防止税源剧烈波动与税基流失;地方税应当有易于调整的税率和弹性税基,使之在实际操作中能够与执行任务的成本的实际变化保持同步,避免使地方政府陷入严重的财政困境。

另外,除了地方政府税权的空间、地方税税种群的选择、地方税规模的确定以外,地方税征管机构的有效性也是构建现代地方税体系重点关注的问题。一方面,要在税权归属清晰、税种划分明确以及地方税规模合理的基础上,保证地方税务机构与中央税务机构相互独立,职责分工明确;另一方面,要提升地方税征管机构自身的经济效率与行政效率,以此来保证现代地方税体系的整体有序地运行。

---

① 杨斌:《关于我国地方税体系存在依据的论辩》,《税务研究》2006 年第 5 期。

第二章　2016年江苏省税收收入的基本情况

一、江苏省经济运行的综合情况

根据《2016年江苏省国民经济和社会发展统计公报》,在2016年中,面对复杂多变的宏观经济环境和艰巨繁重的改革发展任务,江苏省全省上下认真贯彻中央和省委省政府决策部署,坚持稳中求进工作总基调,自觉践行新发展理念,以供给侧结构性改革为主线,扎实做好各项工作,经济社会保持平稳健康发展,实现了"十三五"良好开局。全省综合实力明显增强,转型升级步伐加快,新旧动力加速转换,发展质量稳步提升,社会事业取得进步,民生福祉持续改善。

(一)经济发展总体平稳、稳中有进

2016年江苏省实现地区生产总值76086.2亿元,比上年增长7.8%。其中,第一产业增加值4078.5亿元,增长0.7%;第二产业增加值33855.7亿元,增长7.1%;第三产业增加值38152亿元,增长9.2%。全省人均生产总值95259元,比上年增长7.5%。全社会劳动生产率持续提高,全年平均每位从业人员创造的增加值达159934元,比上年增加12620元。

(二)产业结构加快调整

三次产业增加值比例调整为5.4:44.5:50.1,全年服务业增加值占GDP比重提高1.5个百分点。全年实现高新技术产业产值6.7万亿元,比上年增长8.0%;占规上工业总产值比重达41.5%,比上年提高1.4个百分点。战略性新兴产业销售收入4.9万亿元,比上年增长10.5%;占规上工业总产值比重达30.2%。

(三)经济活力继续增强

全年非公有制经济实现增加值51510.3亿元,比上年增长8.0%,占GDP比重达67.7%,其中私营个体经济占GDP比重为43.6%。民营经济增加值占GDP比重达55.2%。年末全省工商部门登记的私营企业达222.9万户,当年新增50.1万户,注册资本98090.7亿元,比上年增长34.4%;个体户438.8万户,当年新增77.6万户。新型城镇化建设加快。年末城镇化率达67.7%,比上年提高1.2个百分点。区域发展协调性进一步提高。苏中和苏北对全省经济增长的贡献率达45.3%,沿海地区对全省经济增长的贡献率达18.4%。

(四)就业形势保持平稳

年末全省就业人口4756.22万人,第一产业就业人口841.85万人,第二产业就业人

口 2045.17 万人,第三产业就业人口 1869.2 万人。城镇地区就业人口 3126.26 万人,城镇新增就业 143.22 万人,城镇登记失业率 3.0%。新增转移农村劳动力 26.49 万人。促进失业人员再就业 77.82 万人,其中就业困难人员就业 13.12 万人。分流安置去产能职工 2.31 万人,应届高校毕业生年末总体就业率达到 96.9%,扶持城乡劳动者自主创业 22.82 万人。

(五)消费价格温和上涨

全年居民消费价格比上年上涨 2.3%,其中城市上涨 2.4%,农村上涨 1.8%。分类别看,食品烟酒上涨 3.8%,衣着上涨 1.8%,居住上涨 1.2%,生活用品及服务上涨 1.6%,交通和通信下降 1.2%,教育文化和娱乐上涨 0.9%,医疗保健上涨 9.1%,其他用品和服务上涨 2.7%。在食品烟酒中,鲜菜上涨 11.3%,畜肉类上涨 11.1%,水产品上涨 6.7%,禽肉类上涨 1.2%,食用油上涨 0.9%,粮食上涨 0.2%,蛋类下降 3.7%。工业生产者价格有所回升。全年工业生产者出厂价格同比下降 1.9%,降幅较上年收窄 2.8 个百分点,其中生产资料下降 2.2%,生活资料下降 0.7%。全年工业生产者购进价格下降 2.0%,降幅较上年收窄 5.9 个百分点。

除了上述取得的诸多成效,江苏省在 2016 年中全省经济社会发展中也存在不少困难和问题,例如供给侧结构性矛盾突出,转型升级任务艰巨,实体经济困难较多,有效需求增长乏力,城乡居民增收难度较大等。江苏省国税部门与地税部门就是在这一大背景、大形势下,开展了相应的税收收入征收与管理工作。

二、2016 年江苏省税收收入总体情况

(一)江苏省税收收入的总体情况

根据《江苏统计年鉴》(2017),2016 年江苏全省实现地区生产总值 76086.17 亿元,比上年增长 8.51%[①];取得一般公共预算收入 8121.23 亿元,比上年同期增长 1.15%;取得税收收入 6531.83 亿元,相较于上年同期减少 78.29 亿元,降幅为 1.18%。2016 年江苏省税收收入占地区生产总值比重为 8.58%,占一般公共预算收入的比重为 80.43%。

(二)江苏省税收总体形势的基本特征

1. 自"十二五"以来税收增速首次呈现负增长

动态来看,江苏省税收收入规模在 2016 年首次出现了负增长。根据历年《江苏统计年鉴》,自 2011 年以来江苏省的地方生产总值与税收收入规模见表 2-1:

---

① 这一增幅根据《江苏统计年鉴》(2016、2017)中所披露的江苏省 2015 年、2016 年地区生产总值数据计算得出;基于信息披露时间以及统计口径的差异,在《2016 年江苏省国民经济和社会发展统计公报》中,这一增幅为 7.8%。

表 2 - 1　2011—2016 年江苏省地区生产总值、税收收入情况

项目 年份	地区生产总值 （亿元）	税收收入 （亿元）	税收收入 占比（%）	地区生产 总值增幅（%）	税收收入 增幅（%）	弹性系数
2011	49110.27	4124.62	8.40	18.55	24.51	1.32
2012	54058.22	4782.59	8.85	10.08	15.95	1.58
2013	59753.37	5419.49	9.07	10.54	13.32	1.26
2014	65088.32	6006.05	9.23	8.93	10.82	1.21
2015	70116.38	6610.12	9.43	7.72	10.06	1.30
2016	76086.17	6531.83	8.58	8.51	−1.18	−0.14

很明显，即使是在开始进入了新常态阶段的 2014 年，虽然增幅呈现逐年下降的态势，但是在 2016 年以前，江苏省税收收入都保持了正增长。但这一格局在 2016 年发生了堪之为明显且"巨大"的改变，2016 年江苏省税收收入的增长率为负的 1.18%，税收弹性系数也由之前的每年中均高于 1 的格局骤然转变为−0.14，这一税收收入格局必然对江苏省的财政收支格局产生极大的影响，直至通过财政压力的作用最终反馈、传递、映射到地方政府债务、非税收入筹集乃至土地财政等诸多财政问题上。

2. 税收增速与经济增长出现背离

2016 年，江苏省 GDP 增长速度高达 8.51%，这是对新常态以来江苏省致力于经济增长方式转变、创新经济增长新动能、全力服务供给侧改革等一系列经济发展举措的综合反映，也与江苏省历来作为全国经济大省的地位相匹配。但是与这一相对乐观的经济总体形势相比，2016 年江苏省整体的税收收入规模却首次呈现出下降的态势，2016 年全省可列入一般预算收入的取税收收入总额相较上年同期减少了 78.29 亿元，降幅为 1.18%。

3. 2016 年江苏省为实体经济减负降税效应显著

税收增速与经济增长出现背离的趋势，首先表明江苏省面临实体经济发展能力薄弱的困境下，大力为实体经济减负降税成效显著。结合我国营改增于 2016 年 5 月 1 日由试点阶段进入全面铺开的税制改革历程，有理由相信这一改革是 2016 年江苏省税收收入与地区GDP 增长出现背离的主要原因，由此，2016 年之后江苏省税收收入情况将主要取决于两大要素：一是作为基础的经济发展水平依然是制约江苏省税收收入规模的决定性因素；二是营改增后地方分成规模的变动趋势以及地方主体税种的构建。

4. 有可能弱化地方政府的可用财力水平

上述税收增速与经济增长出现背离的趋势，在凸显减税降负效应的同时，也显示出地方政府可用财力约束明显。经济作为税收的源泉，一定时期的经济增长必然带来其税收收入的增长。理论上，税收的财政收入功能要求一个经济体的税收收入应随着其 GDP 同步增长并弹性略大于 1。根据表 2-1 中的弹性系数数据可知，进入"十二五"，尤其是新常态阶段后，虽然每年的税收弹性系数呈现出递降的主流趋势，但是在 2016 年之前全部保持在大于1 的水平弹性特征。这对于维持政府治理的财力保障至关重要。但是 2016 年中，与税收增速首次呈现负增长相一致，江苏省的税收弹性系数也首次出现了负值，仅为−0.14。这对于财政预算收入规模能否在财税体制内正常的得以维持至关重要，必须重视。

5. 政府在收入分配格局中所处的地位发生变化

在 2016 年之前,江苏省税收收入的增长速度均高于地区生产总值的增长速度,说明江苏省的收入分配格局中向政府倾斜的趋势一直未变。但显然,这一格局在 2016 年发生了较大的变化,伴随着私人部门的减税降负,江苏省的政府部门在其 2016 年的收入分配格局中略显弱势,这是与之前年份中分配格局的一个重要变化。

(三) 全国税收收入比较视角下的江苏省税收收入

1. 分级次看

全口径来看,根据《中国统计年鉴》(2017),2017 年我国共取得税收收入 130360.73 亿元,其中:中央税收收入 65669.04 亿元,占比 50.37%;地方税收收入 64691.69 亿元,占比 49.63%。另据《江苏统计年鉴》(2017)披露,2016 年江苏省共取得税收收入 11827.26 亿元,其中:归属江苏省的地方税收 6531.83 亿元,占比 44.77%;上划中央四税收入 5295.43 亿元,占比 55.23%;共计 11827.26 亿元。显然,从全国税收收入情况来看,中央与地方收入接近五五开;但是江苏省的地税收入高出上划中央收入 10.45 个百分点,说明江苏省税收部门在筹集资金在服务地方发展方面高于全国平均水平,对中央税收的筹资作用貌似不算太高。

但是,从可比口径来看,若在 2016 年全国中央税收收入中剔除《江苏统计年鉴》中没有列出的船舶吨税、车辆购置税、关税、进口货物增值税、消费税以及出口货物退税等数据差异共计 5956.04 亿元,可比口径下的全国税收收入总额为 124404.69 亿元,其中中央税收收入 59713 亿元,占全国总税收收入的 48%,从而地方税收占比 52%。统计口径调整后,全国范围内中央税与地方税在税收总收入中的比重分配为 48%:52%,江苏省这一分配比则为 44.77%:55.23%。这说明实际上江苏省税务部门对中央税的筹资贡献度比全口径数据相比明显提升,但是总体上地税收入占比偏高的趋势没有改变。

2. 分地区看

表 2-2 中,静态来看,2016 年,在我国 31 个省、直辖市、自治区中,江苏省取得地区生产总值 77388.28 亿元,仅次于广东省,位居第二;取得地方税收收入 6531.83 亿元,也仅次于广东省。江苏省在 2016 年无论是地区生产总值规模还是地方税收收入规模,均名列第二位;以之为基础测算得出的省域税收负担率也排名第二,这说明无论是宏观税负水平,还是留归地方支配的税收收入规模,江苏省都维持在全国排名第二位的位置,继续保持了其经济大省以及与之相应的税收大省的优势地位。

但是动态来看,表 2-3 中的数据却表明江苏省税收收入的发展趋势不容乐观。相较于 2015 年,全国地税收入平均增长 3.24%,但是在连续两年均排名前 5 位的省市中,仅仅江苏省在 2016 年呈现了负增长,增长率降幅为 1.18%;其余五省市的广东省、上海市、浙江省、北京市的增幅则分别为 9.78%、15.8%、8.92%、4.43%。在这五省市中,江苏省 2016 年的宏观税负率最低,为 8.44%,这在一定程度上可以理解为面临经济下行压力大、实体经济不振的背景下,江苏省通过"营改增"等降本减税、扶持实体经济发展等改革措施取得了显著效果,政府在收入分配中的强势地位有所弱化,收入分配格局有得以优化的趋势;但作为唯一出现减收的省份,这也同时表明江苏省地方财力的支撑作用开始蕴含、积聚税收风险。除此之外,在一定程度上,江苏省与广东省之间的差距在拉大,而被浙江等省市赶超的可能性正在加大,江苏省的税收收入格局也亟须转型升级实现可持续高速、健康发展。

表 2-2 2016 年分地区 GDP 与税收收入情况

地区	地区生产总值		2016 年		税收负担率	
	地区 GDP（亿元）	排序	税收收入（亿元）	排序	税收负担率（%）	排序
北 京	25669.13	12	4452.97	5	17.35	2
天 津	17885.39	19	1624.22	14	9.08	7
河 北	32070.45	8	1996.12	10	6.22	24
山 西	13050.41	24	1036.67	22	7.94	14
内蒙古	18128.10	18	1335.88	18	7.37	18
辽 宁	22246.90	14	1687.45	13	7.59	17
吉 林	14776.80	23	872.97	24	5.91	27
黑龙江	15386.09	21	827.85	26	5.38	29
上 海	28178.65	11	5625.90	3	19.97	1
江 苏	77388.28	2	6531.83	2	8.44	10
浙 江	47251.36	4	4540.09	4	9.61	5
安 徽	24407.62	13	1857.53	12	7.61	16
福 建	28810.58	10	1962.72	11	6.81	22
江 西	18499.00	16	1470.10	16	7.95	12
山 东	68024.49	3	4212.59	6	6.19	26
河 南	40471.79	5	2158.44	8	5.33	30
湖 北	32665.38	7	2122.93	9	6.50	23
湖 南	31551.37	9	1551.33	15	4.92	31
广 东	80854.91	1	8098.63	1	10.02	4
广 西	18317.64	17	1036.22	23	5.66	28
海 南	4053.20	28	504.96	28	12.46	3
重 庆	17740.59	20	1438.45	17	8.11	11
四 川	32934.54	6	2329.23	7	7.07	20
贵 州	11776.73	25	1120.44	21	9.51	6
云 南	14788.42	22	1173.52	20	7.94	14
西 藏	1151.41	31	99.05	31	8.60	9
陕 西	19399.59	15	1204.39	19	6.21	25
甘 肃	7200.37	27	526.00	27	7.31	19
青 海	2572.49	30	176.48	30	6.86	21
宁 夏	3168.59	29	246.55	29	7.78	15
新 疆	9649.70	26	869.18	25	9.01	8

表 2－3　2015—2016 年分地区税收收入情况

地区	2015 年		2016 年		2016 年税收增长率	
	税收收入(亿元)	排序	税收收入(亿元)	排序	增长率(%)	排序
北　京	4263.91	4	4452.97	5	4.43	5
天　津	1578.07	14	1624.22	14	2.92	8
河　北	1934.29	11	1996.12	10	3.20	7
山　西	1056.60	22	1036.67	22	－1.89	25
内蒙古	1320.75	18	1335.88	18	1.15	14
辽　宁	1650.45	13	1687.45	13	2.24	10
吉　林	867.12	25	872.97	24	0.67	16
黑龙江	880.34	24	827.85	26	－5.96	29
上　海	4858.16	3	5625.90	3	15.80	1
江　苏	6610.12	2	6531.83	2	－1.18	23
浙　江	4168.22	6	4540.09	4	8.92	3
安　徽	1799.89	12	1857.53	12	3.20	6
福　建	1938.71	10	1962.72	11	1.24	13
江　西	1517.03	16	1470.10	16	－3.09	27
山　东	4203.12	5	4212.59	6	0.23	18
河　南	2101.17	8	2158.44	8	2.73	9
湖　北	2086.5	9	2122.93	9	1.75	11
湖　南	1527.52	15	1551.33	15	1.56	12
广　东	7377.07	1	8098.63	1	9.78	2
广　西	1031.65	23	1036.22	23	0.44	17
海　南	514.31	28	504.96	28	－1.82	24
重　庆	1450.93	17	1438.45	17	－0.86	21
四　川	2353.51	7	2329.23	7	－1.03	22
贵　州	1126.03	21	1120.44	21	－0.50	19
云　南	1210.54	20	1173.52	20	－3.06	26
西　藏	92.00	31	99.05	31	7.66	4
陕　西	1290.33	19	1204.39	19	－6.66	30
甘　肃	529.79	27	526.00	27	－0.72	20
青　海	205.81	30	176.48	30	－14.25	31
宁　夏	256.31	29	246.55	29	－3.81	28
新　疆	861.73	26	869.18	25	0.86	15
合　计	62661.93		64691.69		3.24	

三、2016年江苏省税收收入的结构分析

（一）分税种收入的基本分析

1. 分税种收入的基本情况

（1）分税种收入的静态结构

根据江苏统计年鉴与江苏省地方税务局网站披露的相关信息，可知2016年江苏省税务部门共取得属于地方税性质的税收收入6531.83亿元，具体的分税种征收情况见下表2-4。该表说明：2016年江苏省取得的地方税收入中，增值税、营业税分别为江苏省地方税收入的绝对主体税种，分别名列第一名与第二名，合计占比超过了江苏省地方税总收入的半壁江山；企业所得税位居第三位，占比接近15%；其余税种的比重均低于10%，其中的印花税、车船税、耕地占用税以及资源税四个税种的占比均低于1%，可谓当之无愧的"小"税种。

表2-4　2016年江苏省地方税分税种收入情况　　　　　　　　单位：亿元

税种	金额	占比（%）	税种	金额	占比（%）
增值税	1974.58	30.23	耕地占用税	26.63	0.41
营业税	1325.14	20.29	契税	335.40	5.13
企业所得税	978.81	14.99	车船税	47.11	0.72
个人所得税	382.37	5.85	资源税	17.56	0.27
城市维护建设税	433.98	6.64	印花税	87.94	1.35
房产税	256.60	3.93	城镇土地使用税	185.12	2.83
土地增值税	480.58	7.36	合计	6531.83	100.00

（2）分税种收入占比的动态比较

为了便于比较，本报告以进入新常态阶段的2014年为节点，比较江苏省税收收入的动态变化，具体数据见表2-5。以表2-5为基础，可得图2-1。由其可知：2016年江苏省分税种的地税收入构成发生了较大的变化：

一是增值税与营业税的格局发生了颠覆性的变化，前者剧增、后者剧降，这一方面是营改增试点在2016年转为全面铺开后的必然结果，另一方面也以具体数据阐明了营改增改革对江苏省地税收入构成的具体影响程度。

二是土地增值税由2015年的6.61%上升为7.36%，这是2016年席卷全国的房地产热在税收领域的直接反映。

三是企业所得税由2015年的13.88%上升至14.99%，这一方面是随着经济下行压力的缓解，企业经营正常增长所带来的税源增长结果，另一方面也可以理解为这在一定程度上是江苏省国税与地税部门合作加强征收管理所取得的成效，但与此同时也说明，江苏省的宏观税收负担虽然得以减轻，但从企业所得税的角度却并非如此。

四是个人所得税有所微增，这也说明江苏省在2016年的减税减负在直接税领域效果有限，甚至在一定程度上，直接税（企业所得税与个人所得税）承担了支撑地方税收收入规模的作用与效应。

　　五是其他税种的分布格局变化不大，2016 年与 2015 年的格局大体保持了均衡的微调，总体格局未发生改变。

表 2 - 5　2014—2016 年江苏省地方税分税种收入情况　　　　　单位：亿元

税种	税收收入（亿元）			占比（%）		增长率（%）	
	2014 年	2015 年	2016 年	2015 年	2016 年	2015 年	2016 年
增值税	987.54	1046.92	1974.58	15.84	30.23	6.01	88.61
营业税	2084.66	2442.82	1325.14	36.96	20.29	17.18	−45.75
企业所得税	821.04	917.58	978.81	13.88	14.99	11.76	6.67
个人所得税	306.33	360.89	382.37	5.46	5.85	17.81	5.95
城市维护建设税	376.15	421.46	433.98	6.38	6.64	12.05	2.97
房产税	228.73	248.01	256.6	3.75	3.93	8.43	3.46
土地增值税	444.89	437.01	480.58	6.61	7.36	−1.77	9.97
耕地占用税	34.74	31.76	26.63	0.48	0.41	−8.58	−16.15
契税	401.69	370.11	335.4	5.60	5.13	−7.86	−9.38
车船税	36.91	41.74	47.11	0.63	0.72	13.09	12.87
资源税	25.33	26.48	17.56	0.40	0.27	4.54	−33.69
印花税	81.97	85.27	87.94	1.29	1.35	4.03	3.13
城镇土地使用税	176.06	180.06	185.12	2.72	2.83	2.27	2.81
合计	6006.04	6610.11	6531.82	100.00	100.00	10.06	−1.18

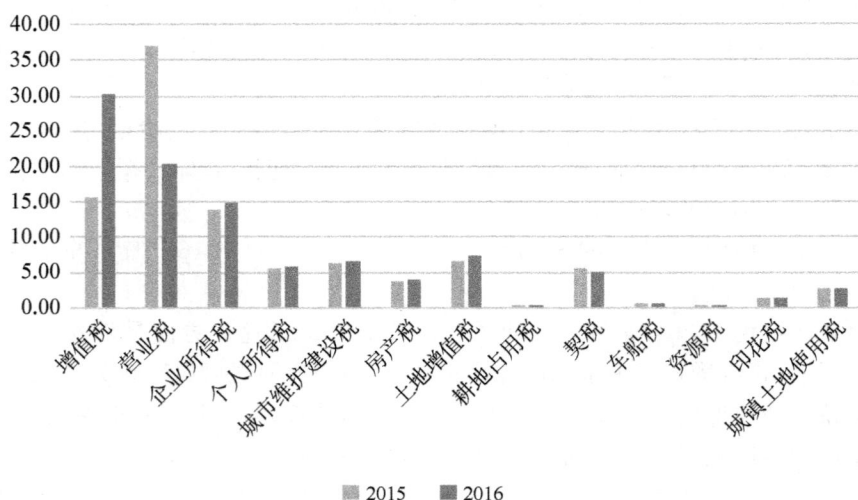

图 2 - 1　2015—2016 年江苏省各税种占比

（3）分税种收入增长率的动态比较

根据表 2-5 也可绘制 2016 年江苏省地税收入中各税种增长率的折线图,见图 2-2。由其可看出:

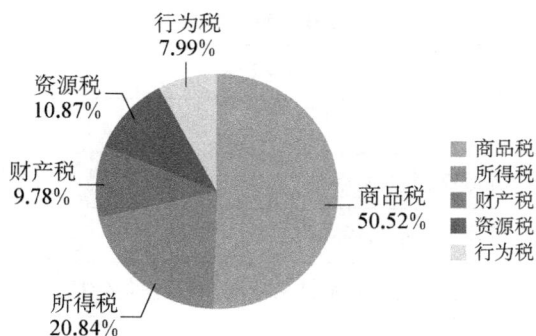

图 2-2 **2016 年江苏省分税类税收收入所占比重**

第一,江苏省 2016 年地税收入中,税收收入总体规模出现了急剧的下降态势,由 2015 年两位数速度的增长骤降为负增长值;

第二,增值税与营业税增长格局出现巨大倒挂,增值税增速由 2015 年的 6.01% 骤升至 88.61%;营业税增速则由 2015 年的 17.18% 骤降 45.75%,前税增后税降是营改增改革的必然结果,但是差异如此之大的增幅和降幅也表明营改增改革之后地方税主体税种的建立迫在眉睫;

第三,除去增值税,土地增值税与城镇土地使用税是 2016 年江苏省地税收入仅有的两个比 2015 年增长的税种,显然,这是 2016 年席卷全国的十年难遇的房地产大牛市在税收领域的直接反映。可以预见,伴随着房地产市场的理性回归以及各级政府对于房地产市场改革措施的提出与推进,这两只税种后续的可持续增长能力不够乐观;

第四,剔除 2016 年营改增改革与房地产市场火爆导致的增值税、土地增值税和城镇土地使用税增长之后,在地方税来源的 13 个税种中,江苏省的其余 10 个税种所取得的税收收入增幅均低于 2015 年,这充分说明伴随着经济下行压力背景下,江苏省 2016 年的地方税收压力也客观存在,不容乐观;

第五,2015 年,江苏省仅有土地增值税、耕地占用税和契税 3 个税种收入呈现负增长,且降幅均低于 10%,耕地占用税的降幅最高为 -8.58%;而 2016 年出现负增长的税种则为 4 个,且营业税与资源税降幅超过 30%,耕地占用税降幅超过 15%,最为乐观的契税也降幅接近 10%,高达 -9.38%。江苏省 2016 年税收格局的可持续发展以及增收创收风险再次可见一斑。

（二）分税类收入的基本分析

1. **分税类收入的基本情况**

以课税对象为标准将税种进行归类是主要且通行的税收分类方法,以此为基准,国际性通常将所有税种分为商品税、所得税和财产税。但是由于我国的税法中消费税、资源税、车辆购置税等实体税种的设置内核与国际上主流征收办法中的相应或类似税种存在差异,因此我国的税制往往是根据课税对象的不同而将所有的税种归类为商品税、所得税、财产税、资源税和行为目的税五个大类。本报告立足我国的实际国情，遵从我国的税种分为标准。以之为据，江苏省 2016 年地方税收入中的具体税种便可被归纳整理为：

表 2 - 6　2016 年江苏省税收收入分税类情况　　　　　　　　　　单位：亿元

税类	所含税种	金额
商品税	增值税、营业税	3299.72
所得税	企业所得税、个人所得税	1361.18
财产税	房产税、契税、车船税	639.11
资源税	资源税、土地增值税、耕地占用税、城镇土地使用税	709.89
行为税	印花税、城市维护建设税	521.92

注：（1）本表未统计消费税、车辆购置税等中央税；
（2）因四舍五入的统计因素，此表中的税收收入总额为 6531.82 亿元，与《江苏统计年鉴》（2017）中的 6531.83 亿元属于合理误差范围之内。

2. 各类收入占税收收入的比重

图 2 - 2 表明：首先，2016 年江苏省的税收构成中，间接税占据了半壁江山，这与我国长期以直接税为主体税种的税制设计相辅相成。作为直接税的所得税，在江苏省税收收入中占比 20.84%，位居第二，虽然这一格局与我国税制主体税种设计的格局相符合，相较于其他财产税、资源税和行为税的占比，直接税也在一定程度上凸显了我国第二大主体税种的特征，但从与同时期商品税高达 50.52% 的比重相比，2016 年的江苏省税收收入难以支撑起我国学界中关于我国已经是商品税与所得税并重的双主体税制结构的判断。本报告认为：2016 年江苏地税收入依然秉承的是商品税为绝对主体的单一税制结构。

其次，立足国际，通常认可应作为地方主体税种的财产税收入占比仅为 9.78%，这说明江苏省在 2016 年的税收收入格局依然处在全国整体框架之内，也没有建立起足够稳定、充分的地方税体系。后期，江苏省的税收收入格局将在较大程度上依赖于营改增后续效应的显现，以及个人所得税等直接税改革举措对地方税收所产生的收入效应。

最后，从图中可知，由于征收规模相对较小而通常被称为是"小税"的车船税、资源税、印花税等，综合发挥的收入筹集效应并不小，行为税、资源税与财产税的占比不相上下，甚至资源税所占的比重还略超过财产税。这给我们以启迪：在公认应改革我国税制，建立起以房地产税类等财产税为主体的地方税体系的主流观点时，还是要充分认识其他所谓"小税种"的税收筹集效应，至少不应忽视。

3. 各税类收入占比的结构变化

除了对 2016 年中各税类收入占比进行静态分析，将其与以前年度进行对比更能反映本质。为便于比较以及相对较为全面地说明问题，此处选取我国全面进入新常态阶段的 2014 年开始作为参照期间。具体的各年度各税类收入规模及相关数据见表 2 - 7。

表 2 - 7　2014—2016 年江苏省税收收入分税类　　　　　　　　　单位:亿元

税类	税收收入(亿元)			占比(%)		增长率(%)	
	2014 年	2015 年	2016 年	2015 年	2016 年	2015 年	2016 年
商品税	3072.2	3489.74	3299.72	52.79	50.52	13.59	-5.45
所得税	1127.37	1278.47	1361.18	19.34	20.84	13.40	6.47
财产税	667.3	659.86	639.11	9.98	9.78	-1.12	-3.14
资源税	681.02	675.31	709.89	10.22	10.87	-0.84	5.12
行为税	458.12	506.73	521.92	7.67	7.99	10.61	3.00
合计	6006.04	6610.11	6531.82	100.00	100.00	10.06	-1.18

注:表中合计数与江苏统计年鉴中的差异由数据统计中的四舍五入导致,属于合理误差,下同,不再赘述。

以上表为基础,可得到 2015 年和 2016 年江苏省分税类税收收入所占比重的柱状图,如下:

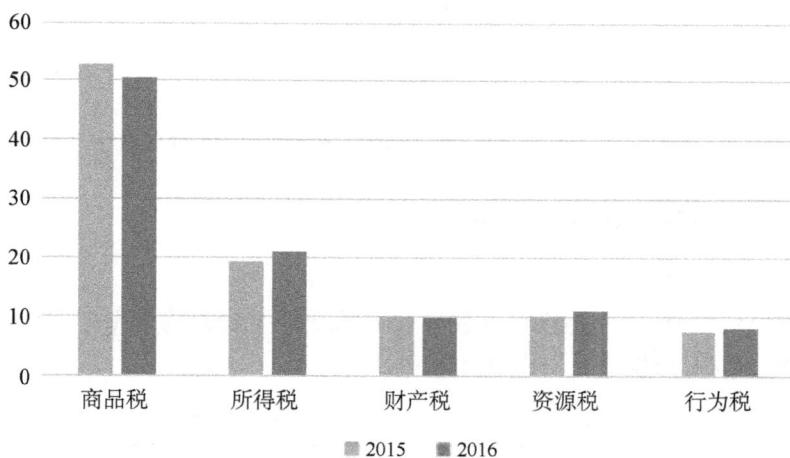

图 2 - 3　2015—2016 年江苏省分税类税收收入所占比重

由上图可以看出,虽然与全国其他省市一致,江苏省在 2016 年也经历了营改增改革的全面铺开以及房地产市场的迅猛发展,但是与 2015 年五大税类的占比相比,会发现整体而言在 2016 年中江苏省五大税类的格局基本上没有太大的变化,与 2015 年基本上维持了原有的格局,甚至各个税类的税收收入在各自年份中所占的比重都没有发生明显的变化,每一税类的占比在两年中几乎持平。这说明:2016 年的税制改革对江苏省而言,仅仅是在商品税内部发生了增值税与营业税比重的倒挂,对于新常态背景下江苏省整体地方税格局的外延性影响相对有限。房地产市场的大热导致土地增值税、城镇土地使用税增长,进而在一定程度上带动了资源税由 10.22% 上升至 10.87%,但基于税收收入总体的影响客观上是有限的。

4. 分税类收入增长率的动态比较

虽然各税类税收收入在江苏省税收收入总额中占比的结构分配变化不大,但是从增长率的视角来看,形势不够乐观。下图可以清晰看出,在2016年,只有资源税的增长率高于2015年,其余四个税类各自的增长率在2016年明显都低于2015年每一税类的增长率。这说明:从动态增长趋势来看,江苏省在2016年的税收收入风险客观存在。作为一般预算收入中占比超过80%的绝对主体构成来源,税收收入增长率的全面下降趋势势必会对江苏省财政压力的形成,以及可能由此引发的诸多财政问题产生直接的财力约束,必须引起重视,并密切关注2016年之后各年各期中江苏省税收收入每一构成要素的增长趋势变化。

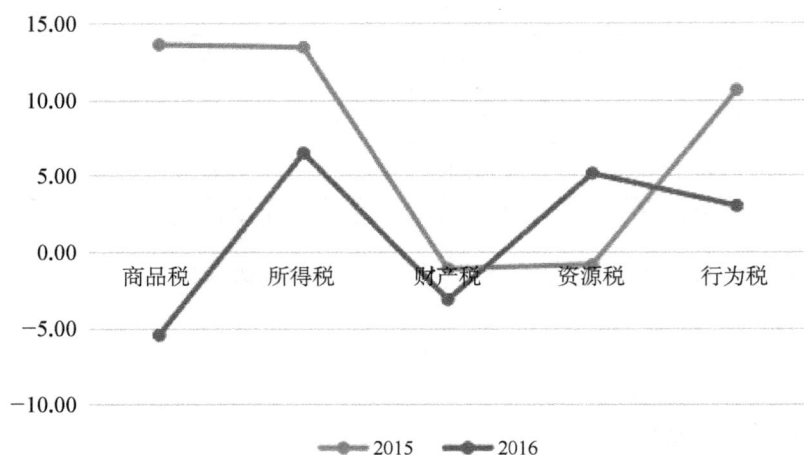

图 2-4　2015—2016 年江苏省分税类税收收入增长率

（三）分地区税收收入的基本分析

1. 分地区税收收入的基本情况

2016 年江苏省所辖 13 个地级市的税收收入情况如下表。为了便于分析比较,此处将各个市 2015 年的同类数据一并列出,具体如下:

表 2-8　2015—2016 年江苏省 13 市税收收入情况　　　　单位:亿元

城市	2015 年			2016 年			增长率（%）		
	总税收	地税	上划中央	总税收	地税	上划中央	总税收	地税	上划中央
南　京	1827.6	838.67	988.93	2012.56	956.62	1055.94	10.1	14.1	6.8
无　锡	1261.02	668.18	592.84	1301.17	706.04	595.13	3.2	5.7	0.4
徐　州	711.38	429.13	282.25	676.25	390.3	285.95	-4.9	-9	1.3
常　州	661.87	373.7	288.17	689.2	383.19	306.01	4.1	2.5	6.2
苏　州	2652.87	1338.61	1314.26	2852.68	1505.82	1346.86	7.5	12.5	2.5
南　通	841.22	521.08	320.14	745.87	456.77	289.1	-11.3	-12.3	-9.7
连云港	331.96	237.55	94.41	274.43	170.8	103.63	-17.3	-28.1	9.8
淮　安	443.88	284.05	159.83	402.77	235.15	167.62	-9.3	-17.2	4.9

续表

城市	2015 年			2016 年			增长率（%）		
	总税收	地税	上划中央	总税收	地税	上划中央	总税收	地税	上划中央
盐城	557.74	384.31	173.43	506.73	324.67	182.06	−9.1	−15.5	5
扬州	453.1	274.67	178.43	451.31	267.16	184.15	−0.4	−2.7	3.2
镇江	385.05	245.4	139.65	375.09	231.4	143.69	−2.6	−5.7	2.9
泰州	428.84	256.89	171.95	438.17	257.62	180.55	2.2	0.3	5
宿迁	292.92	196.55	95.97	297	186.27	110.73	1.4	−5.4	15.4

2. 分地区税收收入的结构分布

以上表为依据，可计算得出 2016 年江苏省所辖 13 个地级市在各类税收收入中的比重分配情况，并可相应地绘制出各类收入的比重分配结构图。这些图标可以表明从静态的视角来看，2016 年在江苏省总的税收收入、归属于地方的税收收入已经应该上划中央的三类收入中：

（1）苏州市均名列前茅，占比都超过了 20 个百分点；其次是南京市与无锡市，这两个地级市在三类收入中的各自占比也超过了两位数。这进而说明，在 2016 年的江苏省税收收入中，苏州市、南京市与无锡市是税收收入筹集的"主力军"和"中坚力量"，这三个城市的税收筹资能力与经济发展情况，对于江苏全省的税收收入格局可谓是举足轻重。

（2）均衡来看，三类收入中占比均超过 5% 但低于 10% 的城市有常州市、徐州市和南通市，这三个城市可谓是 2016 年江苏省税收收入筹集的"中间力量"。但从这三市所处的区域区块划分来看，常州市属于苏南区域，徐州市处于苏北区域，而南通则属于苏中区域，结合这一地域分布的属性，会发现 2016 年江苏省的税收收入格局略显微妙，以及或多或少反映出与其经济转型升级过程中，不同地级市转型效果的差异以及江苏省未来格局可能会发生变迁的隐隐趋势。显然，常州市没有取得与其"苏南"属性的高份额；而徐州市与南通市则透露出其可能分别会成为苏北区域、苏中区域引领地位的排头兵。

（3）其余城市在税收总收入、地税收入与上划收入中的占比几乎均低于 5%，而且整体上的比重相对均衡，只有连云港和宿迁与其他城市的差异略显稍大，均低于 3%，其他城市之间的比重差异相对均衡。这说明了江苏省 2016 年税收收入的静态分布结构中，除了南京、苏州和无锡这三个顶梁柱之外，其他城市的收入筹资能力与格局事实上相差不大，江苏省要均衡发展，应关注这一特征，并由此引申关注此特征反映出来的各市经济发展水平和后续发展能力的问题。

表 2-9 2016 年江苏省 13 市税收收入的结构分布　　　　　　　　单位：%

城市	税收收入			占比（%）		
	总税收	地税	上划中央	总税收	地税	上划中央
南京	2012.56	956.62	1055.94	18.26	15.76	21.33
无锡	1301.17	706.04	595.13	11.80	11.63	12.02
徐州	676.25	390.3	285.95	6.13	6.43	5.78

续表

城市	税收收入			占比（%）		
	总税收	地税	上划中央	总税收	地税	上划中央
常　州	689.2	383.19	306.01	6.25	6.31	6.18
苏　州	2852.68	1505.82	1346.86	25.88	24.80	27.20
南　通	745.87	456.77	289.1	6.77	7.52	5.84
连云港	274.43	170.8	103.63	2.49	2.81	2.09
淮　安	402.77	235.15	167.62	3.65	3.87	3.39
盐　城	506.73	324.67	182.06	4.60	5.35	3.68
扬　州	451.31	267.16	184.15	4.09	4.40	3.72
镇　江	375.09	231.4	143.69	3.40	3.81	2.90
泰　州	438.17	257.62	180.55	3.97	4.24	3.65
宿　迁	297	186.27	110.73	2.69	3.07	2.24

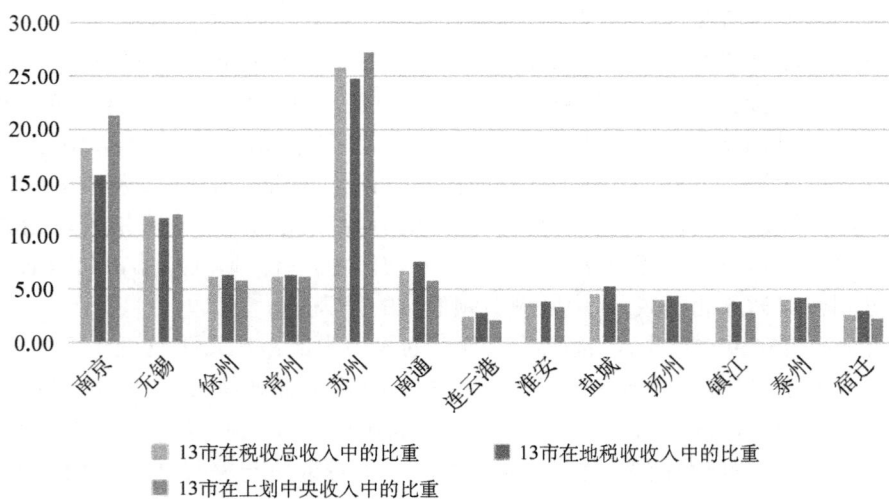

图 2-5　2016 年江苏省 13 个地级市在各类税收收入中的比重

2. 分地区税收收入的增长情况分析

根据 2015—2016 年江苏省 13 市税收收入情况表中的数据，可绘制 2016 年江苏省 13 个地级市各自的税收总收入、地税收入以及上划收入的增长率折线图。

总税收　　地税　　上划中央

```
20
15
10
 5
 0
-5
-10
-15
-20
-25
-30
-35
```

14.1
10.1
6.8
5.7
3.2
0.4
1.3
6.2
4.1
2.5
12.5
7.5
2.5
9.8
4.9
5
3.2
2.9
-0.4
-2.7
-2.6
5
2.2
0.3
15.4
1.4
-9.7
-12.3
-12.3
-17.3
-17.2
-15.5
-9.3
-9.1
-28.1

南京　无锡　徐州　常州　苏州　南通　连云港　淮安　盐城　扬州　镇江　泰州　宿迁

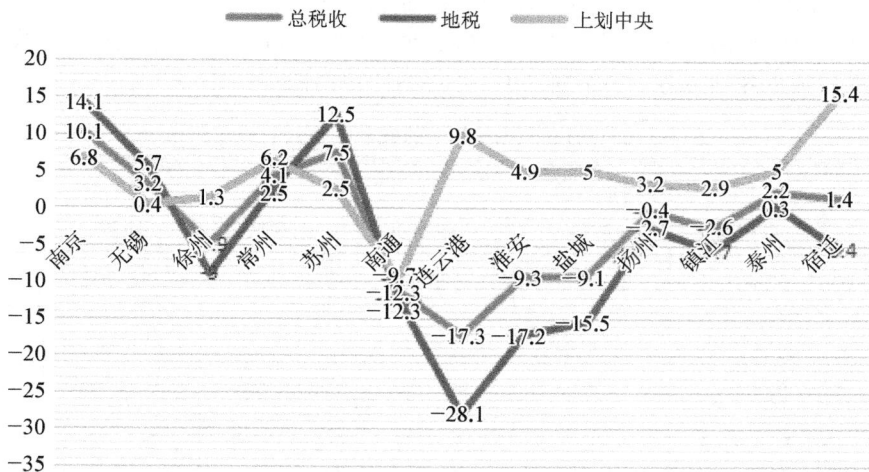

图 2-6　2016 年江苏省 13 个地级市各类税收收入中的增长率

显然,上图表明 2016 年江苏省税收收入总体格局的筹资能力与筹资趋势不够乐观。

(1)在"营改增"的大背景下,仅有南京市的税收总收入以及归属地方的税收收入、苏州市的地税收入实现了 10.1‰、14.1‰和 12.5‰的两位数增速,其他地级市在三类税收收入中的所有增长速度均未超过 10‰,充分说明江苏省整体上的税收收入保持可持续性增长的动力或内源性存在较大的不确定性,税收风险客观存在。

(2)大量比重处于负数状态,具体来说,也就是徐州、南通、连云港、淮安、盐城、扬州、镇江和宿迁这 8 个城市均或多或少、或轻或重存在着某一类别税收收入相较于上一年下降的情况。最具有代表性的连云港市的税收总收入骤降 17.3‰,而地税收入更是缩减了高达 28.1‰的规模;南通市在三类别税收收入增幅全线所谓负数的基础上,也是税收总收入和地税收入的降幅超过了 10 个百分点,高达两位数。这再一次说明了江苏省税收收入动态发展趋势不够乐观,必须予以足够重视的事实。

(3)结合上一点各类收入占比的静态分析中,徐州市和南通市在 2016 年江苏省税收收入总体中占比较为乐观的判断,会发现从增长率这一动态指标来看,乐观的结论要大打折扣。这说明,即使是可以判定为苏中和苏北引领城市的徐州和南通,静态占比和动态增长率都出现了如此巨大的逆差,这从一个侧面反映出了江苏省未来要促进并确保税收收入规模与格局健康、可持续发展的困难性与复杂程度。结合目前宏观总体经济下行压力依然不减、民间投资依然不振、新动能新动力依然为充分建立起来的现状,江苏省如何进一步建立起一个充分优化的税收收入格局以防范财政压力风险,迫在眉睫。

(四)分区域税收收入的基本分析

1. 分区域税收收入的基本情况

根据经济发展程度以及地理和文化传统,江苏省的 13 个省辖市(即地级市)被分为苏南、苏中和苏北三大区域。其中:苏南区域包括南京、无锡、苏州、常州和镇江五市;苏中区域包括南通、扬州和泰州三市;苏北区域则包括剩余的徐州、宿迁、淮安、盐城和连云港五市。《江苏统计年鉴》(2016、2017)中的"分市财政收支(2015、2016)"项目披露了江苏省 13 个省辖市在 2016 年的收入筹集细目情况,基础数据可见前文中的表 2-8。表 2-8 系统性地归类整理了 2015 年和 2016 年中每一个省辖市的税收收入总额、归属地方的税收收入以及上划中央四税收入的统计情况,在此基础上,可归类计算得出下表。

表 2-10 2015—2016 年江苏省税收收入的地域分布   单位:亿元

区域	2015 年			2016 年		
	总税收	地税	上划中央	总税收	地税	上划中央
苏南	6788.41	3464.56	3323.85	7230.7	3783.07	3447.63
苏中	1723.16	1052.64	670.52	1635.35	981.55	653.8
苏北	2337.88	1531.59	805.89	2157.18	1307.19	849.99
合计	10849.45	6048.79	4800.26	11023.23	6071.81	4951.42

注:此表中的合计数与《江苏统计年鉴》中相应的合计数之间的差异,一是由各地市在统计过程中的四舍五入导致,二是此表中统计的数据未包括江苏省省直属征收局征收的地方税和中央税。该统计口径导致的差异属于合理误差。

2. 分区域税收收入的结构分布

依据表 2-10,可分别绘制出 2016 年江苏省苏南地区、苏中地区和苏北地区在税收总收入、地税收入、上划中央"四税"收入中各自所占比重的结构分布图。图 2-7 为 2016 年苏南、苏中、苏北的税收总收入比重分布图;图 2-8 为 2016 年苏南、苏中、苏北的地方税收入比重分布图;图 2-9 则是 2016 年苏南、苏中、苏北的上划中央税收入比重分布图。通过这三个图可以一目了然地看出从静态分布的角度来看,江苏省三大区域区块在其 2016 年各类税收收入筹集中的作用与地位。

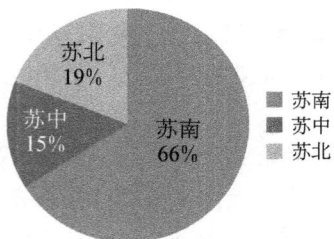

图 2-7 2016 年苏南、苏中、苏北的
税收总收入比重分布

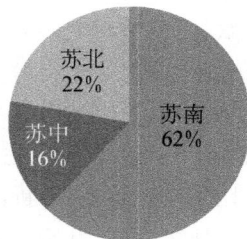

图 2-8 2016 年苏南、苏中、苏北的
地方税收入比重分布

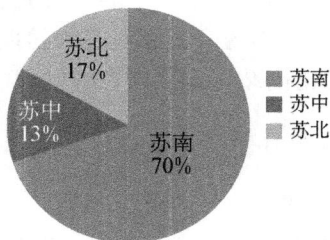

图 2-9 2016 年苏南、苏中、苏北的上划中央税收入比重分布

由上面三个图形可以看出:(1) 苏南地区是当之无愧的中间力量。从具体量化的角度来衡量,苏南地区在税收总收入、地税收入以及上划中央收入中所占的比重均超过了60%,分别为65.60%、62.31%和69.63%。以5个城市的力量支撑起江苏省13个省辖市的各类税收收入总额的65%—70%,剔除镇江市的低水平收入规模、常州市的规模也相对"一般"(见表2-9),实际上是南京、苏州、无锡三市在发挥着这一中坚作用。

(2) 苏中与苏北的差距不大,这与江苏省历年来苏北地区经济快速发展的现实相吻合。2016年,苏中3个城市所筹集的税收总收入、地税收入和上划中央收入分别占比14.84%、16.17%和13.20%,平均每个城市占比4.95%、5.39%和4.4%。苏北5个城市在上述三类税收收入中的比重则分别是19.57%、21.53%和17.17%,平均每个城市占比3.91%、4.31%和3.43%。从每个城市的平均占比来看,苏中三市与苏北五市在三类税收收入中的比重,都是略超出百分之一左右。这一方面与苏中地区经济发展水平高于苏北地区的现实相吻合,另一方面也在量化的角度说明这种地域差异在税收上的反映并非很大,苏中与苏北之间的距离随着两个地区在经济转型过程中的动态发展,有可能缩小。

上述结论在下图中更为直观和明显。

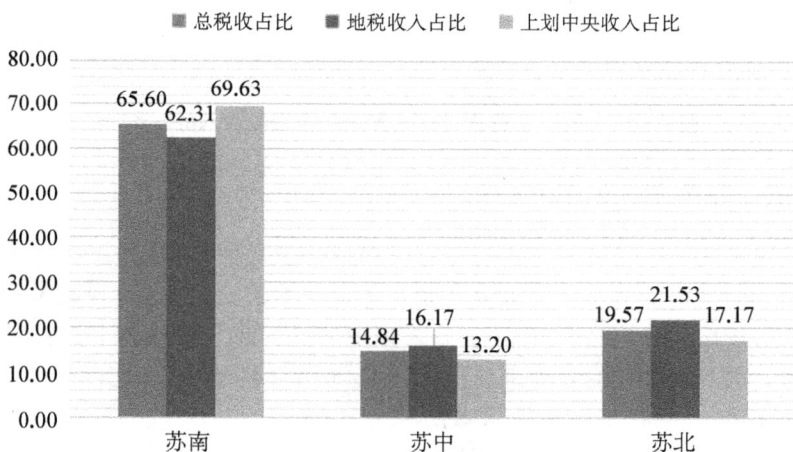

图2-10 2016年苏南、苏中、苏北各类税收收入的比重分布

2. 分区域税收收入的动态增长

依据2015—2016年江苏省税收收入的地域分布表可计算得出2016年三大区域各种税收收入的增长情况。

表2-11 2016年苏南、苏中、苏北各类税收收入的增长率 单位:%

区域	总税收	地税	上划中央
苏南	6.52	9.19	3.72
苏中	−5.10	−6.75	−2.49
苏北	−7.73	−14.65	5.47
合计	1.60	0.38	3.15

显然,虽然整体来看,苏南、苏中和苏北在2016年中的各类收入均呈现1.60%、0.38%

和 3.15％的增长趋势,但是苏中和苏北区域收入下降的趋势明显,尤其是在地税收入缩减显著,也拖累了各自的总税收收入增幅为负值,且降幅可谓不小。苏南是拉动 2016 年江苏省各类税收收入增幅总体为正的唯一动力。由此可知,未来江苏省财政增收以及税收筹集压力,将在很大程度上集中在苏中和苏北地区,如何从区域发展的视角释放这一压力,以确保江苏省各级政府履行职能的财力保障,是一个迫切的问题。

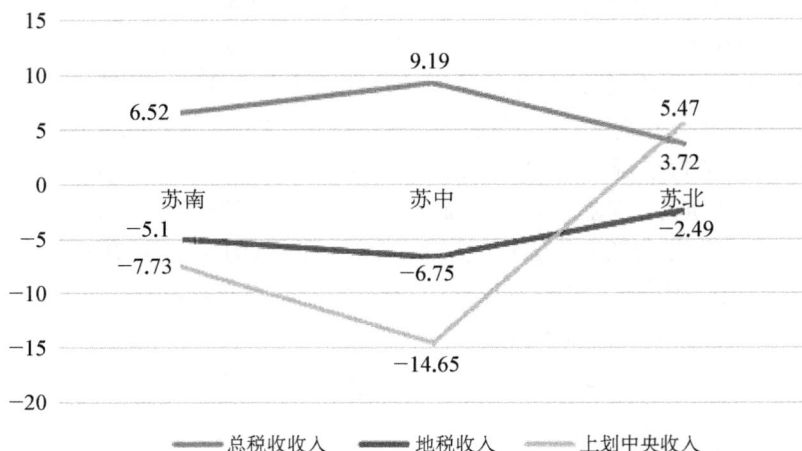

图 2 - 11 2016 年苏南、苏中、苏北各类税收收入的增长率

(五) 分级次税收收入的基本分析

按照某一税种的征收管理所归属的政府级别,我国的税种可以划分为中央税、地方税以及共享税。由于共享税依然是在中央税和地方税之间的按比例分配,因此本报告中将共享税按照央地政府按比例分享之后的结果,归入到中央税与地方税的统计之中,本报告由此采用中央税与地方税两大分类的口径来分析江苏省 2016 年的税收收入分配问题。

1. 与全国的央地税收收入结构相比较

根据《江苏统计年鉴》(2017)中的"财政收支"数据,2016 年江苏省共取得归属地方的税收收入 6531.83 亿元,上划中央税收收入 5295.43 亿元,地税收入与上划中央收入的结构分配为 55.23％和 44.77％,江苏省在 2016 年中的地税收入略高于上划中央收入 10 个百分点左右。而根据《中国统计年鉴》(2017),2016 年全国共取得地税收入 64691.69 亿元,中央税收入 65669.04 亿元,合计 130360.73 亿元,地方税收入与中央税收入的结构分配为 49.63％和 50.37％,地方税仅仅略低于中央税比重,二者几乎是五五均分的格局。

根据上述数据可知,2016 年江苏省税收收入总体格局上服务地方的特征较好,这也从一个侧面映照出"营改增"改革并非像部门预估性判断或担忧中所涉及的会导致地方税收严重或快速下降的问题。结合分税种部分关于受益于房地产市场的火热发展带动 2016 年江苏省的土地增值税、城镇土地使用税增长较快的分析,可知江苏省的这一相对优势格局依然存在隐患,后"营改增"时期增值税收入的中央与地方政府之间分成办法的变更,以及房地产市场的发展取向,都将成为影响江苏省总体税收收入结构的决定性变量。

2. 地税收入与上划中央收入的结构与动态变化

2015 年,江苏省共筹集地税收入 6610.12 亿元,上划中央税收收入 5005.2 亿元,共计

11615.29 亿元;而 2016 年这三类收入对应的规模则分别为 6531.83 亿元、5295.43 亿元、11827.26 亿元。以这些数据为基础,可计算得出 2015—2016 年江苏省地税收入与上划中央税收收入的比重结构情况,详见下图 2－12。

2016 年江苏省地税收入与上划中央收入的静态分布结构在前文中已有研究,并得出了明确的结论,此处仅结合 2015 年两类税收收入的结构情况进行比较分析。下图表明,直观来看,2016 年江苏省的两类税收结构配比与 2015 年大体相当,总体而言地税收入与上划中央税收收入的相对相比格局并未因为"营改增"全面铺开的改革而发生太大的变化。这再次论证了营改增的税制改革在短期内并未对地方财力尤其是地方税收的内部结构发生决定性的影响;但同时也说明地方政府有可能通过加强征收商品税以外的其他税种来达到弥补营改增的财力缩减效应。

图 2－12 2015—2016 年江苏省地税收入与上划中央收入的比重

3. 地税收入与上划中央收入的增长率变化

相较于比重的对比分析,从增长率的角度来看,2016 年江苏省营改增的减税效应便较为显著了。2016 年江苏省地税收入较上年同期下降了 1.18%,但上划中央收入上升了 5.80%,地税收入与上划中央收入总额增长了 1.82%。从增长率视角来看,可以透露出伴随着"营改增"税制改革的全面推开,在一定程度上江苏省起到了向中央财政"输血"的上解收入效应,这一财力转移的份额相较江苏省 2016 年各类税收收入的增减情况而言,并不算太少。

4. 分区域与分城市的地税收入与上划中央收入分析

分地区视角来看,关于 2016 年中江苏省 13 个地级市各自所取得的地税收入与上划中央收入的分析与比较已在前文第(三)部分进行;分区域的视角来看,苏南、苏中与苏北区域关于地税收入和上划中央收入的分析也已在前文第(四)部分中系统论证,此处不再赘述。

四、2016 年江苏省分部门组织税收收入的基本情况

与我国整体的税务征收系统架构相一致,江苏省的税收收入也遵从我国国税部门与地税部门在税种征收责任的划分原则,由江苏省国家税务局与江苏省地方税务局协同征收完成,并在分税制的共享标准内就各自征得的税收收入在地方政府和中央政府之间进行划分。以此为据,本报告立足税种的具体征收部门为标准,从江苏省国税部门组织的税收收入和江苏省地税部门组织的税收收入两个部门来予以阐述。

(一)江苏省地税部门组织税收收入的情况

1.2016 年江苏省地税部门组织的税收收入规模

根据江苏省地方税务局官方网站披露的基本数据,江苏省地税部门在 2016 年 1—12 月份的税收收入统计为:

(1)分税种收入情况表

表 2－12   2016 年江苏省地税部门分税种组织收入情况   单位:万元

项目	累计税额
各项收入总计	80593112
一、税收收入合计	49861601
1. 营业税	15122860
2. 企业所得税	5982558
3. 个人所得税	9559224
4. 资源税	175605
5. 城市建设维护税	4438803
6. 房产税	2565993
7. 印花税	879429
8. 城镇土地使用税	1851224
9. 土地增值税	4805782
10. 车船税	471122
11. 契税	3354018
12. 耕地占用税	266313
13. 国内增值税	388670
14. 其他税收	0
二、非税收入合计	30731511
其中:1. 社会保险基金	26884206
2. 教育费附加	2013104

(2)分地区收入情况表

表 2－13   2016 年江苏省地税部门分地区统计情况   单位:万元

地区	各项收入总计	税收收入合计	非税收入合计
全省合计	80593112	49861601	30731511
省直属征收局	2556231	990956	1565275
南京市	13452215	8305162	5147053
无锡市	9276521	5089604	4186917

地区	各项收入总计	税收收入合计	非税收入合计
徐州市	4920241	3419658	1500583
常州市	5117726	3106413	2011313
苏州市	16873758	10622605	6251153
南通市	6630625	4205323	2425302
连云港市	2117558	1310122	807436
淮安市	3044285	2089382	954903
盐城市	4336970	2917481	1419489
扬州市	3591691	2158913	1432778
镇江市	3040265	1925894	1114371
泰州市	3363784	2001073	1362711
宿迁市	2271242	1719015	552227

（3）2016 年全年江苏省地税收入情况分析与解读

2016 年江苏全省地税系统累计组织各项收入 8059 亿元,比上年实绩下降 7.3%,同口径(本年、上年均剔除 6—12 月营业税,下同)增长 10.3%,其中税收收入 4986 亿元,比上年实绩下降 13.3%,同口径增长 14.2%。非税收入 3073 亿元,比上年实绩增长 4.5%,其中社保费收入 2688 亿元,比上年实绩增长 5.9%。

① 总体增长平稳,地方级快于中央级

全年税收收入 4986 亿元,同口径增长 14.2%;中央级收入、地方级收入分别为 972 亿元、4015 亿元,同口径分别增长 6.6%、16.2%。

② 受房地产企业和二手房交易带动,两个所得税保持平稳增长

全年个人所得税 956 亿元,比上年实绩增长 6.0%;企业所得税 598 亿元,比上年实绩增长 7.8%。其中,房地产业企业所得税 157 亿元,比上年实绩增长 56.8%;制造业、批发零售业企业所得税分别为 116 亿元和 54 亿元,比上年实绩分别下降 1.6% 和 3.5%。

③ 土地增值税增长较快,支撑了财产行为税增长

全年财产行为税 1881 亿元,比上年实绩增长 1.6%。土地增值税为 481 亿元,比上年实绩增长 10.8%;资源税、契税分别为 18 亿元、335 亿元,比上年实绩分别下降 33.7%、9.4%。

④ 二产税收增幅平稳,三产税收较快增长

全年第二产税收 1583 亿元,同口径增长 7.6%。其中,制造业、建筑业税收分别为 817 亿元、686 亿元,同口径分别增长 3.1%、15.3%。第三产税收 3399 亿元,同口径增长 17.6%。其中,房地产税收 1641 亿元,同口径增长 25.6%。

⑤ 苏南增幅较高,苏中、苏北平稳增长

全年苏南、苏中、苏北地区税收分别完成 3004 亿元、837 亿元、1146 亿元,同口径分别增长 17.6%、9.7%、9.3%。

2. 2016 年分季度江苏省地税部门组织的税收收入情况

根据江苏省地税局网站披露的数据,可整理得出:

(1)分季度分税种收入情况表

表 2－14　2016 年江苏省地税部门分季度分税种统计情况　　　　单位:万元

项目	累计税额			
	1—3 月	1—6 月	1—9 月	1—12 月
各项收入总计	24680140	38018912	65097631	80593112
一、税收收入合计	16996669	22149928	42171040	49861601
1. 营业税	7596118	203771	15009859	15122860
2. 企业所得税	1493003	5105310	4968034	5982558
3. 个人所得税	2976262	5532115	7818682	9559224
4. 资源税	52258	66409	123850	175605
5. 城市建设维护税	1244910	2213133	3360129	4438803
6. 房产税	648151	1478739	1912453	2565993
7. 印花税	245789	498213	671224	879429
8. 城镇土地使用税	440613	1009047	1353461	1851224
9. 土地增值税	1333343	2548854	3814344	4805782
10. 车船税	123616	264142	354877	471122
11. 耕地占用税	56105	348976	195512	266313
12. 契税	786501	2529141	2392471	3354018
13. 国内增值税	0	351226	196144	388670
14. 其他税收	0	852	0	0
二、非税收入合计	7683471	15868984	22926591	30731511
其中:1. 教育费附加收入	576364	1026102	1542566	2013104
2. 社会保险基金收入	6625351	13902443	19974983	26884206

以上表为基础,可计算得出 2016 年每一个季度的具体分税种税收收入情况,见下表:

表 2－15　2016 年江苏省地税部门分季度分地区统计情况　　　　单位:万元

地区	1—3 月			1—6 月		
	各项收入总计	税收收入合计	非税收入合计	各项收入总计	税收收入合计	非税收入合计
全省合计	24680140	16996669	7683471	38018912	22149928	15868984
省直属征收局	666822	285815	381007	1310014	522306	787708
南京市	3839941	2583146	1256795	7038131	4380111	2658020

地区	1—3月			1—6月		
	各项收入总计	税收收入合计	非税收入合计	各项收入总计	税收收入合计	非税收入合计
无锡市	2695588	1599319	1096269	4593003	2441187	2151816
徐州市	1485884	1099299	386585	1964970	1190703	774267
常州市	1531406	1018562	512844	2585249	1509347	1075902
苏州市	5017781	3449471	1568310	8675582	5368080	3307502
南通市	2137590	1509543	628047	2901099	1706839	1194260
连云港市	879553	643696	235857	926750	483353	443397
淮安市	1079267	835652	243615	1007286	533051	474235
盐城市	1613884	1265664	348220	1868655	1039367	829288
扬州市	1033250	707777	325473	1522667	788119	734548
镇江市	867651	635054	232597	1259305	763934	495371
泰州市	1044324	714179	330145	1425642	773199	652443
宿迁市	787199	649492	137707	940559	650332	290227

地区	1—9月			1—12月		
	各项收入总计	税收收入合计	非税收入合计	各项收入总计	税收收入合计	非税收入合计
全省合计	65097631	42171040	22926591	80593112	49861601	30731511
省直属征收局	1987582	825985	1161597	2556231	990956	1565275
南京市	10855094	6986548	3868546	13452215	8305162	5147053
无锡市	7614134	4422987	3191147	9276521	5089604	4186917
徐州市	3867440	2743917	1123523	4920241	3419658	1500583
常州市	4096535	2585512	1511023	5117726	3106413	2011313
苏州市	13526630	8826708	4699922	16873758	10622605	6251153
南通市	5323383	3550695	1772688	6630625	4205323	2425302
连云港市	1726365	1140197	586168	2117558	1310122	807436
淮安市	2552408	1873166	679242	3044285	2089382	954903
盐城市	3814300	2731008	1083292	4336970	2917481	1419489
扬州市	2739159	1701701	1037458	3591691	2158913	1432778
镇江市	2380873	1615847	765026	3040265	1925894	1114371
泰州市	2717362	1684156	1033206	3363784	2001073	1362711
宿迁市	1896366	1482613	413753	2271242	1719015	552227

3. 2016年江苏省地税部门分季度组织收入情况分析

（1）一季度（1—3月）

2016年的第一季度，江苏省全省地税系统累计组织各项收入2468.01亿元，同比增长14.1%。其中，税收收入1699.67亿元，同比增长16.7%。非税收入768.35亿元，同比增长8.9%，其中社会保险费收入662.54亿元，同比增长9.4%。

① 税收总体保持平稳较快增长，增幅高于上年同期

一季度，江苏省全省税收收入同比增长16.7%，增幅高于上年同期5.5个百分点。其中1月、2月、3月月度增幅分别为13.4%、13.8%、23.3%，分别高于2015年同期1.6个、9.4个、6.7个百分点。

② 营业税、企业所得税受房地产拉动快速增长

一季度，营业税入库759.61亿元，同比增长27.4%，增幅高于2015年同期12.3个百分点，其中房地产业营业税提供了超过六成的增量。企业所得税入库149.30亿元，增收13.53亿元，同比增长10.0%，主要由于2015年房地产企业盈利较好，年底结转利润集中入库税收。

③ "地方九税"增势向好，土地增值税贡献突出

一季度"地方九税"入库493.13亿元，同比增长9.6%。其中城建税入库124.49亿元，同比增长16.4%；房产税、土地使用税共入库108.88亿元，同比增长10.0%；土地增值税入库133.33亿元，同比增长27.6%，对"地方九税"的增量贡献率为67.2%。

④ 制造业、房地产业税收增势良好，建筑业、金融业税收负增长

一季度制造业税收入库221.59亿元，增收23.56亿元，同比增长11.9%，增幅高于2015年同期4.2个百分点。房地产业税收入库561.05亿元，增收134.98亿元，同比增长31.7%，增幅高于2015年同期28.7个百分点，拉动税收增长9.3个百分点。一季度建筑业税收入库283.85亿元，同比下降2.4%，建筑业税收呈现持续低迷态势。金融业税收入库181.50亿元，微幅下降0.8%。

⑤ 重点税源企业占比降低，主体税种增速均低于全省

一季度省级重点税源企业合计入库税收570.90亿元，同比增长12.2%，低于税收增幅4.5个百分点。重点税源企业占比为33.6%，较上年同期下降了1.3个百分点。重点税源企业一季度入库营业税211.53亿元，同比增长16.5%，低于全省10.9个百分点；入库企业所得税67.10亿元，同比增长4.5%，低于全省增幅5.5个百分点；入库个人所得税107.46亿元，同比增长3.8%，低于全省增幅4.6个百分点。

⑥ 各区域均衡增长，区域增速差异缩小

一季度，苏南、苏中、苏北地区税收分别完成957.14亿元、293.15亿元、449.38亿元，同比增长15.2%、20.1%、17.5%。各区域均实现平稳较快增长，省辖市中盐城、常州、南京、泰州、扬州增幅均在20%以上；增速最低的无锡一季度增速也有10.8%。

（2）二季度（1—6月）

上半年，江苏全省地税系统累计组织各项收入3801.89亿元，其中税收收入2214.99亿元，同口径（2015年和2016年均剔除营业税和增值税，下同）增长11.8%；非税收入1586.90亿元，同比增长4.0%，社保费收入1390.24亿元，同比增长5.4%。

① 税收增长总体平稳,中央级增长略快于地方级

上半年,江苏全省地税税收收入同口径增长11.8%。其中,中央级收入、地方级收入分别为667.15亿元、1547.85亿元,同口径增长13.4%、11.2%。

② 企业所得税增速较快,个人所得税与同期持平

上半年,企业所得税完成510.53亿元,同比增长32.6%,其中房地产企业所得税提供了全部企业所得税近七成的增量。上半年个人所得税完成553.21亿元,与2015年同期基本持平。

③ 城市维护建设税、土地增值税负增长,耕契两税增速较快

上半年,地方九税完成1095.67亿元,同比增长10.3%。其中,城市维护建设税完成221.31亿元,同比下降10.3%;土地增值税入库254.86亿元,同比下降5.4%;耕、契两税入库287.81亿元,同比增长63.1%。

④ 苏南地区增收形势好,苏北地区负增长

上半年,苏南、苏中、苏北地区税收分别完成1498.50亿元、326.82亿元、389.68亿元,同口径分别增长19.8%、3.2%、-5.9%。

(3)三季度(1—9月)

2016年前三季度,江苏全省地税部门累计组织各项收入6509.76亿元,同比增长1.5%,同口径增长14.3%。其中,税收收入4217.1亿元,同比下降0.8%,同口径增长19.3%。非税收入2292.66亿元,同比增长6.2%,其中社会保险费收入1997.5亿元,同比增长7.3%。

① 前三季度地税收入态势总体平稳,"营改增"前后增幅波动大

税收受营改增政策因素影响,1—9月份走势分为三段:1—2月收入平稳开局,保持两位数增长;3—5月在楼市火爆、"营改增"即将试点等因素的共同作用下,收入增幅明显抬高;6—9月"营改增"全面推开后,地税收入结构发生变化,收入增幅回落趋稳,平均保持在5%左右。

② "营改增"前,营业税、城建税贡献大

"营改增"前,税收增速高达25%。1—5月,"营改增"四个行业营业税入库1406.44亿元,增长51%,随营业税等流转税附征的城建税入库217.1亿元,增长22.6%,两税占同期税收总量的54.7%。

③ 营改增后,与房地产关联税种增长快

前三季度,受房地产市场持续活跃和大额股权转让影响,个人所得税、企业所得税入库781.9亿元、496.8亿元,增长8.4%、13.1%。与房地产关联的土地增值税入库381.4亿元,增长19.6%。三个税种贡献了税收增量的27.0%。

④ "地方九税"稳中略降,政策减收效果显现

前三季度,地方"九税"入库1417.8亿元,增长5.2%,月度增幅从6月的5.9%逐月回落至9月的0.3%。主要是城建税、契税、资源税、土地增值税落实税收优惠造成收入增幅下降。其中城建税受营改增后流转税整体减收影响,6—9月增幅平均下降12.1%。契税、资源税下降11.7%、38.1%,政策减收效果显现。

⑤ 三产增速快于二产,主要行业走势各异

前三季度,二产税收入库1307.3亿元,同口径增长12.1%;三产税收入库2821.9亿

元,同口径增长 23.0%。房地产业入库税收 1401.8 亿元,同口径增长 34.6%,成为增收主力。制造业受大额股权转让两所得税拉动,同口径增长 5.2%。金融业及"营改增"后的建筑业税收回落幅度较大。

⑥ 苏南、苏北、苏中梯次增长,各区域增减差距拉大

前三季度,苏南、苏北、苏中分别完成税收 2526.36 亿元、997.09 亿元、693.66 亿元,同口径分别增长 22.7%、16.1%、12.8%,虽各区域总体增长较快,但各市差异明显。增长主要来自房地产税收。

⑦ 增收企业户数、税额均多于减收企业

前三季度,全省地税有税申报企业纳税人 115.34 万户,缴纳税款 2223.26 亿元,增长 12.1%,占全省地税税收的比重为 82.1%。增收户数 61.19 万户,实现税收 1637.42 亿元,增收额 841.61 亿元;减收户数 52.38 万户,实现税收 583.90 亿元,减收额为 602.06 亿元;增减相抵净增收 239.55 亿元。

(4)四季度(1—12 月)

此部分已在前述的"2016 年全年江苏省地税收入情况分析与解读"部分中,作为 2016 年的整体情况进行了分析与解读,此处不再赘述。

(二)江苏省国税部门组织税收收入的情况

1. 2016 年江苏省国税部门组织的税收收入规模

根据江苏省国家税务局网站披露的数据,可知:

(1)2016 年度国税部门组织收入分项目情况

表 2-16　2016 年江苏省国税部门组织收入分项目情况　　　　　单位:万元

项目	收入额
税收收入合计	71088556
1. 国内"两税"小计	50882110
国内增值税	43779208
国内消费税	7102902
2. 其他考核收入合计	20206446
企业所得税	17806287
存款利息个人所得税	78
车辆购置税	2400081
附:出口退税	13122090

首先,商品税历来是我国分税制改革以来的主体税种,与此相对应,江苏省国税部门在 2016 年组织的税收收入中,国内增值税与国内消费税合计 5088.21 亿元,占全年国税部门组织税收收入总额的 71.58%,其中又以国内增值税为绝对的主体,国内增值

税占"两税"总额的 86.04％,而国内消费税则只占 13.96％。这与 2016 年 5 月 1 日我国"营改增"的税制改革全面铺开有直接的关系,同时从国内消费税的占比而言,也可以隐约透露出其可能被由目前的中央税改为地方税,作为地方税主体税种支撑力量的可能性与可行性。

其次,在除了国内"两税"之外的其他考核收入中,由国税部门征收的企业所得税是绝对的主体税种,占比高达 88.12％;第二是车辆购置税,占比为 11.88％;第三为由国税部门征收的存款利息个人所得税,占比份额极其微小。

最后,办理的出口退税情况不是本报告研究范畴,故此处及下文均不予置评,仅处于数据的完整性做简单地列举处理。

（2）2016 年度分地区国税收入完成情况

表 2-17　2016 年江苏省国税部门分地区国税收入完成情况　　　　　　单位:万元

地区	收入额	所占比重(%)	比同期增减额	比同期增减率(%)
苏南	50525078	71.07	7075653	16.28
苏中	9072878	12.76	1133305	14.27
苏北	11490600	16.17	1534759	15.42
合计	71088556	100	9743717	15.88

第一,与三大区域经济发展水平的一般性判断相比较,2016 年江苏省三大区域国税部门收入规模在区域总量上苏南却并未呈现出苏南、苏中、苏北依次降低的特征,而是根据比重分布从高到低依次排列顺序为苏南、苏北、苏中,苏南的领头羊地位坚如磐石,但是苏中的占比相对于苏北区域来说稍显落后。这一方面是出于苏中与苏北地区所含省辖市数量范围差异所导致,有一定的合理性;但与此同时也在一定程度上与近年来江苏省苏北地区迅速发展,经济发展基础与苏中地区的差距呈现逐步缩小的态势相对应。

第二,除了总量占比格局,从三大区域各自包含的省辖市数量来看,平均而言:苏南五市的总占比高达 71.07％,平均每个城市征收了 14.21％的国税收入;苏中三市的总占比为 12.76％,平均每个城市征收比重为 4.25％;苏北五市的总占比与平均每个城市征收占比则分别为 16.17％和 3.23％。显然,从每一城市占比角度分析来看的结论与从总量占比角度分析的结论呈现出了一定的差异,平均而言的城市收入占比与经济发展水平的判定标准相一致,开始呈现出苏南、苏中和苏北三大区域依次递降的格局,这说明区域经济发展不均衡依然是制约江苏省国税部门收入的基础性变量,江苏省未来国税收入的均衡、协调、可持续发展依然离不开要大力发展经济,尤其是要化解苏南、苏中、苏北区域经济发展不够均衡的问题。

第三,从与同期数据相比较的增减率来看,2016 年江苏省三大区域中,苏南地区国税收入的同期增长减率最高,为 16.28％;苏中地区最低,为 14.27％,二者同期增长率的极差仅为 2.01％,而 2016 年江苏省国税收入整体的同期增长率为 15.88％,与二者均较为接近。这些都说明,与区域分布的静态分析不同,从动态比较的角度来看,三大区域在 2016 年中的增长情况较为协调,相差不大,整体上呈现出一定的均衡性特征。

（3）2016 年分季度江苏国税收入情况

表 2－18　**2016 年江苏省国税部门分季度国税收入完成情况**　　　　单位：万元

项目	1—3 月	1—6 月	1—9 月	1—12 月
税收收入合计	15987591	33495076	50823732	71088556
1. 国内"两税"小计	11247249	22620278	35168843	50882110
国内增值税	9234426	18992433	29799145	43779208
国内消费税	2012823	3627845	5369698	7102902
2. 其他考核收入合计	4740342	10874798	15654889	20206446
企业所得税	4138575	9736034	13938050	17806287
存款利息个人所得税	28	46	61	78
车辆购置税	601739	1138718	1716778	2400081

　　由上表可以计算并绘制各类税收收入的比重图如下。2016 年分季度江苏国税收入占比结构图直观地说明了国内增值税与国内消费税随着时间的推移逐步攀升的趋势，与之相对应的，则是其他考核收入占比呈现出下降的必然势头。前文已述及，这主要是源于 2016 年 5 月份的"营改增"改革由前期的试点阶段改为全面铺开，其中，国内增值税的全面攀升是导致上述格局的核心因素。

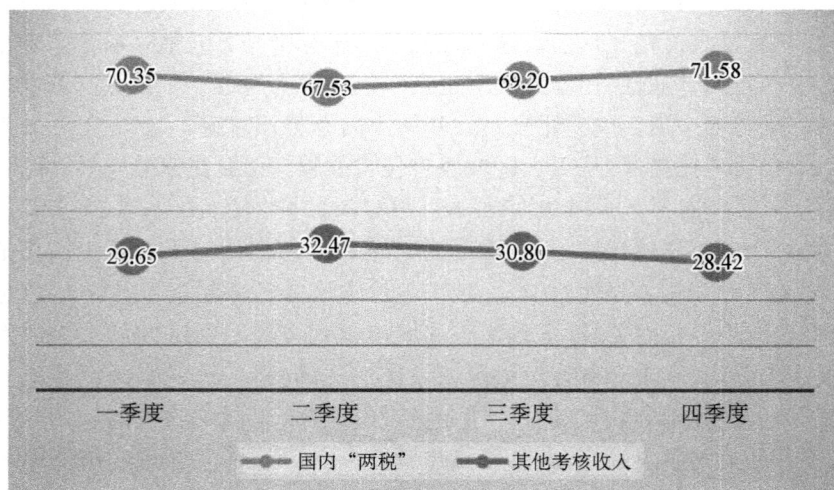

图 2－13　**2016 年分季度江苏国税收入占比结构**

（4）分季度分区域国税收入完成情况

表 2-19 2016 年江苏省国税部门分季度分区域国税收入完成情况 单位：万元

地区	1—3 月			1—6 月		
	比同期增减率%	收入额	比同期增减额	比同期增减率%	收入额	比同期增减额
苏南	11274924	809447	7.73	23871342	1741880	7.87
苏中	1945720	102609	5.57	4199894	130436	3.21
苏北	2766947	149627	5.72	5423840	292402	5.7
合计	15987591	1061683	7.11	33495076	2164718	6.91
地区	1—9 月			1—12 月		
苏南	36075256	4444348	14.05	50525078	7075653	16.28
苏中	6313776	589261	10.29	9072878	1133305	14.27
苏北	8434700	1039752	14.06	11490600	1534759	15.42
合计	50823732	6073361	13.57	71088556	9743717	15.88

整体而言，江苏省分季度分区域国税收入的特征与前文所述的分季度分析部分和分区域分析部门的结论几乎完全一致。从时间角度而言，除了由于"营改增"全面铺开的早期阶段以及效果产生需要一定时间的滞后性等原因导致第二季度中商品税份额出现了暂时性的下降，其后便渐次上升；从地域角度来看，苏南是当之无愧的领头羊，但是苏中与苏北之间的差距呈现出缩小的苗头。

（5）2016 年度江苏省辖市国税收入完成情况

根据江苏省 13 个地级市国税部门官方网站披露的"税收统计"数据，可了解每一城市在 2016 年中分季度取得国税收入的大体情况。

① 南京市

表 2-20 2016 年南京市分季度国税收入完成情况 单位：亿元

项 目	1—3 月	1—6 月	1—9 月	1—12 月
税收收入合计	313	663.8	1017.8	1400.4
1. 国内"两税"小计	222.9	440.8	713.8	1023.2
国内增值税	131	266.5	452.6	676.9
国内消费税	91.9	174.3	261.2	346.3
2. 其他考核收入合计	90.1	223.1	304	377.2
企业所得税	80.8	205.9	276.7	340.5
车辆购置税	9.3	17.2	27.3	36.7
附：出口退税	36.1	69.8	108.9	147.6

由上表可以计算得出南京市在 2016 年中国内"两税"收入及其他考核收入的分季度结构占比，其中：国内增值税与国内消费税合计税收收入在四个季度中的占比分别为 71.21%、66.41%、70.13% 和 73.06%；其他考核收入总额占比则分别是 28.79%、33.61%、

29.87%和26.94%。总体而言,两类税收收入的比重分配几乎都维持了"七三开"的格局,即使是在第二季度,占比结构也达到了66.41∶33.61,依然接近"七三开"的对比。而根据下面的趋势图可以看出,整体上这种"七三开"分配的格局较为平稳,两类税收收入各自的最高占比与最低占比的差异分别为6.66%和6.67%,分散性不大,这说明南京市两类国税收入在2016年中没有发生骤升骤降的大幅度跳跃,综合而言比较平稳有序。

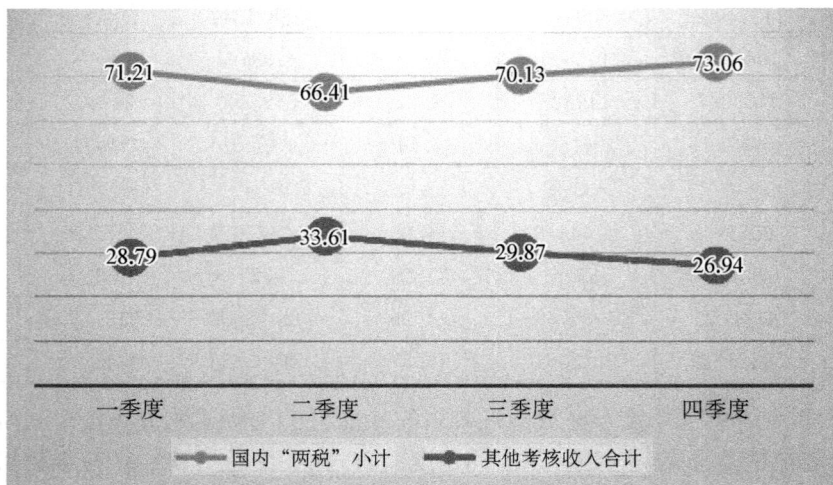

图 2-14 南京市两类国税收入在税收收入合计中的比重

此外,从和上年同期数据比较的动态增长率分析角度来看,2016年南京市在四个季度中的国税收入同比增长情况见下表。

表 2-21 2016年南京市分季度国税收入同比增长情况　　　　单位:%

项　目	1—3月	1—6月	1—9月	1—12月
税收收入合计	6.1	9	15.3	15.9
1. 国内"两税"小计	4.35	6.99	15.32	19.02
国内增值税	4.6	12.9	27.1	31.4
国内消费税	4	—1	—0.6	0.5
2. 其他考核收入合计	10.82	13.25	15.33	8.08
企业所得税	16.1	17.8	19.2	10.4
车辆购置税	—21	—22.4	—13.4	—9.4

显然,从国内"两税"合计国税收入与其他考核国税收入总额的总分类构成来看,除了其他考核收入在全年累计中出现了下降的势头,两类收入在2016年中的其他季度时限中,均呈现非常显著的上升特征,这说明南京市国税收入在2016年总体上的征收能力较为强劲,且随之时间的推移,征收规模得以较快增长。

从具体的税种构成来看:第一,国内增值税受益于"营改增"改革更是快速增长,在四个季度中的同比增幅分别高达 4.6%、12.9%、27.1% 和 31.4%,增幅可谓迅猛;第二,企业所得税是支撑南京市 2016 年国税收入增长的第二大因素,在四个季度中的同比增幅分别为 16.1%、17.8%、19.2% 和 10.4%,该增幅也可以从一个侧面反映出江苏省面临经济下行压力不断采取措施,大力发展经济所取得的成效在税收方面予以的反映;第三,国内消费税与车辆购置税同时呈现同比下降的态势,即除了第一季度和第四季度中国内消费税有同比小幅增长之外,这两个税种相较于 2015 年其他季度中的同期收入规模均呈现出缩减的趋势。究其原因,消费税同比增幅出现的下降是经济下行压力的在一定程度上于税收领域的反映;车辆购置税快速同比下降则是源于国家税务总局令第 38 号文的《国家税务总局关于修改车辆购置税征收管理办法的决定》,规定在 2016 年对车辆购置税进行减税优惠。

值得指出的是,整体而言上述税种江苏省其他省辖市在 2016 年中的征收占比出现变化的原因与南京市的原因大同小异,差别主要在于具体征收规模以及同期增减幅度方面的差异,因此对于"营改增"改革导致国内增值税激增、车辆购置税优惠导致车辆购置税同比大幅度下降、经济下行导致消费税在一定程度上有增有减等具有共性的问题,不再——罗列赘述。

② 苏州市

表 2-22 2016 年苏州市国税部门组织收入完成情况 单位:万元

项　目	1—6 月	1—12 月
税收收入合计	9312039	19602179
1. 国内"两税"小计	6053248	13104763
国内增值税	5902898	12816309
国内消费税	150350	288454
2. 其他考核收入合计	3258791	6497416
企业所得税	3007778	5958559
存款利息个人所得税	9	17
车辆购置税	251004	538840
附:出口退税	3962106	7648520

由上表可以计算得出苏州市在 2016 年中国内"两税"收入及其他考核收入的分季度结构占比,其中:国内增值税与国内消费税合计税收收入在上半年及全年中的占比分别为 65% 和 66.85%;其他考核收入总额占比则分别是 35% 和 33.15%,整体上两大类税收收入在总税收收入中的分配格局相对平稳,分散性不大。

在每类税收收入的内部构成来看,增值税是国内"两税"收入的绝对性主体,在上半年及全年中的占比高达 97.52% 和 97.8%;企业所得税则占其他考核收入总额的 92.3% 和 91.71%。同样的,由于国家统一的车辆购置税优惠政策,2016 年后期苏州市的车辆购置税也呈现明显的下降态势。

③ 常州市

表 2 - 23　2016 年常州市国税部门组织收入完成情况　　　　单位:亿元、%

税种	1—3 月		1—6 月		1—9 月		1—12 月	
	收入额	同期增幅	收入额	同期增幅	收入额	同期增幅	收入额	同期增幅
考核收入合计	91.08	8.22	193.14	4.98	288.82	12.34	427.96	18.86
1. 增值税	61.31	2.8	132.54	2.37	198.93	11.19	308.33	20.84
直接收入	54.31	9.41	110.54	18.26	176.92	27.82	252.63	29.78
营改增	2.86	6.23	10.05	101.98	27.02	276.83	50.8	420.69
免抵调库	7	−30	22	−38.89	22.01	−45.65	55.7	−7.93
2. 国内消费税	2.89	153.69	5.09	130.58	7.26	76.22	9.33	56.12
3. 企业所得税	22.75	22.46	47.16	10.06	70.12	16.68	92.36	15.12
4. 车辆购置税	4.13	−14.05	8.35	−11.63	12.51	−10.4	17.93	−4.44

第一,2016 年一季度常州市完成考核收入 91.08 亿元,同比增长 8.22%;2016 年上半年全市国税完成考核收入 193.14 元,同比增长 4.98%;2016 年 1—9 月全市国税完成考核收入 288.82 元,同比增长 12.34%;2016 年全市国税考核收入完成 427.96 亿元,同比增长 18.86%。从同比增幅来看,常州市在 2016 年中的国税收入呈现较为稳固的增长趋势,且到了下半年同期增幅已超过了两位数,这说明在 2016 年中常州市相较于上一年的国税征收形势,整体上还是乐观的。

第二,根据上图中的数据,可以计算出各个税种占考核收入总额的比重情况,并可绘制相应的比重分配图(具体的比重数据表及比重图如下所示)。根据下列的占比结构表与比重图可知,在常州市国税部门征收的考核收入中,按照占比的高低,纳入考核的 4 种税在 2016 年四个季度中的排列顺序由高至低均为增值税、企业所得税、车辆购置税和消费税。

表 2 - 24　2016 年常州市分税种占考核收入的比重　　　　单位:%

税种	第一季度	第二季度	第三季度	第四季度
1. 增值税	67.31	68.62	68.88	72.05
2. 国内消费税	3.17	2.64	2.51	2.18
3. 企业所得税	24.98	24.42	24.28	21.58
4. 车辆购置税	4.53	4.32	4.33	4.19

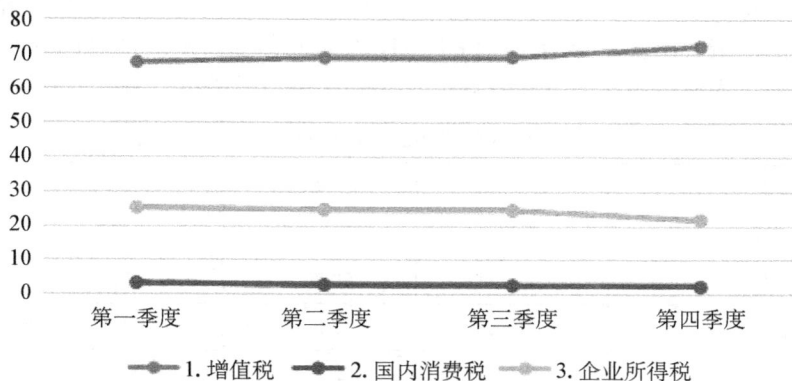

图 2-15 常州市主体税种在国税收入的比重

第三,动态角度来看,2016 年的四个季度中,常州市纳入考核的四大税种的同期增长情况与静态比重分析的结论发生了较大变化。具体包括:

其一,国内增值税的增长速度未能如同今静态占比一样位居前列,除了在全年中的同期增幅略高于企业所得税同期增幅,在前三个季度中,增值税的同期增幅均位居第三位。但从下图中的趋势来看,增值税的同期增幅呈现明显的上升特征,这从一个侧面说明了"营改增"改革对常州市国税部门的税源结构客观造成了较大的影响。

其二,作为同期增幅均位居第一位的国内消费税,随着时间的推移,虽然维持住了在 4 个税种中增速最快的地位,但是从趋势上来看却表现出相对陡峭的下降特征,甚至全年口径的同期增速 56.12% 相较于第一季度(1—3 月)中 153.69% 的同期增幅,堪称是超过了"腰斩"的幅度。

其三,企业所得税的同期增幅呈现"先降后升再降"的形态,但是其同期增幅在前三个季度中均位居纳入考核的四税收入的第二名,说明与全省的共性特征相一致,企业所得税也是常州市国税部门组织收入的第二大税种,但是其不规则同期增幅变动的趋势也说明常州市的企业所得税征收情况存在不确定因素。

其四,由于 2016 年我国实施的车辆购置税有条件减免征收的优惠政策,常州市的车辆购置税也全年呈现出同期缩减的特征,每一季度中的同期增幅均为负值,最高降幅高达 14.05%;但从趋势来看,常州市车辆购置税在 2016 年四个季度中的同期降幅逐步缩小,呈现上升的态势。

④ 无锡市

根据无锡市国家税务局官方网站披露的数据,2016 年 1 月,全市各级国税部门共组织税收收入 100.77 亿元;2016 年 4 月,全市各级国税部门则是共组织税收收入 77.84 亿元。其他月份及全年的国税收入数据未予以披露。

⑤ 镇江市

2016 年,镇江市国税部门共征收纳入考核的国税收入 2067.54 亿元,其中国内增值税与国外消费税占比高达 76.18%,其他考核收入占比 23.82%。从具体构成来看,商品税内部的增值税与消费税结构与南京市等的格局完全类似,企业所得税与车辆购置税的原理也极为一致,均表现为国内增值税和企业所得税是各自税类的主要构成部分,占比均超过

90％;车辆购置税由于全国统一的税收减免优惠政策导致在 2016 年中的征收规模呈现下降的趋势;而国内消费税则受限于当年经济下行压力的大背景以及征税范围的有限性而规模有限;存款利息个人所得税更是基于我国统一的利息所得税优惠政策而极其微小。

表 2－25　2016 年镇江市国税部门组织收入完成情况　　　　　单位:万元

税种	1—3 月	1—6 月	1—9 月	1—12 月
税收收入合计	455281	971092	1490354	2067538
1. 国内"两税"小计	340531	692731	1105902	1575040
国内增值税	323486	663943	1064297	1520578
国内消费税	17045	28788	41605	54462
2. 其他考核收入合计	114750	278361	384452	492498
企业所得税	96499	242505	330471	414808
存款利息个人所得税	1	1	2	3
车辆购置税	18250	35855	53979	77687

⑥ 扬州市

2016 年,扬州市国税部门共征收纳入考核的税收收入 2618.39 亿元,其中,国内"两税"合计 2009.34 亿元,占比 76.74％;其他考核收入合计 6090.57 亿元,占比 23.26％。

表 2－26　2016 年扬州市国税部门组织收入完成情况　　　　　单位:万元

项目	1—6 月	7—12 月	1—12 月
税收收入合计	1234638	1383755	2618393
1. 国内"两税"小计	898977	1110359	2009336
国内增值税	805987	995513	1801500
国内消费税	92990	114846	207836
2. 其他考核收入合计	335661	273396	609057
企业所得税	283394	217464	500858
存款利息个人所得税	3	2	5
车辆购置税	52264	55931	108195

注:7—12 月数据为根据 2016 年上半年和全年数据求差额计算得出。

从两类税收收入的内部构成来看:

其一,对于国内"两税"税收收入,增值税也依然是翘楚,但巧合的是在 2016 年的上半年、下半年以及全年统计的维度中,增值税占国内"两税"的比重均为 89.66％,相应的消费税所占比重则均为 10.34％。

其二,对于其他考核收入来说,企业所得税也是当仁不让的领头羊,在 2016 年的上半年、下半年以及全年统计中所占比重分别为 84.43％、79.54％和 82.23％;车辆购置税位居第二,占比分别为 15.57％、20.46％和 17.76％;存款利息个人所得税数量相对而言比较有限,占比极其微小。

⑦ 泰州市

表 2 - 27　2016 年泰州市国税部门组织收入完成情况　　　　单位:万元、%

税种	1—3 月		1—6 月		1—9 月		1—12 月	
	收入额	同期增幅	收入额	同期增幅	收入额	同期增幅	收入额	同期增幅
考核收入合计	570853	9.35	1240469	7.31	1811662	12.2	2630869	18.38
1. 国内"两税"小计	434767	16.31	937938	12.95	1421438	18.23	2084767	25.45
国内增值税	388464	15.22	846816	12.63	1293299	20.51	1921273	29.51
其中:改征增值税	36666	24.62	90552	40.89	197126	129.94	371826	205.83
国内消费税	46303	26.34	91122	16.01	128139	−0.68	163494	−8.33
2. 其他考核收入	136086	−8.20	302531	−7.08	390224	−5.38	546102	−2.59
企业所得税	107221	−6.17	249542	−6.05	310935	−4.01	435200	−2.58
存款利息个人所得税	1	−75	3	−50	4	−50	5	−44.44
车辆购置税	28864	15.03	52986	−11.63	79285	−10.38	110897	−2.61

第一,根据上表可以计算可出两类税收收入在总考核收入中的比重情况:

表 2 - 28　2016 年泰州市分税类税收收入占考核收入的比重　　　　单位:%

税种	第一季度	第二季度	第三季度	第四季度
1. 国内"两税"小计	76.16	75.61	78.46	79.24
2. 其他考核收入	23.84	24.39	21.54	20.76

显然,作为主体税种的商品税在 2016 年泰州市纳入考核的所有国税部门组织收入中的占比为 75%—80%,四个季度分别是 76.16%、75.61%、78.46% 和 79.24%,在四个季度中呈现先略降后明显上升的趋势;而与之相应的,则是其他纳入考核的税收收入在四个季度中先略升后显著下降的特征。

第二,从商品税的内部构成来看,2016 年分季度的国内增值税占国内"两税"收入的比重分别是 89.35%、90.28%、90.99% 及 92.16%,显然,增值税受益于营改增的优势地位在此一览无遗;相应的消费税占比则分别为 10.65%、9.72%、9.01% 及 7.84%,随着时间推移占比递降的特征非常明显。

第三,从"营改增"的增值税征收效应来看,泰州市是极少数披露了 2016 年"改征增值税"额的城市。根据表 2 - 22 的数据,2016 年四个季度中泰州市"改征增值税"额分别为 3.67 亿元、9.06 亿元、19.71 亿元和 37.18 亿元;占同期国内增值税总额的比重分别为 9.44%、10.69%、15.24% 和 19.35%,从趋势上看,这与我国于 2016 年中逐步铺开营改增改革的实践极度吻合,并从量化角度可对这一"营改增"效应进行衡量。从"改征增值税"的同期增幅指标来看,结论更是明显。2016 年的四个季度中,"改征增值税"的同期增幅分别高达 24.62%、40.89%、129.94%和 205.83%,增长的态势可谓一目了然,其对于泰州市国税收入的激励作用也更是可见一斑。

第四,从各类税种以及考核收入总额的同期增幅来看,2016 年四个季度中,考核税收收入总额的同期增幅分别为 9.35%、7.31%、12.2%和 18.38%;同期国内"两税"小计的税收收入同期增幅分别为 16.31%、12.95%、18.23%及 25.45%;其他考核收入的同期增幅分别为-8.2%、-7.08%、-5.38%及-2.59%。显然,2016 年泰州市国税部门组织收入增加的动力源于商品税,尤其是增值税;企业所得税、车辆购置税等其他考核收入总体上呈现的是同期缩减的态势,这说明泰州市国税收入的税源结构具有一定弱化性。

第五,从国内增值税、国内消费税、企业所得税和车辆购置税同期增幅的对比来看,除了增值税呈现出较为明显的先降后升趋势,其他三税全部呈现先骤降后缓慢回升的特征。这既是经济形势与税制改革在泰州市国税实践领域的反映,另一方面也在一定程度上是时间平滑的结果。

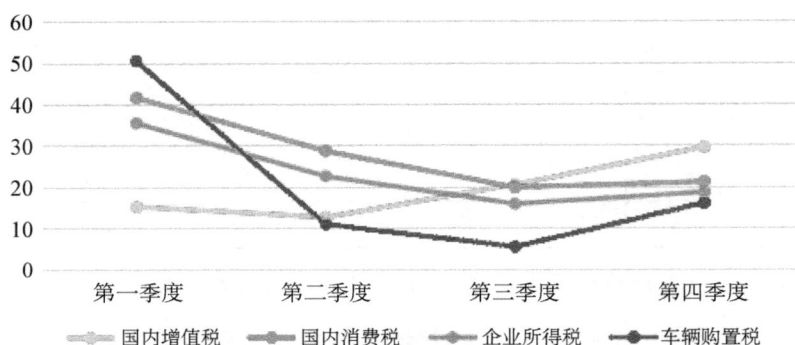

图 2-16 泰州市主体税种的同期增幅情况

⑧ 南通市

首先,从分地区取得税收收入的情况来看,2016 年 1—12 月南通市国税部门共取得考核税收收入 382.36 亿元,比上年增加 37.13 亿元,同期增长 10.76%。根据南通市国税局官方网站披露的 2016 年南通市分地区考核税收收入完成表,可知南通市不同地区在 2016 年中的税收收入同期增幅差异较大。增幅最快的是市区属第三分局,同期增幅 28.5%;而增幅最低的地区则为市属第二分局,同期降幅为 5.5%,极差值高达 34%。整体来看,市区地区筹集考核税收收入的能力不及县区地区,前者总量的同期增幅仅为 6.88%;而县区小计的考核税收收入则比 2015 年同期增长了 17.43%。由此不难看出,南通市的国税收入以区县级为主体,市区一级的征收能力相对偏弱。

表 2-29 2016 年南通市分地区考核税收收入完成情况 单位:万元

项目	本期	同期	比去年同期	
			增减额	增减(%)
全市合计	3823612	3452269	371343	10.76
市区小计	1545599	1446118	99481	6.88
第三分局	199546	155288	44258	28.50

项目	本期	同期	比去年同期	
			增减额	增减（%）
第二分局	319280	337858	−18578	−5.50
开发区局	277591	236379	41212	17.43
直属分局	598438	561726	36712	6.54
车购办	150744	154867	−4123	−2.66
县区小计	2278013	2006151	271862	13.55
海安县	369365	353331	16034	4.54
如皋市	415872	358288	57584	16.07
如东县	338812	289478	49334	17.04
通州市	411955	356510	55445	15.55
海门市	327413	299882	27531	9.18
启东市	414596	348662	65934	18.91

其次,从分税种征收税收收入的情况来看,2016 年南通市合计征收的 382.36 亿元的考核国税收入中,国内"两税"合计 278.94 亿元,占比 72.95%;其他考核收入合计 103.42 亿元,占比 27.05%。在两类税种内部,国内增值税也是国内"两税"收入中当然不让的征收规模最大的税种,其占 2016 年南通市国内"两税"收入的比重高达 96.09%;企业所得税则是其他考核收入类税种中的主体,虽然其占其他考核收入总额的比重也达到了 78.57%,但是相较于增值税的领头羊地位,差距依然比较明显。这也与我国目前以商品税为绝对主体,但是所得税也占较大的份额的"双主体"税制的观点具有一定的呼应性。

最后,从同期增幅来看,2016 年南通市商品税的增幅都比较显著,分别为 21.87% 和 34.73%,而企业所得税则出现了明显的下降,车辆购置税则与其他城市相一致呈现下降的趋势。应该说,南通市在 2016 年中国内消费税出现较大的同期增长以及企业所得税出现较为明显的同期缩减,这是与其他前述城市有所不同的地方。

表 2 - 30　2016 年南通市分税种考核税收收入完成情况　　　　单位:万元

项　　目	税收收入	同期增幅
考核税收收入合计	3823612	10.76
1. 国内"两税"小计	2789420	—
国内增值税	2680217	21.87
国内消费税	109203	34.73
2. 其他考核收入合计	1034192	—
企业所得税	812572	−12.32
存款利息个人所得税	7	−41.67
车辆购置税	221613	−9.64

⑨ 徐州市

表 2-31　2016 年徐州市国税部门组织收入完成情况　　　　单位：亿元

税　种	1—3 月	1—6 月	1—9 月	1—12 月
税收收入合计	98	182	278.7	372.4
1. 国内"两税"小计	80.5	146.1	226.2	308.2
国内增值税	44.3	86.3	138	193.3
国内消费税	36.2	59.8	88.3	114.9
2. 其他考核收入合计	17.5	35.8	52.5	64.2
企业所得税	13.4	28.1	41.1	48.2
车辆购置税	4.1	7.7	11.4	16

　　2016 年，徐州市各级国税部门共征收考核的税收收入 372.4 亿元，其中：国内增值税与国内消费税合计 308.2 亿元，占比 82.76%；其他考核收入合计 64.2 亿元，合计 17.24%。分季度来看，在四个季度中国内"两税"收入占税收收入总额的比重分别为82.14%、80.27%、81.16% 和 82.76%，呈现较小幅度的先降后升趋势；而其他考核收入占税收收入总额的比重则相应的分别为 17.86%、19.67%、18.84% 和 17.24% 的小幅度先升后降特征。

　　值得指出的是，2016 年徐州市国内增值税与国内消费税的相对规模表现出明显的与前面所述城市不同的特征。虽然增值税也表现为国内"两税"收入的主体构成部分，但是在四个季度中，国内增值税占国内"两税"收入总额的比重仅为 55.03%、59.07%、61.01% 和 62.72%，虽然也是随着时间推移和"营改增"改革推动着国内增值税也呈现出递增的态势，但是全年统计口径的最高的占比值也低于 63%；与之相应的，则是国内消费税的比较规模明显高于其他城市国内消费税的同一指标，最高时接近了国内"两税"收入的 45%。

　　在其他考核类收入中，企业所得税占比一直维持在 75% 至 79% 之间，波动幅度不大，分别为 76.57%、78.49%、78.29% 和 75.08%；车辆购置税则遥相呼应，四个季度中的占比分别为 23.43%、21.51%、21.71% 和 24.92%。

　　⑩ 盐城市

　　目前已有的公开信息中没有披露盐城市 2016 年国税部门征收的具体的税收收入，基于信息的可及性与可得性不可为，故此处不做分析。

　　⑪ 淮安市

　　首先，2016 年，淮安市国税部门共组织纳入考核的税收收入 216.12 亿元，从具体税种的征收规模来看，由高到低以此为国内增值税、国内消费税、企业所得税、车辆购置税以及极少量的存款利息个人所得税，前四个税种各自所占的比重分别为 49.92%、36.09%、10.56% 和 3.42%。

表 2－32　淮安市国家税务局 2016 年 1—12 月份税收收入情况　　单位:万元

项　目	税　款
税收收入	2161218
1. 国内增值税	1078975
2. 国内消费税	779916
3. 企业所得税	228311
4. 个人所得税	2
5. 车辆购置税	74014

其次,从与苏南地区城市在 2016 年国税收入的结构特征的比较来看,不难发现,苏北地区城市的国内增值税相对规模与国内消费税相对规模与苏南地区城市的特征有较大差异,共性特征是前者规模相对会少些,消费税的相对规模则稍微会有所加大。

再次,分月份来看,淮安市在 2016 年 12 个月份当中所取得的税收收入情况如下。

表 2－33　淮安市国家税务局 2016 年分月份税收收入情况　　单位:万元

税　种	1 月	2 月	3 月	4 月	5 月	6 月
税收收入合计	167664	240867	113902	170741	143240	171475
1. 国内"两税"小计	113842	234301	105441	121633	126171	144794
国内增值税	71672	86504	55192	67621	72460	87809
国内消费税	42170	147797	50249	54012	53711	56985
2. 其他考核收入合计	53822	6566	8460	49108	17069	26681
企业所得税	46670	1043	2551	43124	11367	21819
车辆购置税	7152	5523	5909	5984	5702	4862
税　种	7 月	8 月	9 月	10 月	11 月	12 月
税收收入合计	208449	149627	181729	266543	158771	188210
1. 国内"两税"小计	158153	145375	173642	212982	149226	173331
国内增值税	100852	82602	100962	139769	97785	115747
国内消费税	57301	62773	72680	73213	51441	57584
2. 其他考核收入合计	50296	4251	8087	53561	9545	14879
企业所得税	45109	−1001	1637	48112	2818	5062
车辆购置税	5187	5252	6450	5449	6727	9817

注意:虽然个别月份中取得有少量的存款利息个人所得税,但是由于比重过于微小,故在此表中略去,因此会导致个别月份中出现了各具体税种收入总额与表中列举的税收收入总额不完全一致而是存在少量差额的情况。该偏差属于合理误差现象与范畴,不影响分析结论。

根据上表可计算得出每一个月份中,国内增值税与国内消费税所组成的商品税在同时期税收收入总额中的比重情况,同时可得出其他考核收入在税收总收入中的比重。具体的按月份比重结构图见图 2－17。图 2－17 清晰标明,淮安市的两类税收在 2016 年中呈现较大幅度的、几乎没有规则的波动,国内"两税"收入在 1 月份占比最低为 67.9％,8 月份则达到峰值 97.16％,此后在 10 月份出现了一个骤降之后又开始波动攀升。其他考核收入占比的特征则恰好与国内"两税"相反,与其呈现出对应的此消彼长。

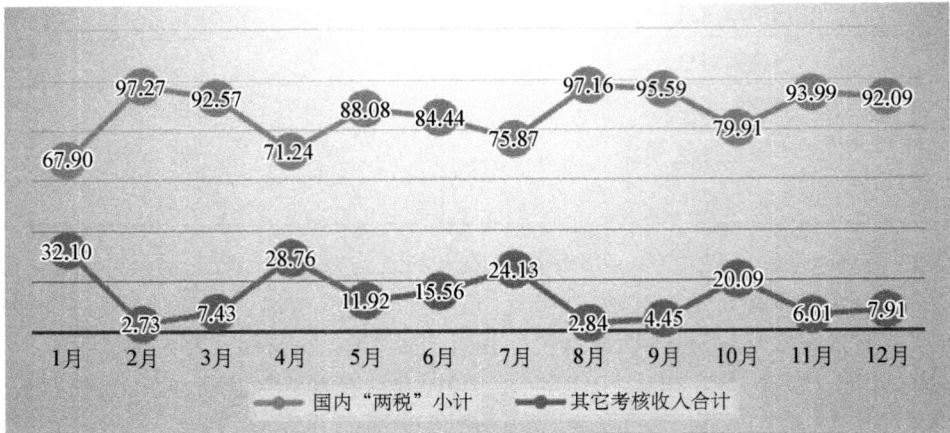

图 2－17　淮安市分月份国内"两税"收入与其他考核收入占税收收入的比重

⑫ 宿迁市

表 2－34　　　　2016 年宿迁市国税部门组织收入完成情况　　　　单位:万元、％

税种	1—6 月		1—9 月		1—12 月	
	收入额	增幅	收入额	增幅	收入额	增幅
税收收入合计	638653	13.39	1014006	24.28	1465587	29.09
1. 国内"两税"小计	487455	—	779192	—	1120851	—
国内增值税	392854	22.73	628344	36.81	920844	43.03
国内消费税	94601	11.35	150848	14.33	200007	17.05
2. 其他考核收入合计	151198	—	234814	—	344736	—
企业所得税	111915	—5.22	176098	5.18	262817	6.09
存款利息个人所得税	1	—50	1	—50	1	—66.67
车辆购置税	39282	—2.08	58715	2.55	81918	12.38

第一,2016 年 1—12 月宿迁市各级国税部门共组织纳入考核的税收收入 146.56 亿元,比上年增长 29.09％。从时间视角来看,2016 年上半年的增幅为 12.29％,截至第三季度业绩末增幅达到了 24.28％,而到了 12 月底则实现了全年 29.09％的增幅。这说明但从宿迁市自身来看,其国税部门的征收能力是逐步提升的,且提升得较为明显。当然,从总体规模来看,基于宿迁地处苏北地区的现实,经济体量有限直接制约了国税部门税收收入的总体规模。

第二,从国内"两税"收入和其他考核收入占税收收入总额的比重来看,2016 年 1—6 月、1—9 月及 1—12 月,国内"两税"收入占比分别为 76.33％、76.84％和 76.48％。即全年均保持略超过 76％的水平;与之相应的,则是其他考核收入占比分别为 23.67％、23.16％和 23.52％。

第三,从国内"两税"的内部结构来看,2016年1—6月、1—9月及1—12月中增值税占比分别为80.59%、80.64%和82.16%;消费税则分别占比19.41%、19.36%和17.84%。增值税的主体地位及程度可见一斑。

第四,从其他考核收入的内部构成来看,企业所得税在2016年1—6月、1—9月及1—12月中占比为74.02%、74.99%和76.24%,其他部分则只要由车辆购置税组成。显然量化角度来看,超过74%的份额是由企业所得税构成,且随着时间推移宿迁市企业所得税的征收份额有增加的趋势。

⑬ 连云港市

根据连云港市国家税务局官方网站披露的有限数据,2016年上半年,连云港市国家税务局累计组织税收收入76.6亿元,同比增收8.2亿元,增长11.9%。而2016年全年,连云港市国家税务局组织收入164.4亿元。其中,一般公共预算收入61.5亿元。此外,全市国税系统2016年共办理各类税收优惠66.9亿元,占全市国税收入的40.7%,其中为拉动出口办理出口退免税21.8亿元,为刺激投资落实固定资产进项抵扣11.2亿元,为鼓励高新技术办理减免税10.8亿元,为促进小微企业发展落实小微企业减免税2.7亿元。

第三章 江苏省国家税务局开展的相关工作

一、2016 年江苏省国家税务局工作的主要成效

2016 年是"十三五"开局之年,也是江苏国税发展史上极不平凡的一年。这一年,全省国税系统广大干部职工在国家税务总局和省委省政府的正确领导下,紧紧围绕税收现代化的奋斗目标,励精图治,改革创新,克难奋进,共同经历了"营改增、战金三"等惊心动魄的战役,见证了"推深改、抓试点"的波澜壮阔历程,推动了近年来累积叠加的多项改革成果集中迸发。江苏国税系统蝉联全省文明行业榜首,省局在全国税务系统 2016 年度绩效考评中继续排名前列,并在省委省政府绩效考评中保持第一等次。"数字人事"工作在全国税务工作会议上做经验交流,纳税人满意度调查排名大幅度提升,系统上下形成了前所未有的生动局面。

(一)奋发有为,砥砺前行,税收现代化取得显著成效

2016 年,江苏省国家税务部门紧紧围绕税收改革和税收现代化建设任务,科学研判、沉着应对,抓住关键、精准发力,严明责任、狠抓落实,圆满完成了各项工作任务,多项工作取得了前所未有的优异成绩。

1. 坚持依法依规组织收入,实现国税收入"量"、"质"双赢

面对经济下行压力增大、调结构力度加大、减税规模扩大的新形势,系统上下团结一心,攻坚克难,一方面毫不动摇坚持依法组织税收收入的原则,坚决防止和纠正收"过头税",认真查找税收征管的薄弱环节,积极采取有效措施,进一步堵塞漏洞,防范税收流失风险,做到应收尽收。2016 年,全省国税收入突破 7000 亿元大关,共计实现国税收入 7108.9 亿元。另一方面,将国税工作置于全省经济社会发展的大局去定位、谋划和推动,进一步强化"以税资政"作用。进一步强化纺织、钢铁、石化、光伏等重点行业及重点税源企业的动态监测,为政府部门的科学决策提供了重要参考。

2. 决战全面推开"营改增",实现供给侧结构性改革的政策预期

系统上下始终坚持"千方百计减轻纳税人负担、千方百计实现国家供给侧结构性改革目标、千方百计服务江苏经济社会发展"的原则,发扬工匠精神,开启加班模式,做好"开好票""报好税""分析好""改进好"等各阶段工作,全面打赢了这场各方期待程度高、实施复杂程度高、时间紧迫程度高的"营改增"攻坚战,获得上级领导、广大纳税人、社会各界的积极评价。

3. 深化国税、地税征管体制改革,打赢税收管理改革的"第四战役"

以深化国税、地税征管体制综合改革试点为总揽,统筹推进 10 项总局改革试点任务,实现完善税收征管流程、实施分级分类管理、优化征管职能配置、健全风险管理机制等 10 项主体任务全部到位,税收征管法治化、征管方式信息化、数据情报管理专业化、人力资源配置专业化等 4 个支撑全面强化。目前,试点总台账明确的 154 项工作任务已全部完成到位。

4. 推进便民办税的提档升级,增强纳税人获得感

全省 94 个分局专司纳服职能,实现了纳税服务机构、职能、流程、平台和服务标准的"五统一",建立起"省局实体化集中管理＋市、县局终端扁平化运作"的"一体化"现代纳税服务格局。创新便民服务举措,12366"六能"型综合办税服务平台建设基本到位,全年累计来电量 329.56 万次。制定《全省通办业务操作规范》,全省通办覆盖到 10 大类 121 项事项。大力推行 O2O 发票服务,建立发票区域仓储配送处理中心,实现增值税专用发票网上领用和代开、增值税电子普通发票的申请和领用等业务事项"线上快捷申请、订单式智能处理、集中物流配送"。探索预约取件新模式,全省 8 家试点单位累计办理预约取件事项 8 万余件,有效减轻了大厅业务量,减少了纳税人排队等候时间。进一步推广非接触式办税,扩展邮递办税业务,支持发票领用、发票代开、催报催缴、不良记录、低等级风险提示函等邮递上门。进一步完善手机 APP 功能,纳税人可使用手机等随时随地实现发票在线开具与缴销。深化国地税合作,全省共建办税服务厅 30 个,国地税互设窗口的办税服务厅 123 个,共同进驻政务服务中心 125 个,通办业务窗口 397 个,基本实现全省范围内联合办税全覆盖。推进纳税信用体系建设,与地税部门联合开展信用级别评价。积极推动省政府出台《税收协同共治工作意见》,出台《税收失信行为管理办法》,深化"税银互动"工作。江苏省省局在总局开展的纳税人满意度调查中列第 6 名,比去年上升 3 个位次。

5. 依法推进"放管服"改革,营造简政放权的税收环境

稳步实施"三证合一、一照一码"等简政放权措施,开展个体工商户营业执照和税务登记证"两证合一"改革。优化税收职责清单,所有省以下国税机关自行制定的审批、调查、核查事项全部取消。规范税收执法行为,把事中事后管理要求融入风险管理进程,实现"放、管、服"协同推进。全面推行实名制办税,采集超过 100 万户纳税人的实名信息,实现实名制办税覆盖全省所有地区,纳税人实名制办理涉税业务超千万次。修订出台《江苏省税务行政处罚自由裁量基准》,适当减低对中小纳税人的处罚标准。修订完善《税收政策确定性管理办法》,实现税收政策确定性管理的信息化、痕迹化、规范化。出台《江苏省税务系统公职律师管理办法》,完成首批 38 名公职律师颁证工作,成为省内首家公职律师正式推行单位。

6. 推进"互联网＋智慧江苏国税"行动计划,铺就大数据运用"快速通道"

税三期优化版成功上线,运行平稳,被总局称之为全国上线最稳定的省份之一。电子税务局走向成熟稳定,稳居百度等互联网搜索引擎排名第一位,在总局项目评比中名列第一,在国办"互联网＋政务服务"现场会上做交流演示。目前,在线功能达 449 项,线上用户 354 万户,日均浏览量超 80 万户次,线上办税业务量达全部业务总量的 90％。增值税发票新系统有序推进,目前已覆盖全省 114.43 万户纳税人;出口退税无纸化管理试点全面推进,全省8.77 万户出口企业备案出口退(免)税无纸化申报方式,占到正常出口企业的 99.63％,退税时间比总局规定缩短了 13 个工作日。全省统一委托代征软件研发成功并投入使用,免费提供给全省 1348 个委托代征点使用,历史性实现国地税委托代征软件一个版本。大数据运用取得新进展,制发《税收数据信息提供管理办法》,改造升级大数据综合平台,存储数据 290多亿条,年加工处理数据 40 多亿条,在税收管理各层级、各领域得到充分应用。

(二) 严管善待,固本强基,打造坚强有力税务铁军

始终坚持以加强队伍建设为根本,从盘活人力资源、提升综合素质、提升整体效能等方

面入手,坚持以纪律制度约束人,以规矩程序"矫正"人,推动干部队伍提能力、增活力、强动力,打造了一支素质过硬、作风优良、战之能胜的税务铁军。

1. 规范选人用人,配强领导干部

认真贯彻《党政领导干部选拔任用工作条例》,始终坚持党管干部原则,根据实际工作需要和现有职数空缺情况,综合各单位领导班子年龄结构、知识结构和性格气质等因素,配强领导干部;按照总局要求,及时配齐各级领导班子纪检组长。全面落实对干部档案"凡提必审"、个人有关事项报告"凡提必核"、纪检监察部门意见"凡提必听"、线索具体的信访举报"凡提必查"的要求,真正把好干部选出来、用起来,努力营造了风清气正的选人、用人环境。

2. 强化学习培训,抓好能力素质提升

以"学习贯彻四个全面战略布局和五大发展理念、深化税收管理改革"为主题,连续第三年举办省、市、县、分局四级联动培训班。认真组织参加全国税务系统"岗位大练兵、业务大比武"活动,获得国税系统团队总分第二的优异成绩。全力做好数字人事"两测"工作,参测率达92.5%。认真组织第四批全国税务领军人才选拔工作,2名同志入选第四批领军人才培养对象。

3. 用好数字人事,增强组织管理效能

全面推进绩效管理和数字人事试点,打造了干部评价"看数字"、干部考核"靠数字"、干部管理"用数字"的闭环链条。优化调整绩效指标,指标数量从最初的80个逐步精简到41个。大力推进"数字人事",建立完善了近2万人次的"数字人事"账户,梳理全省80余万条各类人事管理的日常基础数据,通过数字人事确认全年重点工作任务和推送工作任务2.1万条次。

4. 加强廉政建设,持续构建惩防体系

强化"一岗双责",进一步压实责任。细化党风廉政建设主体责任工作任务清单,与党的建设责任清单相互融合,将各个方面全面从严治队的职责定准、压实。完善内控机制,以构建"流程完善、纠错及时、核实到位、问责有力"的内控体系为总揽,选取督查督办、纪律审查两项工作进行行政管理业务标准化试点,推动内控向行政管理领域延伸,努力形成权力运行、监督检查、风险控制、责任追究的完整链条。

（三）把握形势,全面从严,扎实推进党的建设。

贯彻落实党的十八届六中全会精神,按照总局"纵合横通强党建"的工作思路和"条主动、块为主;两结合、互为补;抓党建、带队伍"的工作原则,构建全面从严治党的新格局。

1. 突出"纵合"的要求,抓深抓实

紧紧依靠总局和地方党委,发挥垂直管理和地方管理两个优势,坚持机关党建与系统党建一起抓、系统党建与地方党建"一盘棋"。如"两学一做"学习教育,省局在完成规定动作的基础上,突出国税特色,与"营改增"等阶段性重点任务和税收管理改革等中心工作紧密结合,又积极争取地方党委指导。与此同时,全面落实"下抓两级、抓深一层"的工作机制,省局主抓市局,延伸带县局,在力度深度上全面加压,实现责任链条的全覆盖和全贯通,形成层层抓落实的合力。

2. 把握"横通"的关键,统筹统领

省局党建工作领导小组和党风廉政建设领导小组工作协调一致,持续高效运转,两个领导小组及其办公室既管机关又管系统,横向抓到边、纵向抓到底,共同推动全面从严治党主体责任的落实。人事任免等"三重一大"事项听取监督、巡视、督审等监督部门意见,干部选拔均通过纪检监察部门审核把关。将党建工作充分融入教育培训和绩效管理,党员理想信念、纪律规矩、廉洁从税等方面教育成为系统教育培训必设课程,党建工作在绩效考核指标中占重要比重,确保党建工作时时事事落地。在全系统努力形成领导有力、机制科学、协同有序、融合增效的党建工作格局。

3. 对照"强党建"的目标,做精做细

按照总局《关于构建税务系统全面从严治党新格局的实施意见》,结合江苏国税实际,制定了《关于加强和改进全省国税系统党建工作实施意见》,精心组织、细化落实,有效提升了系统党建工作水平。一是以清单为基准,夯实制度基础。在全国税务系统率先推出党建工作责任清单,与已有的党风廉政建设责任清单互为补充、相互促进。二是以规范为核心,加强日常管理。制定机关党务工作规范,进一步提升了机关党务的规范性。坚持以"两学一做"为主线,以基层党组织为载体,以"三会一课"为保障,全面加强和规范党内政治生活。三是以示范点为引领,融入改革大局。在全系统深入开展"党建工作示范点"活动,并与税收法治、风险应对、纳税服务等示范点创建工作统筹推进,成为税收管理改革示范点建设的重要内容。在创建中注重突出党的建设对税收工作大局的引领作用,在全面推开"营改增"试点、金税三期上线等重大事件、重要节点、重点事项上,各级党组、各级党组织和全体共产党员充分发挥政治核心作用、战斗堡垒作用和先锋模范作用,以全面加强党建工作责任的实际成效推动江苏国税各项改革发展事业的再上新台阶。

二、为全省纳税人减免税收

2016年江苏省国税系统共为全省纳税人减免税收 3741.4 亿元,同比增长 15.5%,占同期税收收入的 52.6%。同时,落实国务院部署推进税制改革,"营改增"实现整体减税 469.75 亿元。

税制改革和减税政策作为推动经济保持中高速增长、迈向中高端水平的重要方面,2016年江苏省先后 4 次扩大小型微利企业减半征收企业所得税政策适用范围,从年应纳税所得额 3 万元逐步提高到 30 万元;两次放宽小微企业免征增值税、营业税条件,从月销售额 5000 元提高至 3 万元;两次扩大研发费用加计扣除政策范围,在全国范围内推广中关村税收优惠政策;对 6 个重点支持行业实行更加优惠的固定资产加速折旧政策,而后扩大至 10 个行业;有序扩大高新技术企业认定范围,简化认定手续等。2016年办理的各项税收优惠占全省同期国税总收入的 52.6%。特别在促进小微企业、高新技术企业发展方面,落实高新技术企业、技术成果转让等优惠政策 379.8 亿元。落实调高增值税起征点、减半征收企业所得税等优惠政策,覆盖至全部小微企业,兑现优惠 78.9 亿元。

2016年5月1日起,江苏省全面实施营改增,建筑业、房地产业、金融业、生活服务业四大行业纳税人 75.47 万户顺利实现税制转换,营改增实现全覆盖,到 12 月底全省"营改增"实现整体减税 469.75 亿元,四大试点行业 5—11 月累计减税 101.01 亿元,税负下降 16.12%,减税比例从 99.18% 提高到 99.28%,实现了"所有行业税负只减不增"目标。

营改增试点在减轻纳税人税收负担的同时,还打通了二、三产业增值税抵扣链条,拉动服务业发展,促进传统行业转型升级,激发大众创业、万众创新。

三、政府信息公开工作

2016年，江苏国税紧紧围绕党中央、国务院重大决策部署和公众关切，深入贯彻中共中央办公厅、国务院办公厅《关于全面推进政务公开工作的意见》和《中华人民共和国政府信息公开条例》，细化政务公开工作任务，加大公开力度，加强政策解读回应，不断增强公开实效，切实保障人民群众知情权、参与权、表达权和监督权，助力"十三五"江苏国税事业的良好开局。

（一）建立健全制度机制

2016年，江苏省国税局高度重视政府信息公开工作，不断探索完善信息公开的方式和方法，依托江苏国税网站群，不断扩大公开范围，细化公开内容，拓展公开渠道，切实做好涉税信息的主动公开，较好地完成了全年政府信息公开工作各项任务，让行政权力透明运行，各项工作规范有序，促进了全省国税事业健康快速发展。

制发《江苏省国家税务局办公室关于进一步做好政府信息公开工作的通知》《江苏省国家税务局关于调整政府信息公开（政务公开）领导小组和办公室成员的通知》《关于印发江苏省国家税务局政府信息公开系列文件的通知》《江苏省国家税务局转发〈国家税务总局关于全面推进政务公开工作的意见〉的通知》《2016年江苏省国家税务局政务公开要点》等文件，调整充实政府信息公开领导小组及办公室人员，加大对政府信息公开的指导、协调、督查力度。进一步优化政府信息公开指南，细化公开范围和目录，方便纳税人和社会公众查询和获取。强化税务机关政府信息公开队伍建设，加强力量配备，保障工作运行。

（二）拓展创新公开渠道

1. 网络公开

加快推进"互联网＋税务"行动计划，将税务网站打造成更加全面的信息公开平台、更加权威的政策发布解读和舆论引导平台、更加及时地回应关切和便民服务平台，使纳税人和社会公众"足不出户"就能了解相关信息，全年江苏国税发布外网信息1135条。

2. 窗口公开

统一全省国税系统办税服务厅政府信息公开的基础设施，规范公开内容。在办税服务厅发放宣传册，《办税指南》等资料，为纳税人提供办税程序、涉税政策等方面的咨询和辅导。

3. 移动公开

充分发挥江苏国税APP和政务微博、微信公众号等新媒体的主动推送功能，运用图片、图表、图解、视频等可视化方式，增强政策解读效果，扩大发布信息的受众面和到达率，开展在线服务，增强用户体验和影响力。全年江苏国税移动客户端发布信息9718条，发布政务微信1103条，微博1127条。

4. 媒体公开

通过党报党刊、江苏卫视、省电台、《中国税务报》等新闻媒体，定期发布和更新国税专题报道、新闻动态、政策解读等信息，便于公众及时了解相关情况。2016年，在非税务报媒体发布新闻稿件200余篇，《中国税务报》刊发179篇。

（三）严格把握公开要点

1. 做好涉税信息主动公开工作

一是围绕"两项试点"任务推进公开。大力推动试点任务完成情况、国地税合作进展的公开。二是围绕持续推进税收管理改革推进公开。推进加快转变管理方式、完善风险管理机制、强化税收风险分析、加强国际税收管理、深化大企业税收服务与管理改革等改革事项的公开。三是围绕服务经济社会发展推进公开。全面公开各项税收政策，重点围绕推进供给侧结构性改革、落实各项税制改革和税收政策措施进行公开，重点公开营改增税制改革相关工作，积极公开服务国家发展战略各项举措。四是围绕优化纳税服务进行公开，做好便民办税春风行动、纳税人需求响应机制、"互联网＋智慧江苏国税"行动方案、纳税信用管理等事项的公开工作。2016年江苏国税召开了一次"中国·江苏"新闻发布会、两次媒体吹风会，接受记者采访，通过人民网、《新华日报》、江苏卫视、江苏人民广播电台、江苏国税网站、江苏国税微信公众号等对外发布江苏国税工作和各类涉税信息。

2. 推进权力运行公开透明

认真做好税务部门行政审批权力事项的清理、简并和下放工作，加大行政审批、行政许可、行政处罚等信息公开力度，依托信息化网络平台，明确职责权限，固化工作流程，推进税收执法权力运行公开透明。一是积极推进税务行政审批信息公开。公开行政审批目录，及时公开取消、下放、清理以及实施机关变更的税务行政审批项目信息。二是持续优化税收职责清单，提升风险应对模板和法律指引的应用水平，并推广到欠税追征领域，全面规范执法行为。三是加大税收"黑名单"的公开力度。按照总局要求，在税务网站公告重大税收违法案件。四是加强社会信用体系建设，建立促进诚信纳税机制。认真贯彻落实《江苏省税收失信行为管理办法（试行）》，加强对税收失信行为的联合监管，促进社会信用体系建设。

3. 继续推进财政资金信息公开

认真做好部门预算公开，加大"三公"经费公开力度，深化预算执行和其他财政收支审计信息公开，发布审计结果公告的同时，及时、全面、准确地公开整改情况，进一步提升预算执行和收支审计工作情况的透明度。

4. 加强公共管理服务信息公开

加强政府采购信息公开，公开政府采购项目预算、采购过程、采购结果，细化公开中标成交结果。推进工程建设项目信息公开，深化项目审批、核准、监管、招标、投标等信息公开工作。做好安全管理信息公开，建立预警预防信息发布和事故应急处置救援信息公开制度。推动信用信息公开，依法公开国税机关在税收执法管理中掌握的信用信息，以政务诚信示范引领全社会诚信建设。

（四）认真做好依申请公开工作

规范依申请公开办理工作，提升依申请公开服务能力，畅通受理渠道，完善工作机制，提高工作效率，方便公众申请。改进完善申请办理方式，加强与申请人沟通，做好解疑释惑工作，引导公众正确行使申请权和救济权。加强会商协调，对涉及国税部门与其他政府部门的申请事项，依法依规妥善办理。慎重处理同一人反复申请同一事项信息公开的情况，做好耐心细致的解答工作，加强与上级国税机关联系，防止信息公开不规范引发与国税机关的矛盾。2016 年共回复各类依申请公开 95 条。

(五) 政府信息公开的收费及减免情况

2016 年,江苏省国家税务局没有向政府信息公开申请人收取费用。

(六) 行政复议、诉讼情况

2016 年江苏省国家税务局共收到行政复议申请 7 件,依法受理 4 件,1 件告知申请人向有权机关提出复议申请,2 件不符合受理条件决定不予受理。4 件已经全部审结,其中维持 1 件,申请人撤回复议申请后终止审理 1 件,撤销 2 件,纠错率达 75%。发生 2 件行政诉讼案件,全部胜诉。

(七) 存在的主要问题及改进方向

2016 年,江苏省在政府信息公开方面存在的主要问题包括各级部门的政府信息公开的意识有待加强,工作的制度化、常态化、规范化有待提高,政府信息的公开标准有待规范统一。下一步将深入贯彻《条例》,抓好宣传教育,提高对政府信息公开工作重要性的认识,不断加大推进政府信息公开工作的力度;进一步加强培训,提高系统政府信息公开人员素质;进一步密切联系群众,了解广大纳税人对税收信息的需求,把纳税人最关注的热点、难点、焦点问题作为政府信息公开的主要内容,保障群众知情权、参与权、监督权,确保政府信息公开的完整性、全面性和及时性。

第四章　江苏省地方税务局开展的相关工作

一、2016年江苏省地方税务局工作的主要成效

2016年之初,江苏省地方税务局便制定了全年工作的总体思路:以习近平总书记系列重要讲话特别是视察江苏重要讲话精神为指导,深入贯彻落实党的十八大、十八届三中、四中、五中全会及中央经济工作会议、全省经济工作会议精神,围绕"为国聚财、为民收税"的组织使命,着力推进征管体制改革,着力优化纳税服务,着力完善内控机制,着力加强作风建设,进一步打造"1+5"税收治理格局,践行"忠实履职、安全履职"理念,建设"科学、规范、高效、廉明"地税机关,加快实现税收治理现代化,为"迈上新台阶,建设新江苏"做出新的贡献。根据这一总体思路,江苏省地税局在2016年中,主动适应经济税收新形势,全面提升税收治理水平,取得了一定的成绩。

(一)税费收入实现持续稳定高质量增长

江苏省地税局在2016年通过狠抓依法征税,落实新型收入管理机制,修订税收收入质量监控评价体系,完善地税收入增长区间管理办法,探索自然人税收管理体系,规范房地产交易税收管理,完善城镇土地使用税执法依据,试行车船税收入归属的划分标准,创新基金费管理模式,严格收入质量管控,实现了税费收入持续稳定高质量增长。2016年,江苏省全省共组织收入8059亿元,同口径增长10.3%。其中,税收收入4986亿元,同口径增长14.2%;社保费收入2688亿元,增长5.9%。

(二)税收职能作用有效发挥

江苏省地税部门主动服务全省发展战略,助推供给侧结构性改革,全面落实各项税费优惠政策,助力经济转型升级。2016年累计减免各项税收794亿元,降低社保费、基金费负担100亿元。其中支持高新技术企业发展减免105亿元,办理企业研发费加计扣除80.4亿元,扶持小微企业发展减免10.7亿元,落实加速折旧优惠金额近9亿元;全面实施资源税从价计征改革,平均税负下降27%。着眼破除政策障碍,积极推动并落实科技成果股权和技术人员股权递延缴纳所得税政策,全年累计办理646人次近8亿元个税递延,让符合条件纳税人享受这场科技创新政策的"及时雨"。落实简政放权和商事制度改革要求,在苏南国家自主创新示范区探索"证照分离"改革。加强"银税合作",提升纳税信用价值,帮助守信纳税人获得贷款176.8亿元,惠及7万户纳税人。服务"一带一路"倡议,多措并举助力企业"走出去"。优化税收分析工作,挖掘涉税数据价值,建立基于大数据的企业税户增减变化动态模型,分企业、分行业看经济和产业发展质态,更好地服务政府宏观经济治理。

（三）征管体制改革全面深化

深入贯彻中央深改决策部署，准确把握综合试点省份定位，坚持目标引领、问题导向，创新实践、积极探索，狠抓 18 项重点改革内容、44 项其他改革内容和 6 项创新内容落地落实，改革综合试点取得显著成效。江苏省地税部门以高度的政治责任感和历史使命感，全面推开营改增试点，顺利移交 87.6 万户纳税人，促进税制平稳转换，有力助推供给侧结构性改革。深化分类分级管理，科学设定税源分类标准，建立分类动态调整机制。全面实施风险管理，完善风险指标体系，按风险等级实施差别化应对，强化风险统筹管理，推送应对任务 18.3 万户次，入库税款 248 亿元。落实纳税服务规范，开展"便民办税春风行动"，推进办税便利化改革，简化工作流程，实现二手房交易"1 小时办结"，主要涉税事项全省通办。

深化国地税合作，开展国地税联合办税、相互委托代征和纳税人信息匹配等工作，联合开展纳税信用评价，建立税收失信行为联合惩戒机制。武进局、高邮局、海安局被国家税务总局确定为全国百佳国税地税合作县级示范区。加快推进大数据治税工程，加强数据标准化管理，构建数据质量管理体系。健全涉税信息资源共享机制，加强涉税信息采集运用，推动跨区域税收协同共治，增收税款 115 亿元。探索建立自然人税收征管体系，年收入 12 万元以上高收入者自主申报已达 76 万人。会同省财政厅、人社厅，研究出台社保费征缴管理部门合作意见。实施"互联网＋税务"行动计划，完成电子税务局平台建设，推进大数据、云计算技术在税务领域的深度应用，实现涉税信息"一次采集、共享共用"。实现金税三期工程全面推广上线并平稳运行，发挥江苏地税比较优势，为征纳双方提供了便利化办税、协同化征管的新平台。

（四）依法治税水平不断提升

深化税务行政审批制度改革，完善税收执法权力清单和责任清单，推进税务行政权力清单标准化。开展稽查积案专项清理，推进"一案双查"，依法打击税收违法行为，查补入库收入 80 亿元，查处千万元以上案件 114 起。全面清理不利于稳增长、促改革、调结构、惠民生的税收规范性文件，修订税务行政处罚自由裁量基准，统一国地税执法尺度，实现税收政策确定性问题网上统一管理。构建联动工作机制，会同国税部门对 23 项科技创新税收政策开展效应评估。联合国税部门开展公职律师制度建设。坚持专项与重点相结合，推进跨区域税收执法督察，有序实施税收风险应对质量检查，严格落实税收执法责任制，不断提升执法规范化水平。完善依法治税工作评价机制，惠山局被命名为全国法治税务示范基地。

（五）干部队伍管理持续加强

认真学习贯彻十八届六中全会精神，落实《准则》和《条例》，持续深入开展"两学一做"学习教育，强化"四个意识"。牢固树立党要管党、从严治党意识，坚决落实党风廉政建设主体责任，坚持挺纪在前，强化执纪问责，推进重点领域、重点环节党风廉政建设，细化压实各层级"两个责任"。完善内控机制，严格财务管理，加强两权监督，真正用制度管人管事管权。严格落实中央八项规定，坚决纠正"四风"，"三清三勤"（征纳关系清、上下关系清、公私关系清，手勤、脑勤、腿勤）的工作生态逐步形成。2016 年，驻省局纪检组对省局机关所有处室和全系统所有市局落实两个责任情况进行了专项检查，提出有针对性的整改要求。各级党组普遍对"两个责任"实行了清单管理,进一步细化党组"主体责任"、纪检组"监督责任"和党组书记"第一责任人"责任、班子成员"一岗双责"责任。持续推进干部能力素质提升工程,加强党员干部理想信念教育,宣传"最美地税人""身边好税官"等先进典型,广泛开展集体性税务文化建设活动,增强干部职工的组织认同感和事业认同感。举办领导干部经济财税专题研修班、处级干部大轮训、综合类骨干人才培训,严格选人用人标准,加强人才选拔使用力度。在南京、徐州、常州、南通等4家市局单位开展"数字人事"改革试点,组织全系统"岗位大练兵、业务大比武"活动。不断优化绩效管理,围绕主业主责,推动各项工作提质增效。把握工作主动权,出台合理化建议和舆情管理办法,畅通干部职工合理诉求通道,鼓励引导干部职工讲真话、讲实话,凝心聚力推进地税事业发展。

二、江苏省地方税务局的政府信息公开工作

(一)总体工作情况

2016年,江苏省地方税务局按照《政府信息公开条例》和省政府办公厅、税务总局办公厅政府信息公开有关要求,坚持以公开为常态、不公开为例外,全面推进决策、执行、管理、服务、结果公开,继续发挥5个方面服务功能,政府信息公开工作取得一定成效。

1.坚持服务中心任务,推进经济税收数据公开

全局政府信息公开工作坚持服务组织收入这一中心工作不动摇,紧紧围绕经济社会发展和人民群众关注关切,以公开促落实、以公开促规范、以公开促服务、以公开促形象。每季度分析税收形势,专题编报《税收专报》,向省委、省政府反映经济运行态势,为宏观决策提供参考;加强税收调研分析,《苏南自主创新示范区综合税收政策研究》得到省委书记批示;多次向财政部和税务总局提出政策修改建议,推动出台《关于完善股权激励和技术入股有关所得税政策的通知》。每季度向社会公布税收收入数据,每月向社会公布社会保险等基金费收入情况,满足纳税人知情权和监督权。

2.坚持服务纳税人,推进税收政策、执法和服务公开

编制并在网站发布《行政许可事项目录》《行政确认事项目录》《办税指南》《优惠办理指南》,分事项、分税种清晰明了地指引纳税人办税。升级完善网站搜索查询工具,构建基于网站群的垂直分类检索系统。配合全省12345政务服务热线体系建设,实现12366纳税服务热线与省12345平台对接。建立"网上纳税人学堂",实现线上线下互动。在《新华日报》、《扬子晚报》和《中国税务报》等主流媒体上,向社会各界重点宣传地税机关落实纳税服务规范、加强国地税合作、进一步优化"营改增"纳税服务工作的二十条举措,以及加强涉税中介监管的相关工作部署。每季度定期在《新华日报》和《扬子晚报》刊登"国地税税收热点咨询问题"专版,刊登6期共计240个热点问题。与国税部门共同完成129万户纳税人纳税信用评价工作,联合省信用办等27个部门制定《江苏省税收失信行为管理办法(试行)》,建立税收失信行为联合惩戒机制。向全社会公布全年税务稽查随机抽查情况,将17个税收违法案件传入税务总局"黑名单"系统,向社会公布6个案件;联合省信用办,对重大税收违法案件当事人实施联合惩戒。

3.坚持服务机关建设,推进行政事务公开

按照"阳光税务"机关建设要求,以公开为常态、不公开为例外,大力开展政务、事务公

开,接受社会各界监督。深化税务行政审批制度改革,推进税务行政权力清单标准化,向社会公布税收行政权力事项清单、责任清单和行政许可事项,将行政权力至于"阳光"下运行。公布年度经费预算、决算和"三公"经费使用情况,严格控制行政经费支出。严格实施机关政府采购,所有项目纳入省级机关采购管理,公开本部门招标文件34份。对于机关重大事项及人、财、物使用敏感事项,严格实行公开、公示制度,扩大干部职工知情权,广泛听取群众意见。

4.坚持服务专门需求,推进依申请公开

健全政府信息公开领导机构,明确职责任务,有计划、分步骤抓好工作落实。畅通申请渠道,将政府信息公开办公地址、办公时间、传真号码、电子邮箱等内容对外公布,通过网络、邮件、电话等渠道,为公民、法人或者其他组织提供各类申请渠道。加强联动办理,由各级机关办公室牵头主抓,机关各部门分工负责,形成齐抓共管合力。严格规范操作流程,对于单项性业务事项申请,直接由业务处提出意见,对于综合性业务申请,由法规部门汇总意见。所有事项必须通过法制审核把关,并按时分类回复。对于有效申请,采取正式答复;对于不属于公开范围的事项,适时做出解释说明;对于无效申请,主动跟申请人沟通说明,做到有申请必回应,努力让申请人满意。

5.坚持服务人大、政协,推进建议提案公开

高度重视建议和提案的办理工作,认真组织落实,有序开展办理,纳入重点督办事项,有力地保证了所有建议和提案按时、高质量办结。按照人大代表建议、政协提案办理结果公开要求,做好办理结果公开,共有20件建议提案列为"同意公开"事项。其中,由江苏省地方税务局公开3件,其余17件建议提案的会办意见通过主办单位公开。

（二）主动公开政府信息情况

2016年全年制发主动公开信息124条;网站发布信息5963条,其中政策法规类214条、通告公告类3217条、办税辅导类1256条、纳税咨询类249条、税收宣传类849条、调查征集类3条、其他信息公开175条;举办在线访谈14次;政务微博发布信息1257条,政务微信发布信息1260条。

（三）依申请公开政府信息情况和不予公开政府信息情况

局机关全年共收到依申请公开材料29件,其中网上申请27件、信函申请2件。根据申请公开类别,分别以同意公开、已主动公开、不予公开、不属于本机关信息、信息不存在、重新调整申请等作出答复和回复说明。不予公开情况主要是企业纳税情况申请,均依据《纳税人涉税保密信息管理暂行办法》,详细说明不予公开的理由。

（四）政府信息公开收费情况

未收取任何政府信息公开费用。

（五）因政府信息公开申请行政复议、提起行政诉讼的情况

全年发生因政府信息公开引起的行政复议3起,分别做出驳回、确认违法、责令履行决定。

（六）政府信息公开工作存在的主要问题及改进情况

一是税收政策法规宣传解读效果不够理想,特别是新政策和金税三期系统上线衔接阶段,有的纳税人没有及时掌握新情况,给办税业务增加了不便。二是信息公开的栏目和内容不够系统科学,在贴近纳税人需求方面有待改进完善。

（七）未来政府信息公开工作打算

1. 制订全面推进政务公开工作的意见

围绕"五公开"的要求,加大税务行政法规、行政权力、行政执法、征管制度、纳税服务、自身建设等公开力度,提升信息公开工作规范化和制度化水平。

2. 实施"互联网＋政务服务"行动

依托信息化平台,将信息公开工作纳入政务服务管理,推动信息公开技术手段上台阶。

3. 开展政府信息公开工作督查考核

制订全系统2017年度政府信息公开考核办法,科学设定考核内容,以考核促规范、促成效。对重大信息公开事项,实施督查督办,并组织阶段性检查问效,促进各项工作落实。

具体的,江苏省地方税务局机关政府信息公开情况统计表如下:

表4-1 江苏省地方税务局机关政府信息公开情况统计表

统 计 指 标	单位	统计数
一、主动公开情况		
（一）主动公开政府信息数 （不同渠道和方式公开相同信息计1条）	条	124
其中:主动公开规范性文件数	条	7
制发规范性文件总数	件	7
（二）通过不同渠道和方式公开政府信息的情况		
1. 政府公报公开政府信息数	条	1
2. 政府网站公开政府信息数	条	5963
3. 政务微博公开政府信息数	条	1257
4. 政务微信公开政府信息数	条	1260
5. 其他方式公开政府信息数	条	240
二、回应解读情况		
（一）回应公众关注热点或重大舆情数 （不同方式回应同一热点或舆情计1次）	次	2
（二）通过不同渠道和方式回应解读的情况		
1. 参加或举办新闻发布会总次数	次	1
其中:主要负责同志参加新闻发布会次数	次	0

统 计 指 标	单位	统计数
2. 政府网站在线访谈次数	次	14
其中:主要负责同志参加政府网站在线访谈次数	次	4
3. 政策解读稿件发布数	篇	36
4. 微博微信回应事件数	次	0
5. 其他方式回应事件数	次	0
三、依申请公开情况		
(一)收到申请数	件	29
1. 当面申请数	件	0
2. 传真申请数	件	0
3. 网络申请数	件	27
4. 信函申请数	件	2
(二)申请办结数	件	29
1. 按时办结数	件	29
2. 延期办结数	件	0
(三)申请答复数	件	29
1. 属于已主动公开范围数	件	3
2. 同意公开答复数	件	5
3. 同意部分公开答复数	件	0
4. 不同意公开答复数	件	12
其中:涉及国家秘密	件	0
涉及商业秘密	件	10
涉及个人隐私	件	0
危及国家安全、公共安全、经济安全和社会稳定	件	0
不是《条例》所指政府信息	件	2
法律法规规定的其他情形	件	0
5. 不属于本行政机关公开数	件	4
6. 申请信息不存在数	件	2
7. 告知作出更改补充数	件	1
8. 告知通过其他途径办理数	件	2
四、行政复议数量	件	3
(一)维持具体行政行为数	件	1
(二)被依法纠错数	件	1

统 计 指 标	单位	统计数
（三）其他情形数	件	1
五、行政诉讼数量	件	0
（一）维持具有行政行为或者驳回原告诉讼请求数	件	0
（二）被依法纠错数	件	0
（三）其他情形数	件	0
六、举报投诉数量	件	0
七、依申请公开信息收取的费用	万元	0
八、机构建设和保障经费情况		
（一）政府信息公开工作专门机构数	个	1
（二）设置政府信息公开查阅点数	个	0
（三）从事政府信息公开工作人员数	人	1
1. 专职人员数（不包括政府公报及政府网站工作人员数）	人	1
2. 兼职人员数	人	0
（四）政府信息公开专项经费（不包括用于政府公报编辑管理及政府网站建设维护等方面的经费）	万元	0
九、政府信息公开会议和培训情况		
（一）召开政府信息公开工作会议或专题会议数	次	1
（二）举办各类培训班数	次	1
（三）接受培训人员数	人次	90

三、江苏省地方税务局 2016 年度法治政府建设情况

（一）2016 年法治政府建设情况

2016 年，江苏省地方税务局认真贯彻落实江苏省委、省政府和国家税务总局的决策部署，以党的十八届四中全会精神为指导，依法组织收入，夯实管理基础，完善征管改革，优化税收服务，法治政府建设各项工作稳步推进。

1. 加强依法行政工作统筹协调

（1）明确依法行政年度工作重点

为逐年落实《江苏省贯彻落实〈法治政府建设实施纲要（2015—2020 年）〉实施方案》各项工作要求，制定《2016 年全省地税依法行政工作要点》（苏地税函〔2016〕109 号），明确依法履行税收职责、坚持科学民主决策、完善税收执法体制机制等七大方面 25 项年度依法行政重点工作，保障法治政府建设工作系统全面推进。制定《2016 年机关各单位依法行政工作任务分解表》（苏地税函〔2016〕102 号），将法治政府建设各项工作任务分解到各个部门，形成推动依法行政的工作合力。将法治政府建设各项重点工作融入绩效管理，落实职责分明、

任务分解的责任机制。

（2）优化依法行政工作领导小组工作机制

制定《江苏省地方税务局依法行政工作领导小组议事规则》（苏地税办发〔2016〕15 号），明确依法行政工作领导小组议事程序。按季度召开依法行政工作领导小组会议，研究依法治税工作，加强工作统筹，充分发挥依法行政工作领导小组对全面推进依法治税实施统一领导、统一部署、统筹协调的核心平台作用。

（3）强化评价机制对于法治政府建设的推动作用

将法治政府建设相关工作嵌入绩效管理之中，发挥绩效管理指挥棒作用。完善依法治税工作评价机制，继续开展法治税务示范基地建设。根据《江苏省地方税务局法治税务示范基地建设实施办法》（苏地税发〔2015〕46 号），经各地自行申报、大集中系统抽取数据机考、集中评估、税收执法满意度问卷调查、法律知识水平测试等程序，南京市六合地方税务局等 25 家单位被授予省局"法治税务示范基地"称号。坚持好中选优，在江苏省局"法治税务示范基地"中培育先进典型，向国家税务总局推荐的无锡市惠山地方税务局获得"全国法治税务基地"称号。

（4）加强法治能力建设

完善领导干部日常学法机制，制定《江苏省地方税务局关于进一步加强领导干部学法工作的通知》（苏地税函〔2016〕103 号），确定加强领导干部学法的工作目标、学习内容，明确集中培训、日常学习、自学与辅导相结合、学习型调研等学法方式，推动领导干部学法的常态化。举办第五期全省地税系统领导干部依法行政培训班，完成利用五年时间完成对省市两级地税局领导班子依法行政轮训的计划，促进各级地税机关领导干部带头学法，不断提高依法治税的意识和能力。组织各市、县局政策法规业务骨干近 100 人进行政策法规业务培训，邀请大学教授、知名律师、税务专家从执法理念、案例实践等方面进行授课，切实增强基层执法人员的法律意识。开展"以案说法"工作，广泛搜集涉税行政诉讼案例尤其是税务机关败诉案例，组织条线业务骨干研讨分析，编写 4 期《涉税诉案简报》，提示税收执法风险，提升基层税务干部执法水平。

（5）全面推进税务公职律师工作

经江苏省司法厅同意，江苏省地方税务局成为全省首批正式推行公职律师制度的单位之一。联合江苏省国税局制定下发《江苏省国家税务局 江苏省地方税务局推行公职律师制度实施方案》《江苏省税务系统公职律师管理办法》，成立江苏省地方税务局公职律师办公室。开展法律人才普查工作，对全省税务系统具备律师资格或法律职业资格人员的自然情况、政治面貌、学历、工作经历进行全面摸底，从全省政策法规部门和稽查局选拔 42 名符合公职律师条件人员申请首批公职律师证书。

2. 积极服务地方经济发展大局

（1）依法组织收入

落实新型收入管理机制，修订税收收入质量监控评价体系，完善地税收入增长区间管理办法，探索自然人税收管理体系，规范房地产交易税收管理，完善城镇土地使用税执法依据，试行车船税收入归属的划分标准，创新基金费管理模式，严格收入质量管控，实现税费收入持续稳定高质量增长。全省共组织收入 8059 亿元，同口径增长 10.3％。其中，税收收入 4986 亿元，同口径增长 14.2％；社保费收入 2688 亿元，增长 5.9％。

（2）发挥税收职能作用

主动服务全省经济发展战略，助推供给侧结构性改革，全面落实各项税费优惠政策，助力经济转型升级。2016 年累计减免各项税收 794 亿元，降低社保费、基金费负担 100 亿元。其中支持高新技术企业发展减免 105 亿元，办理企业研发费加计扣除 80.4 亿元，扶持小微企业发展减免 10.7 亿元，落实加速折旧优惠金额近 9 亿元；全面实施资源税从价计征改革，平均税负下降 27%。着眼破除政策障碍，积极推动并落实科技成果股权和技术人员股权递延缴纳所得税政策，全年累计办理 646 人次近 8 亿元个税递延，让符合条件纳税人享受这场科技创新政策的"及时雨"。落实简政放权和商事制度改革要求，在苏南国家自主创新示范区探索"证照分离"改革。加强"银税合作"，提升纳税信用价值，帮助守信纳税人获得贷款176.8 亿元，惠及 7 万户纳税人。

3．加快税收管理方式转变

（1）完善和深化税收征管改革

深入贯彻中央深改决策部署，准确把握综合试点省份定位，坚持目标引领、问题导向，创新实践、积极探索，狠抓 18 项重点改革内容、44 项其他改革内容和 6 项创新内容落地落实，改革综合试点取得显著成效。全面推开营改增试点，顺利移交 87.6 万户纳税人，促进税制平稳转换，有力助推供给侧结构性改革。深化分类分级管理，科学设定税源分类标准，建立分类动态调整机制。全面实施风险管理，完善风险指标体系，按风险等级实施差别化应对，强化风险统筹管理，推送应对任务 18.3 万户次，入库税款 248 亿元。加快推进大数据治税工程，加强数据标准化管理，构建数据质量管理体系。健全涉税信息资源共享机制，加强涉税信息采集运用，推动跨区域税收协同共治，增收税款 115 亿元。实施"互联网＋税务"行动计划，完成电子税务局平台建设，推进大数据、云计算技术在税务领域的深度应用，实现涉税信息"一次采集、共享共用"。

（2）深化税务行政审批制度改革

严格落实简政放权、放管结合、优化服务要求，贯彻国务院和税务总局关于行政审批制度改革的系列文件，取消非行政许可审批事项类别，对明确取消的行政审批事项一律取消事前管理。对接《全国纳税服务规范》，明确管理事项类别、管理要求、征管流程，并固化进征管信息系统，杜绝以任何形式进行事前审批。目前，全系统共保留 4 项行政许可事项，其中省局行使 2 项行政许可事项。推进放管结合，将取消的行政审批事项的后续管理工作融入日常税收征管工作中，通过加强申报管理、备案管理和风险管理，优化风险应对方式和应对流程，提高事中事后管理的针对性和有效性。

（3）推行行政权力清单和权力事项责任清单

推进税务行政权力清单标准化工作，根据地税部门职能变化及时调整相关行政权力事项，梳理省局行政权力 99 项，包括行政许可、行政处罚、行政强制、行政征收、行政确认和其他行政权力等类别，一并编制江苏省地方税局行政权力事项清单。在此基础上，编制权力事项办事指南，推动政务服务"标准统一、规范服务、协调办理、协调监管"。

（4）不断优化纳税服务

开展"便民办税春风行动"，推进办税便利化改革。全面落实《全国税务机关纳税服务规范》，以改造业务流程、精简涉税资料、统一表证单书为重点，以优化纳税服务信息化系统为保障，促进纳税服务集约化、规范化、标准化、信息化。深化国地税合作，开展国地税联合办税、相互委托代征和纳税人信息匹配等工作。升级改造网上办税厅,推广"掌上办税",开发预约办税服务,优化纳税服务平台。开展纳税信用评价,全面推进"税银合作",持续深化信用管理。

4. 规范税务行政管理

(1) 推进科学民主决策

要求各级地税机关严格执行公众参与、专家论证、风险评估、合法性审查和集体讨论决定等决策程序,探索明确重大行政决策的具体范围,有效促进行政决策的规范化、民主化。对拟出台的自然人纳税信用管理办法公开征求意见,开展专家论证和风险评估,实施重大行政决策听证。试点运行行政决策风险评估及后续评价系统,科学评估决策事项的风险等级,为最终决策提供可靠依据。

(2) 加强税收规范性文件管理

制发《关于进一步加强税收规范性文件管理的通知》(苏地税发〔2016〕37号),进一步明确税收规范性文件的合法性审核、合规性评估、政策解读等工作要求。组织全系统对不利于稳增长、促改革、调结构、惠民生的现行有效的税收规范性文件进行全面清理,共清理税收规范性文件1052件,全文失效废止文件455件,部分条款失效废止文件163件,修改文件1件。其中,清理省局制发的税收规范性文件165件,全文失效废止文件17件,部分条款失效废止文件46件;清理市地税机关制定文件753件,全文失效废止文件341件,部分条款失效废止文件113件;清理县税务机关文件134件,全文失效废止文件97件,部分条款失效废止文件4件。

(3) 完善税收政策确定性管理机制

召开税收政策确定性管理联席会议,就商业保理业务征收营业税、一年期以上返还性人身保险产品免征营业税政策适用、房地产开发企业城镇土地使用税终止纳税义务时间的确定和房开发企业为取得土地而配建的公租房涉税问题等确定了统一的执行意见。推广运用税收政策确定性管理功能模块,实现税收政策确定性问题的报送、办理、公布等统一在网上运行。

(4) 加强税务行政处罚制度建设

与省国税局共同修订《江苏省国家税务局 江苏省地方税务局税务行政处罚自由裁量基准》,完善相关行政处罚事项裁量基准的适用情形及处罚幅度,规范税务行政处罚裁量权行使,统一国地税之间对于同一性质税收违法行为的行政处罚基准,解决纳税人反映的国地税之间行政处罚标准不平衡问题,确保国地税执法口径和尺度一致。

(5) 提升稽查工作质效

加大涉税违法行为检查力度,查处一批重大税收违法案件,有效发挥稽查打击"偷、逃、骗、抗"职能作用。推进双随机抽查工作,建立省、市、县三级399万户的稽查对象分类名录库、1140人的稽查执法人员名录库,进一步完善选案机制。坚持"依法清理、积极稳妥、长效管理"的原则,发扬啃"硬骨头"的精神,采取各种有效措施,推进积案清理工作。推进国地税联合稽查工作,针对各类检查事项联合分析、联合选案、联合部署,共同部署开展了重点税源企业、地方石油炼化企业、营改增专项检查、打击发票违法等联合稽查工作。积极推进联合惩戒工作,按季将符合"黑名单"公告标准的企业信息传递到省公共信息平台,与省信用办等21个部门共同推进联合惩戒工作。加强与公安部门的协调配合,成立江苏省公安厅派驻省国税局、省地税局联络机制办公室,完善公安与税务合作机制。

(6)认真开展重大税务案件审理工作

按照总局《重大税务案件审理办法》要求,积极开展重大税务案件审理工作,努力提高重大税务案件审理质效。全年共审理重大税务案件5件,审结4件,其中会议审理定案3件,切实发挥了重大税务案件审理委员会集中讨论、集体决策的作用,做到案件清楚、问题明确,处理结果兼顾纳税人权益保障和防范税务机关执法责任两方面,做到于法有据,于实有证。通过案件审理,不断规范税务稽查文书、程序以及政策确定方面的问题。

(7)强化内部执法监督

全面加强内控机制建设,初步建立起以制度建设为基础、以风险管理为主线、以过程控制为保障,具有江苏地税特色的内控机制体系。完善督察内审工作机制,对风险应对质量检查的计划制定、实施、审核、结论下发、整改反馈各环节实行程序化管理,进一步规范税收风险应对质量检查工作。制定《税收执法负面清单》《税收执法责任制考核指标体系》,加强评价督察与征管质量考核、绩效考评及内控机制的渗透融合,完善税务管理考评体系。组织开展跨区域执法督察,分两批采取循环交叉的方式对7家设区市局开展专项督察,把"三证合一、一照一码"登记制度改革相关配套文件执行情况、大众创业万众创新税收优惠政策落实情况、小微企业税收优惠政策落实情况作为专项督察内容。开展税收风险应对质量检查,全系统共完成税收风险应对质量检查844批次,涉及税款8300万元。落实税收执法责任制,严格执法过错责任追究,并将税收执法责任制落实情况纳入年度绩效考核,2016年全系统追究执法过错总数1702件。

5. 有效预防和化解税务行政争议

(1)推进政务公开

把社会关注的热点作为信息公开的重点,推进决策公开、管理公开、服务公开、结果公开。健全依申请公开机制,研究依申请公开范围,加强信息公开的法制审核,对于不宜公开或暂时不宜公开的政府信息,通过落实制度、规范程序加强管理。

(2)统筹做好涉税舆情引导、信访、应急管理工作

优化信访舆情一体化应对方式,探索快速应对、处置、反馈机制,努力构建大信访管理格局。严格落实《税务系统信访工作规定》《税务系统信访、舆情、应急管理工作联席会议制度》《税务系统信访矛盾纠纷排查化解制度》《税务系统信访工作协调联动制度》《税务系统信访工作应急处理制度》等,畅通信访渠道,及时解决纳税人合理诉求,维护纳税人合法权益。进一步完善涉税舆情监控引导机制、内部矛盾调处化解机制、突发事件应急处理机制,营造更加和谐的纳税环境。

(3)加强行政复议和应诉工作

简化行政复议程序,针对具体案件中地税机关和行政相对人过错的不同情况,及时做出处理,促进争议有效解决。本着实事求是、有错必纠的原则,对行政相对人由于救济权利丧失导致实体权利难以得到有效保护的情况,及时纠正违法或不当的具体行政行为,切实保障行政相对人的合法权益。对人民法院受理的行政案件,积极应诉答辩。自觉履行人民法院的生效判决、裁定,认真对待人民法院的司法建议。

（二）下一步工作打算

2017年将继续深入贯彻十八大和十八届三中、四中、五中、六中全会精神,积极适应地税征管职能转变,加强全系统法治税务建设,持续推进全省依法治税各项工作。

1. 深化征管体制改革

进一步完善以纳税人自主申报为前提,涵盖申报纳税、税额确认、税款追征、违法调查、争议处理等主要环节,与税收风险管理流程相融合的现代税收征管基本程序。健全完善风险管理机制,优化风险指标体系建设,加强风险计划执行和监督。完善风险提示工作,制定纳税辅导和风险自查指引,加强对纳税人反馈信息的跟踪管理。探索自然人税收风险管理,强化高收入、高净值自然人风险应对。科学配置大企业税收管理资源,提升大企业管理质效。

2. 打造数据治税体系

对接税制改革进程,充分运用大数据理念、互联网思维和集成的思路,优化部门涉税数据采集清单,提升第三方数据采集分析利用的针对性、精准性、有效性。利用数据完善纳税人需求和行为偏好分析,实现精准服务;多维度推进数据分析应用,统筹做好个体微观风险分析和分事项、分地区、分行业的中宏观风险分析,有效提高风险识别准确率和依法征收率,提升数据治税质效。

3. 推动构建税收共治格局

加快税费社会化管理步伐,推动构建党政领导、税务主责、部门合作、司法保障、社会协同、公众参与的税费共治格局。开展《地方税收征管保障办法》成效评估,推动建立综合治税平台,深化数据分析应用,实现信息互通、管理互助、信用互认。以增强税法遵从度和纳税人满意度为目标,引导纳税人特别是自然人积极参与税收治理。拓展纳税信用应用领域,提升纳税信用的社会价值。

4. 完善法治税务评价机制

落实《中共中央关于全面推进依法治国若干重大问题的决定》关于深入开展多层次多形式法治创建活动的要求,完善省局法治税务示范基地评价机制,优化示范基地评估方法,强化示范基地后续管理。在基层单位中培育依法治税工作先进典型,积极参与国家税务总局法治税务基地建设。

5. 强化依法治税人力资源保障

推进税务公职律师工作,积极探索公职律师工作内容和工作流程,加强对税收征管重要事项和关键节点的法制把关。制定法律顾问工作相关制度,建立法制机构人员为主体、吸收外部专家参加的法律顾问队伍,稳步推进法律顾问工作。统筹使用全系统法律人才,为全省法治税务建设工作提供智力支持。

四、开展税务稽查随机抽查

根据《中华人民共和国税收征收管理法》第四章及其实施细则第六章等法律、行政法规和税务部门规章相关规定,2016年江苏省全省各级地税稽查部门通过摇号等方式,从税务稽查对象分类名录库和税务稽查异常对象名录库中随机抽取稽查待查对象3405户,其中从异常库税务稽查异常对象名录库中抽取1519户,抽取比例为9.64%。

对随机抽查对象,全省各级稽查部门采取直接立案检查和先自查再实施重点检查相结合的检查方式。2016年全省各级稽查部门随机抽取全国、省、市重点税源企业2030户,抽取比例为21.44%,查补收入为251630.93万元;随机抽取非重点税源企业1364户,抽取比例低于3%,查补收入为41422.73万元;随机抽取非企业纳税人11户,抽取比例低于1%,查补收入3.6万元。

实施抽查的执法检查人员,全省各级稽查部门通过摇号方式,从税务稽查执法检查人员分类名录库中随机选派,或者采取竞标等方式选派,其中通过随机选派检查人员的案件为1939户。

五、建设"法治税务示范基地"

根据《江苏省地方税务局法治税务示范基地建设实施办法》(苏地税发〔2015〕46号),经各地自行申报、大集中系统抽取数据机考、集中评估、税收执法满意度问卷调查、法律知识水平测试等程序,南京市六合地方税务局等25家单位被评定为"法治税务示范基地",具体包括以下单位:

南京市六合地方税务局、无锡市锡山地方税务局、徐州市贾汪地方税务局、常州市金坛地方税务局、苏州市张家港地方税务局、南通市通州地方税务局、连云港市赣榆地方税务局、淮安市淮安地方税务局、盐城市滨海地方税务局、扬州市仪征地方税务局、宿迁市泗阳地方税务局、南京市栖霞地方税务局、无锡地方税务局第四税务分局、徐州地方税务局第五税务分局、常州地方税务局第五税务分局、苏州地方税务局第四税务分局、南通地方税务局第五税务分局、连云港地方税务局第三税务分局、淮安地方税务局稽查局、盐城地方税务局第一税务分局、扬州地方税务局第三税务分局、镇江地方税务局第二税务分局、泰州地方税务局第三税务分局、宿迁地方税务局第五税务分局、苏州工业园区地方税务局稽查局。

六、开展违规插手涉税中介经营活动的专项治理

2016年8月11日,江苏省地方税务局根据国家税务总局要求各地税务机关全面开展严禁税务机关、税务人员违规插手涉税中介经营活动专项治理自查工作的要求,发布《关于开展违规插手涉税中介经营活动专项治理工作的通告》。

国家税务总局的通知要求,各级税务机关要强化责任意识,切实履行主体责任,严格落实税务人员"五个禁止"、领导干部"三项制度"和税务机关"三项职责"的要求,旗帜鲜明地整治税务人员违规插手涉税中介经营活动,维护纳税人的合法权益。江苏省地方税务局按照总局的这一要求,主动履行主体责任,在全省地税系统开展违规插手涉税中介经营活动专项治理工作。具体通告内容包括:

(一)地税机关严禁违规插手涉税中介经营活动

各级地税部门不得让涉税中介机构承担本应由地税机关承担的相关费用,不得与涉税中介机构在同一处场所办公,不得向涉税中介机构借用财物和人员,不得以各种形式强制、指定或变相强制、指定纳税人接受涉税中介机构服务以换取不当利益,不得利用税务机关的税收征管权、检查权、执法权、政策解释权和行政监管权与涉税中介机构合谋做出有关资格

认定、税收解释或决定,使纳税人不缴税、少缴税或减免退抵税,非法获取利益等。

(二)地税人员严禁违规插手涉税中介经营活动

地税人员是指全省各级地税机关在职、提前离岗、退(离)休干部、工勤人员等。

地税人员严禁直接开办或者投资入股涉税中介,在涉税中介挂名、兼职(任职)或者出借(出租)注册税务师等资格证书,严禁以任何理由强行安置配偶、子女及其配偶在涉税中介机构(此处指税务师事务所、会计师事务所、律师事务所、代理记账公司、财务公司等)从业;严禁强制、指定或者变相强制、指定纳税人接受涉税中介服务;严禁以任何名目在涉税中介机构报销费用、领取补贴(补助)或以其他方式取得经济利益;严禁利用职务之便与涉税中介机构合谋获取非法经济利益等。

按照中组部《关于进一步规范党政领导干部在企业兼职(任职)问题的意见》相关规定,对辞去公职或者退(离)休的地税人员到涉税中介机构兼职(任职)必须从严掌握、从严把关,确因工作需要到涉税中介机构兼职(任职)的,应当按照干部管理权限严格审批。辞去公职或者退(离)休后三年内,不得到本人原任职务管辖的地区和业务范围内的涉税中介机构兼职(任职),也不得从事与原任职务管辖业务相关的营利性活动。辞去公职或者退(离)休后三年内,拟到本人原任职务管辖的地区和业务范围外的涉税中介机构兼职(任职)的,必须由本人事先向其原所在单位党组报告,由拟兼职(任职)涉税中介机构出具兼职(任职)理由说明材料,所在单位党组按规定审核并按照干部管理权限征得相应的人事部门同意后,方可兼职(任职)。辞去公职或者退(离)休三年后到涉税中介机构兼职(任职)的,应由本人向其原所在单位党组报告,由拟兼职(任职)涉税中介机构出具兼职(任职)理由说明材料,所在单位党组按规定审批并按照干部管理权限向相应的人事部门备案。按规定经批准在涉税中介机构兼职的地税人员,不得在涉税中介机构领取薪酬、奖金、津贴等报酬,不得获取股份和其他额外利益。

七、上线掌上办税APP

2016年3月1日起,江苏地税掌上办税APP在全省全面上线,为纳税人提供了一条更为便捷的办税途径。

该办税平台主要具有"税企互动"、"政策指南"、"办税导航"、"涉税办理"、"申报纳税"、"信息查询"六大功能,是在移动互联网技术支持下,供纳税人在手机上办理各项税收业务的客户端,分别适用于安卓版和苹果版操作系统,具有操作简便易懂、运行安全可靠的特点,能为企业纳税人和自然人纳税人提供如影随形的高效、便捷、贴心的不间断涉税服务。

纳税人安装"江苏地税掌上办税"平台后,可以随时查看税务机关发布的"公告通知类"信息,对税收政策有疑问时可在线咨询具体的税收政策。纳税人通过"办税导航"模块可以查询各办税厅工作状态,选择前往办税厅办理涉税业务的时间和地点。同时"办税导航"模块还提供涉税业务办税指南,纳税人可以详细了解所办业务的政策依据、资料要求、办理时限和办理流程等信息,并且可以查询征期和税种税率,通过税款计算功能自助计算所需缴纳税款。

企业纳税人通过CA证书的认证授权方式,可以绑定办税人员手机,及时查询税收信息,办理"社保费申报"、"自然人登记"、"手续费结报"、"减免税申请"等涉税申请业务。

自然人纳税人在平台登记注册后,可以查询个人税收信息,办理个人税收业务,实现"申报纳税+网银缴款"的手机申报纳税。

税　制　篇

第五章　2016年江苏省商品税研究

商品税,是对商品流转额和非商品流转额(提供个人和企业消费的商品和劳务)课征的税种的统称,也称流转税。2016年5月1日之前,我国的商品税体系包括国内增值税、国内消费税、营业税、关税、进口环节增值税、进口环节消费税。2016年5月1日营业税改为增值税的改革全面铺开后,营业税开始被增值税所取代。此外,根据我国中央和地方政府之间按照税收归属权的划分,由海关代征的进口环节增值税和消费税属于中央固定收入,而不属于中央与地方共享税的范畴,因此,立足江苏省地方政府的性质,本报告仅研究分析归属于江苏省地方的税收收入内容。此外,考虑到动态发展趋势比较的需要,近年来我国包括江苏省在内的宏观经济总体上的大背景即为由2014年开始的新常态经济发展阶段,2016年江苏省地方税收的规模与发展都是在这一经济下行压力与经济转型升级背景下完成的,由此,从全面、动态且客观的视角出发,本报告下文中将所要研究的2016年江苏省商品税体系界定为增值税以及在2016年5月1日之前还存在的营业税,并以2014年开始为时间节点对各税种进行动态的趋势预测与分析。

一、商品税的基本特征

古今中外,基于商品流通范围的广泛性与普遍性,商品税在各国税收中均占有十分重要的地位。与其他税种相比,商品税具有鲜明的特点:

(一)征集收入的稳定性

商品税是基于市场交易行为就要课税,不受或较少受生产经营成本的影响。这显然与所得税只有在市场交易行为发生以后有净收入才能课税完全不同。因此,从政府角度来看,商品税及时保证财政收入的稳定。这也是我国自1994年确定分税制税收管理制度以来,一直以为商品税为占据绝对地位主体税种的主要原因。

(二)课税对象的灵活性

商品税的课税对象是商品和非商品的流转额,因此,在计提税制设计时,可以选择所有商品和服务进行征税,也可以选择部分商品和服务进行征税;可以选择商品流通的所有环节进行征税,也可以选择其中某一个或几个环节进行征税;

可以选择商品或劳务流转总额进行征税,也可以选择课税对象的增值额进行征税,等等。这种灵活性有利于国家或政府通过商品税对经济进行有效调剂。

(三)税收征收的隐蔽性

商品税属于间接税。由于税负转嫁的存在,商品税的纳税人经常与负税人分离。因此,其税负的承担者往往并不能直接感受自己是税收的实际缴纳者,而纳税人只不过是整个税收活动的中介者而已。同时,负税人对于税负增减的感受程度,也相对弱于所得税的负税人。增加商品税所受到的反对程度相对较少。

(四)税收负担的累退性

商品税一般具有累退性质,较难体现税收的公平原则。商品税一般按比例税率征收,因此负税人的税负随消费的增加而下降。这样,随着个人收入的提高,相应的税负就会下降。因此,商品税征收的结果是穷人用自己较大份额的收入承担了这类税收的负担,而富人只用了其收入的较少份额。从这个意义上说,穷人的税收负担率更高。因而,当社会对公平问题予以较多关注时,必须降低此类税收在税制结构中的地位。

(五)税收征管的相对简便性

商品税主要对有生产经营的企业课征,相对于个人征税而言,由于企业规模比较大,税源集中,征收管理比较方便。商品税的计算相对于所得税来说,较为简单方便。

二、2016 年江苏省商品税的整体分析

(一)2016 年江苏省商品税的税收规模

1. 总量规模角度来看

根《江苏统计年鉴》(2017)与江苏省地方税务局网站披露的相关信息可知,2016 年江苏省税务部门共取得属于地方税性质的税收收入 6531.83 亿元,其中:归属地方的增值税 1974.58 亿元、营业税 1325.14 亿元,增值税与营业税合计的 2016 年江苏省商品税总额共计 3299.72 亿元。

2. 从相对规模来看

可计算得知 2016 年江苏省商品税额占同期税收收入总额的 50.52%,可谓是占据了"半壁江山",都略高于其他所得税、财产税、资源税、行为税等四类税种收入的合计额,这从量化的角度衡量也显示出了商品税在江苏省 2016 年中绝对性的主体地位,也与我国自 1994 年分税制税收管理制度建立以来便是长期以商品税为主体的税制结构完全吻合。

3. 从 2016 年江苏省商品税的内部结构来看

2016 年,江苏省征收的增值税 1974.58 亿元占商品税总额 3299.72 亿元的 59.84%,与之相应的营业税占比则为 40.16%。结合江苏省与全国政策要求相一致,于 2016 年 5 月 1 日实现全面"营改增"铺开改革的实践,2016 年全年中虽然增值税的比重比营业税的比重高出了近 20 个百分点,但是如果考虑到前者是 12 个月的征收规模,而后者仅仅是前 5 个月的征收规模,将征收时限考虑进来之后,会发现事实上营业税的体量有可能相当"巨大"。正是"营改增"的后续效应才导致了 59:84:40.16 的结构占比,但从中也不难看出这项改革对于江苏省地方税未来税收收入的直接影响。基于增值税是共享税而营业税则几乎全部都是地方税,"营改增"改革会在事实上造成税收由地方向中央上移的效果。虽然后来我国采取了变增值税原来中央与地方之间按照 75% 和 25% 的分成比例为"五五"开,但是这一收入上移的可能性效果还是必须通过对江苏省 2016 年之后一定年限中的运行实践,来予以审慎对待及评价。整体而言,本报告认为:"营改增"改革可能会导致的地方税上移的效果如何,必

须引起足够重视。

(二)江苏省商品税的动态比较

根据《江苏统计年鉴》(2015—2017),2014—2016年江苏省各级税务部门征收取得的商品税收入和归属于江苏省地方税的税收收入总额见下表。为了测度2014年中各相关税种的增长率数据,此表从2013年开始统计:

表5-1　2013—2016年江苏省商品税与税收收入总额　　　　　　　　　　单位:亿元

税种	2013年	2014年	2015年	2016年
增值税	859.26	987.54	1046.92	1974.58
营业税	1872.41	2084.66	2442.82	1325.14
商品税合计	2731.67	3072.2	3489.74	3299.72
税收收入总额	5419.49	6006.05	6610.12	6531.83

根据上述表格,便可计算出在进入新常态阶段后,江苏省商品税的增幅情况,详见表5-2。以之为依据,可知:

1. 2016年江苏省的商品税增幅情况不够乐观

2016年,江苏省各类归属地方的税收收入总额的增长率为-1.18%,而商品税的降幅更大,达到了-5.45%。这主要是源于"营改增"虽然带了增值税88.61%的增长幅度,但同时也导致营业税骤降了45.75%。这说明2016年江苏省地方税收入的形势不够乐观,作为主体税种的商品税降幅呈现明显的,且是超过了税收收入总额降幅的态势,说明其税收收入格局存在不稳定的风险,进而可能导致财力不足的财政压力及财政潜在风险。

2. 动态来看江苏省商品税增幅依然不够乐观

从趋势上来看,江苏省地方税税收收入总额在进入新常态阶段后便呈现出明显下降的趋势,且2016年出现骤降,由此前的两位数增幅骤然降为负的1.18%。在此背景下,江苏省商品税却呈现了先略升后骤降的类似断崖式的下降,2014—2016年三个年度当中的增幅分别为12.47%、13.59%和-5.45%。这也从另一个角度说明了江苏省在2016年税收征收格局不够乐观的情况,更说明了"营改增"改革之后如何构建持续且稳固的地方税主体税种,以维持地方财力的稳定性与可持续性,迫在眉睫。

3. 两税分化比较严重

图5-1清晰地说明,进入新常态后的前两年,增值税与消费税的增幅相对平缓,但是2016年却出现了大幅度的增值税上升与营业税下降。

表5-2　2014—2016年江苏省商品税与税收收入总额增长率　　　　　　单位:%

税种	2014年	2015年	2016年
增值税	14.93	6.01	88.61
营业税	11.34	17.18	-45.75
商品税合计	12.47	13.59	-5.45
税收收入总额	10.82	10.06	-1.18

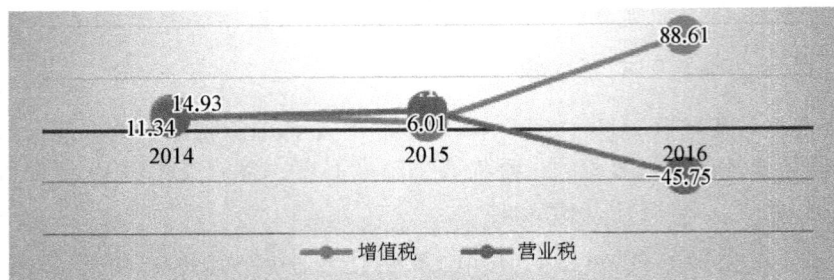

图 5 - 1 2014—2016 年增值税与营业税增长率

三、分区域商品税收入的分析

(一)分城市商品税收入的规模简述

江苏省苏南地区包括南京市、无锡市、苏州市、常州市和镇江市;苏中地区包括扬州市、泰州市和南通市;苏北地区则是包括徐州市、连云港市、宿迁市、盐城市及淮安市。要分析江苏省 2016 年三大区域的商品税情况,必须立足于上述 13 个地级市中每一个城市的商品税征收情况。根据《江苏统计年鉴》(2016—2017),2015 年和 2016 年江苏省 13 个省辖市的商品税征收规模如下表。

表 5 - 3 2015—2016 年江苏省 13 市商品税收收入情况　　　　单位:亿元

城市	2015 年				2016 年			
	总税收	商品税	增值税	营业税	总税收	商品税	增值税	营业税
南　京	838.67	387.96	159.82	228.14	956.62	454.82	296.63	158.19
无　锡	668.18	362.59	152.04	210.55	706.04	383.85	262.52	121.33
徐　州	429.13	236.44	49.09	187.35	390.3	187.32	82.63	104.69
常　州	373.7	184.64	70.8	113.84	383.19	187.72	132.5	55.22
苏　州	1338.61	615.32	306.78	308.54	1505.82	718.9	553.11	165.79
南　通	521.08	270.07	64.19	205.88	456.77	222.48	116.58	105.9
连云港	237.55	134.68	25.18	109.5	170.8	92.2	47.71	44.49
淮　安	284.05	60.16	26.2	133.96	235.15	124.77	47.87	76.9
盐　城	384.31	228.57	37.9	190.67	324.67	179.03	69.36	109.67
扬　州	274.67	143.6	42.64	100.96	267.16	130.66	79.96	50.7
镇　江	245.4	145.34	34.45	110.89	231.4	126.97	66.08	60.89
泰　州	256.89	147.21	45.91	101.3	257.62	144.12	85.38	58.74
宿　迁	196.95	104.7	20.59	84.11	186.27	90.02	40.46	49.56
合　计	6049.19	1035.59	2085.69	3121.28	6071.81	1880.79	1162.07	3042.86

注:此表中税收合计总额与《江苏统计年鉴》中税收收入总额出现差异,是由于此表中仅统计了江苏省 13 个省辖市的地税收入征收情况,而没有包括江苏省地税局直属分局的征收数据,因此属于合理误差。

（二）分区域商品税收入的规模分析

以表 5 - 3 为依据，便可计算得出苏南、苏中和苏北地区商品税的总体规模以及商品税内部增值税和营业税的具体构成情况。

表 5 - 4   2015—2016 年江苏省分区域商品税收收入   单位：亿元

地区	2015 年				2016 年			
	总税收	商品税	增值税	营业税	总税收	商品税	增值税	营业税
苏南	3464.56	1695.85	723.89	971.96	3783.07	1872.26	1310.84	561.42
苏中	1052.64	560.88	152.74	408.14	981.55	497.26	281.92	215.34
苏北	1531.99	864.55	158.96	705.59	1307.19	673.34	288.03	385.31

1. 税收总收入

2016 年，不包括江苏省地税局直属征收局所征收的地方税在内，以每一个江苏省辖市的地方税征收数据测算得出的苏南、苏中和苏北地区取得的税收收入总额分别为 3783.07 亿元、981.55 亿元和 1307.19 亿元，相应的以三大区域所包含地级市数量加以平均的每个城市征收规模分别为 756.61 亿元、327.18 亿元和 261.44 亿元。这与三大区域的经济发展水平相一致，税收收入的征收规模呈现标准的苏南、苏中、苏北由高到低的发展特征。

2. 商品税总额

2016 年，苏南、苏中、苏北分别征收商品税收入 1872.26 亿元、497.26 亿元和 673.34 亿元；以其包含的地级市数据加以平均的每个城市征收规模分别为 374.45 亿元、165.75 亿元和 134.67 亿元。虽然在整体上与税收收入总额一样也呈现出苏南、苏中、苏北由高到低的发展特征，但是显然以每一城市为统计口径的征收规模中，苏北地区与苏中地区的差距开始缩小。

3. 增值税

2016 年，苏南、苏中、苏北分别征收增值税收入 1310.84 亿元、281.92 亿元和 288.03 亿元，以其包含的地级市数据加以平均的每个城市征收规模分别为 262.17 亿元、93.97 亿元和 57.61 亿元。这虽然依然表现出了与三大区域经济发展水平相一致的特征，但是按城市平均的衡量指标中，苏南地区的城均增值税增收规模已远超苏中地区和苏别地区，同时苏北地区相较于苏中地区的差距也较大，这在一定程度上凸显了"营改增"改革有可能给江苏省带来基于公共资金扶持能力差异而导致的三大区域发展不平衡加剧的问题。

4. 营业税

2016 年，苏南、苏中、苏北分别征收营业税收入 561.42 亿元、215.34 亿元和 385.31 亿元，以其包含的地级市数据加以平均的每个城市征收规模分别为 112.28 亿元、71.78 亿元和 77.06 亿元。三大区域营业税收入的总体趋势与前述三项税收收入的特征相同，但是从城均的指标来看，出现了苏北地区营业税征收规模超过了苏中地区的情况。这一方面与近年来江苏省苏北地区发展速度加快，与苏中地区的差距逐步缩小的现实相匹配，但另一方面也映射出"营改增"改革更有可能恶化苏北地区的地方税收入征收能力。

(三)分区域商品税收入的结构分析

1. 苏南、苏中、苏北地区商品税税收占各区域税收收入的比重

2016年,江苏省苏南、苏中和苏北地区各自取得的商品税收入占各自区域税收收入总额的比重分别为49.49%、50.66%和51.51%,呈现出三大区域经济发展水平负相关的特征,经济发展水平最高的苏南地区占比最低,经济发展水平最为薄弱的苏北地区反而占比最高。这说明三大区域应对"营改增"改革后地方财力的维持与建设能力差异,占比高的势必受"营改增"的影响更大,反之则反是。

2. 商品税内部的结构

2016年江苏省三大区域商品税构成的内部结构来看,苏南、苏中和苏北地区增值税收入占当期商品税收入总额的比重分别为70.01%、56.69%和42.78%,与之相对应的则是营业税收入占当期商品税收入总额的比重分别为29.99%、43.41%和57.22%。显然,营业税的占比越高,说明"营改增"改革后该地区的税收收入筹集能力越薄弱,与总体结构分析的结论一样,2016年江苏省商品税内部税种的结构占比情况依然对苏北地区较为不利。

(四)每一区域内部的商品税结构情况

1. 苏南地区

(1)苏南五市的商品税总额结构分布情况

将苏南地区包含的5个地级市各自在2016年征收的商品税除以苏南地区征收的商品税总额1872.26亿元,便可计算得出苏南地区每一个城市征收商品税的比重分布情况,详见图5-2。由下图可知:就商品税总体的占比结构来看,苏南五市根据占比由高到低的顺序依次为苏州市、南京市、无锡市、常州市和镇江市,其中镇江市的占比最少,不及最高的苏州市的五分之一。

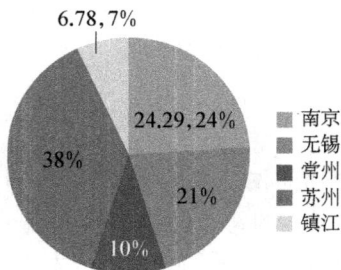

图5-2 2016年苏南五市商品税的占比结构

(2)苏南五市的增值税总额结构分布情况

将苏州市、南京市、无锡市、常州市和镇江市在2016年中各自征收的增值税除以苏南地区同期征收的增值税总额1310.84亿元,便可计算得出苏南五市在本区域地方性增值税总额中的比重分配情况,具体为:苏州市占比42.20%,依然位居第一;其他依次为南京市占比22.63%、无锡市占比20.03%、常州市占比10.11%以及镇江市占比5.04%。显然,2016年苏南五市增值税占比的结构分布与上述商品税总额的占比分布极其趋同,苏南五市之间的排序完全一致。但是从具体的占比数字来看,镇江市已经不及苏州市的八分之一,这说明"营改增"的税制改革极有可能导致后期苏南五市的地方税收入出现更加严峻的非均衡化格局,如何确保经济相对欠发达地区的地方税收入规模,将是后"营改增"时代一个亟须解决的问题。

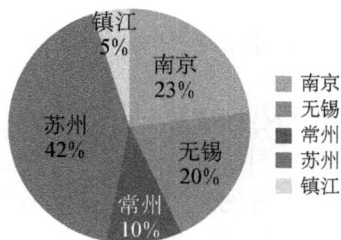

图 5 - 3　2016 年苏南五市增值税的占比结构

（3）苏南五市的营业税总额结构分布情况

按照相同的原理,2016 年苏南五市营业税的比重分配情况见图 5 - 4,其中,由高到低的顺序依次为苏州市、南京市、无锡市、镇江市和常州市。与此前的分析结论不同,此处镇江市与常州市的占比地位发生了对调,常州市微弱落后于镇江市一个百分点,位居最后。另一个与前述商品税总额比重分布和增值税比重分布情况不同的特征是,营业税的各个城市比重分配明显相对平均,相差幅度不像之前分析的那么大。这也从另一个侧面说明,营业税被增值税取代后,苏南五市内部地方税收入加剧不平衡分布的可能性会加大。

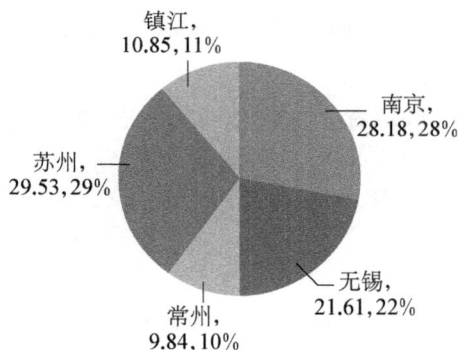

图 5 - 4　2016 年苏南五市营业税的占比结构

2. 苏中地区

（1）苏中三市的商品税总额结构分布情况

将苏中地区包含的 3 个地级市各自在 2016 年征收的商品税除以苏中地区征收的商品税总额 497. 26 亿元,便可计算得出苏中地区每一个城市征收商品税的比重分布情况。具体来说:南通市的占比最高,为 44. 74%;泰州市次之,所占比重为 28. 98%;扬州市略低于泰州市,占比为 26. 28%。显然,南通市是苏中地区商品税征收的"领头羊",扬州市与泰州市则旗鼓相当。

（2）苏中三市的增值税总额结构分布情况

将苏中三个地级市各自在 2016 年征收的增值税除以苏中地区征收的增值税总额 281. 92 亿元,便可计算得出苏中地区三市增值税的比重分布情况。按照实际占比由高到低的顺序依次为南通市、泰州市和扬州市,具体比重分别为 41. 35%、30. 29%和 28. 36%。

（3）苏中三市的营业税总额结构分布情况

将苏中三个地级市各自在 2016 年征收的营业税除以苏中地区征收的营业税总额

215.34亿元,便可计算得出苏中地区三市营业税的比重分布情况。排列顺序由高到低的依然为南通市、泰州市和扬州市,具体比重分别为49.18%、27.28%和23.54%。

3. 苏北地区

(1) 苏北五市的商品税总额结构分布情况

从下图的商品税比重分配结构图来看,根据所占比重的具体数据来看,2016年江苏省苏北地区5个城市的商品税所占比重呈现出三个层次的特征。第一层次是占比相对较高的徐州市和盐城市,分别占比27.82%和26.59%;第二层次是淮安市,占比18.53%;占比最低的第三层次包括连云港市和宿迁市,前者占比13.69%,后者则占比13.37%。

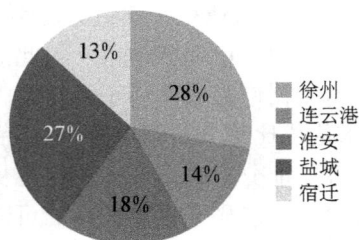

图5-5　2016年苏北五市商品税的占比结构

(2) 苏北五市的增值税占比情况

依然由高到低将2016年江苏省苏北地区5个城市的增值税所占比重分为三个层次,具体来说:第一层次依然包括徐州市和盐城市,分别占比28.29%和24.08%;第二层次则包括了连云港和淮安两市,前者占比16.56%,后者占比16.62%;第三层次则是宿迁市,占比仅为14.05%。

(3) 苏北五市的营业税占比情况

2016年江苏省苏北地区5个城市营业税所占比重的三个层次具体包括:第一层次仍然由徐州市和盐城市构成,分别占比27.17%和28.46%;第二层次为淮安市,占比为19.96%;第三层次为连云港市和宿迁市,占比为11.55%和12.86%。

(五)分区域商品税收入的增长率分析

根据2015年和2016年江苏省分区域商品税收入情况表,可计算出2016年江苏省苏南、苏中、苏北三大区域与商品税相关的各类税收收入增长率。

表5-5　2016年江苏省分区域商品税收入增长率　　　　单位:%

地区	总税收	商品税	增值税	营业税
苏南	9.19	10.40	81.08	−42.24
苏中	−6.75	−11.34	84.58	−47.24
苏北	−14.67	−22.12	81.20	−45.39

1. 苏南、苏中、苏北地区商品税收入增速整体不够乐观

从总体趋势来看,2016年除了苏南地区的总税收收入和商品税收入保持了增长,其他两个地区均呈现出负增长的收入规模收缩特征。其中苏中地区总税收收入增幅为负的

6.75％,即其 2016 年的总税收收入规模相较 2015 年下降了 6.75％;苏北地区的降幅更大,总税收收入降幅超过两位数,达到了负的 14.67％,而其商品税增幅更是出现了急剧的下降,降幅为－22.12％。这些都说明,2016 年中江苏省整体税收收入与商品税收入的规模都不够乐观,除了苏南作为唯一的增长驱动,苏中与苏北地区都呈现出"全线收缩"的态势。这再一次映证出新常态阶段经济下行压力对江苏省的税收收入总体及商品税都带来了直接的不乐观的影响。

2. 苏南、苏中、苏北地区商品税增幅与总税收收入增幅的比较

显然,2016 年江苏省的三大区域中,只有苏南地区商品税收入的增长率 10.4％,超过了该区域总税收收入的增长率 9.19％。其他两个地区的税收收入总体规模和商品税规模均在呈现收缩态势的情况下,商品税收入的降幅也都大于总税收收入的降幅,尤其是苏北地区,在总税收收入骤降 14.67％的格局下,其商品税收入的降幅更是高达－22.12％,比总税收收入的降幅还高出 7.45 个百分点。这一方面在一定程度上说明了 2016 年 5 月 1 日全国"营改增"全面铺开改革给江苏省地方税收入的规模带来影响;另一方面作为主体税种的商品税增幅在苏中和苏北两个区域均呈现高于各区域税收总收入降幅的现实也说明了传统上被称作是"小税种"的其他地方税发挥出了重要的地税收入征收和财力支撑的作用,未来江苏省地方税的发展应该对这些"小税种"赋予足够的重视;最后,与上面一点紧密相关的问题是要正确认识"营改增"改革的降税减负效应,显然,"营改增"会给企业降低负担,但是其他"小税种"积少成多也有可能带来新的税收负担,因此对于税收优惠的降税负政策应该是一个全面衡量的、综合考虑的政策安排,而非仅仅限于某一个税种。

3. 商品税内部的增长率情况

从 2016 年江苏省三大区域的增值税增长率和营业税增长率来看,三大区域表现出惊人的一致性特征:增值税均以超过了 80％的增幅激增,同时营业税也均已超过了 42％的降幅剧减。显然,这在动态的角度对三大区域中"营改增"改革 增值税与营业税影响的效果进行了量化诠释。这在一定程度上说明:加快"营改增"改革后地方税主体税种的构建,迫在眉睫。

(六)每一区域内部的商品税增长率情况

1. 三大区域分城市商品税增长率

表 5－6　2016 年江苏省三大区域分城市商品税收入增长率　　单位:％

区域	城市	总税收	商品税	增值税	营业税
苏南	南　京	14.06	17.23	85.60	－30.66
	无　锡	5.67	5.86	72.67	－42.37
	常　州	2.54	1.67	87.15	－51.49
	苏　州	12.49	16.83	80.30	－46.27
	镇　江	－5.70	－12.64	91.81	－45.09

续表

区域	城市	总税收	商品税	增值税	营业税
苏中	扬州	−2.73	−9.01	87.52	−49.78
	泰州	0.28	−2.10	85.97	−42.01
	南通	−12.34	−17.62	81.62	−48.56
苏北	徐州	−9.05	−20.77	68.32	−44.12
	连云港	−28.10	−31.54	89.48	−59.37
	淮安	−17.22	−22.10	82.71	−42.59
	盐城	−15.52	−21.67	83.01	−42.48
	宿迁	−5.42	−14.02	96.50	−41.08

2. 苏南地区

（1）苏南五市的总税收与商品税增长率情况

从税收收入总额与商品税额的增长率情况来看，2016年苏南地区五市的增长情况与比重分析的整体格局类似，但有一个微小差异，就是南京市与苏州市的排序发生了对调。在前文中关于每一城市所占比重的静态分析部分，苏南五市根据占比由高到低的顺序依次为苏州市、南京市、无锡市、常州市和镇江市；而此处无论是税收总额的增长率，还是商品税额增长率，排序均变为南京市、苏州市、无锡市、常州市和镇江市。这说明虽然苏州市商品税收入的体量较大，但是从增长趋势而言却在被南京市赶追，虽然两市之间的增速差异并不大，但是南京作为省会城市的经济发展潜力和后劲也不容小觑。如何从税收的角度来审慎对待、看待和评价苏州市的经济发展以及税收征收问题，值得研究。

（2）苏南五市增值税与营业税的增长情况

根据表5-6，苏南五市在2016年中按照增值税增长幅度由高到低排序依次为：镇江市、常州市、南京市、苏州市和无锡市；而同期营业税降幅由小到大（亦可逆向理解为是营业税的增幅由大到小）依次为南京市、无锡市、镇江市、苏州市和常州市。与商品税整体的增长率排列情况相比，苏南五市根据商品税内部两个税种增长率进行排序的结果迥然不同：总量角度看，增速最慢的镇江市，在增值税指标的增速却位居五市之首，苏州市则呈现出排位偏后的特征；常州市与无锡市虽然在商品税总量及商品税分税种角度的排序变化相对平缓，但是差异也是明显存在的。这在一定程度上说明：对于苏南而言，"营改增"改革对于五市的具体影响呈现了比较大的差异性，尤其是在原营业税收入转为增值税收入的效果中，甚至在一定程度上呈现了与城市发展水平负相关的特征。这种城市化差异的特征无疑会加剧"营改增"之后地方税主体税种选择与构建的难度。

3. 苏中地区

（1）苏中三市的总税收与商品税增长率情况

2016年，苏中三市中除了泰州市的税收总收入呈现了0.28%的增长，其他所有的总税收收入增长率以及商品税增长率均为负数，即在2016年的征收规模全部低于2015年的征收规模。这充分说明了2016年苏中三市税收收入与商品税形势的严峻性。从排序上看，无论是总税收收入增幅还是商品税增幅，苏中三市中最为乐观的当属泰州市，在税收总收入实现了微弱征收的格局下,商品税仅比上年收缩了 2.1%。最差的南通市 2016 年总税收收入同比减少了 12.34%,商品税收入同比减少了 17.62%,收缩幅度均超过了两位数的跌幅。扬州市处于中间位置,虽然总税收收入规模下降幅度不算太高,但是商品税收入的降幅高达 9.01%,形势不容乐观。

(2)苏中三市增值税与营业税的增长情况

从商品税内部构成的两税增长率来看,2016 年苏中地区 3 个省辖市的增值税增幅由高到低排序为扬州市、泰州市和南通市,增幅均超过 81%,且彼此间增幅相差不大;按照营业税增幅由高到低(或降幅由低到高)的排序为泰州市、南通市和扬州市。

4. 苏北地区

(1)苏北五市的总税收与商品税增长率情况

根据表 5-6 所列苏北五市相关的税收收入增长率数据,可知 2016 年苏北五市的总体税收收入形势以及商品税收入形势均属于极度的不乐观状态。一是所有五市的总税收收入增长率和商品税收入增长率全部为负数;二是商品税收入的降幅明显偏大,即使是降幅最低的宿迁市,其商品税收入在 2016 年也比上年减少了 14.02%,其他四市的降幅更是都超过了 20%,最为严重的连云港甚至骤降了 31.54%;三是税收总收入的降幅也偏大,除了宿迁市降幅略显不高,其余四市的总税收收入降幅均不小,连云港市甚至下降了 28.1%。这些都说明,苏北地区的税收收入形式严重不乐观,如何构建稳固、具有可持续性的地方税收来源,是苏北地区迫切需要解决的问题。

(2)苏北五市增值税与营业税的增长情况

苏北五市在 2016 年中按照增值税增长幅度由高到低排序依次为:宿迁市、连云港市、盐城市、淮安市和徐州市;而同期营业税降幅由小到大(亦可逆向理解为是营业税的增幅由大到小)依次为宿迁市、盐城市、淮安市、徐州市和连云港市。相较于商品税总额增幅由高到低排列的宿迁市、徐州市、盐城市、淮安市、连云港市的排序,依然会发现苏北五市商品税内部税种构成的增减情况与其商品税总体的增减情况并未呈现出一致性的特征。税收总收入与商品税收入形势最差的连云港市,其增值税增幅却位居五市之首,这也再次说明了"营改增"改革对于具体城市影响的复杂性以及后续税制完善优化的难度与非均衡性。

四、分税种商品税收入的实证分析

根据表 5-3 中 2015—2016 年江苏省 13 个地级市详细的商品税收入情况,可以测算出每一个地级市在 2016 年中的商品税收入规模、构成结构以及增长率等指标。为了便于全面、动态的对江苏省 2016 年的税收收入格局进行分析与评判,此处选取以进入新常态背景下的时期为时间节点,通过比较与分析的方法,对江苏省 2016 年的商品税收入进行详尽的实证分析。后文中的所得税、财产税、资源税及行为税与此相同,不再赘述。

(一)新常态下江苏省增值税的基本分析

为确保分析数据的权威性以及统计口径的一致性,本报告中关于具体税类和税种研究中所取数据均来自历年的《江苏省统计年鉴》。

1. 江苏省增值税的总量分析

(1) 江苏省增值税增长率与占比情况分析

2014—2016 年江苏省的增值税及税收收入情况见表 5-7。

表 5-7　2014—2016 年江苏省增值税收入与税收收入总额　　　　　　单位:亿元

年份	增值税	增幅(%)	税收收入	增值税占税收收入的比重(%)
2014	987.54	14.93	6006.05	16.44
2015	1046.92	6.01	6610.12	15.84
2016	1974.58	88.61	6531.83	30.23

(1) 从增长率的角度来看:进入新常态阶段的 2014 年,江苏省共取得增值税 987.54 亿元,整体上还保持了接近 15% 的增长幅度。这可以理解为虽然 2014 年开始我国经济由过去的高速发展转为进入中低速发展阶段,但是在前期经济发展的延展性以及时效滞后性等因素的影响下,2014 年的税源仍然具有较好的基础,从而取得了较好的增值税增长情况。但是随着新常态阶段的深入以及"L"形经济增长轨迹的作用下,2015 年的增值税增速明显放缓,由上一年的 14.93% 快速降为 6.01%。正是在这一背景下,江苏省 2016 年的增值税取得了高达 88.61% 的增幅,可谓是"骤升"和"剧增"。众所周知,造成这一现象的直接原因是源于 2016 年 5 月 1 日我国"营改增"税制改革的全面铺开。

(2) 从增值税占税收收入的比重角度来看:2014—2016 年新常态发展阶段的三年中,江苏省增值税占税收收入的比重分别为 16.44%、15.84% 和 30.23%。应该说,江苏省增值税占税收收入比重所呈现出来的趋势特征与江苏省增值税增长率的变动趋势完全相同,但是在具体的增减幅度上却呈现出迥然不同的特征,江苏省增值税占税收收入的比重这一指标在三年中的变动幅度整体上比增长率指标要缓和得多。例如,2016 年江苏省增值税占税收收入的比重为 30.23%,这比上年 15.84% 的增幅提高了近一倍;而同期的增值率指标却由 2015 年的 6.01% 骤升至 88.61%,远超了 14 倍都不止。

从整体趋势上看江苏省增值税呈现出收入增长较快且增幅相当巨大的态势,造成这一情况的主要原因有两个:

一是新常态阶段我国经济增速与经济增长模式的转轨,为不同年份中的增值税规模的骤升骤降提供了可能;

二是 2016 年 5 月 1 日全面铺开的"营改增"税制改革直接带来了增值税的激增。

(2) 江苏省增值税与全国增值税的比较

2014 年以来,根据增值税的共享税属性,按照分成的原则全国范围内归属于地方税的增值税情况为:

表 5-8　2014—2016 年全国地方增值税收入与税收收入总额　　　　　　单位:亿元

年份	增值税	增幅(%)	税收收入	增值税占税收收入的比重(%)
2014	9752.33	17.83	59139.91	16.49
2015	10112.52	3.69	62661.93	16.14
2016	18762.61	85.54	64691.69	29.00

首先,从增值税增速的角度来看,除了 2014 年全国的增值税增速略高于江苏省增值税增速,之后年度中江苏省增值税的增长速度均超过了全国的增值税增速,且增幅有扩大的趋势。2014 年,全国增值税增长率比江苏省的增值税增长率高出 2.9 个百分点,但是 2015 年和 2016 年,江苏省的增值税增长率便实现了反超,分别比全国归属地方的增值税的增长率高出了 2.32 个百分点和 3.07 个百分点。这说明在进入了新常态阶段之后,江苏省整体上的增值税增长形势优于全国总体的情况,但从增值税而言,"营改增"改革在省际范围内带动了江苏省税收收入水平的提升,见图 5-6。

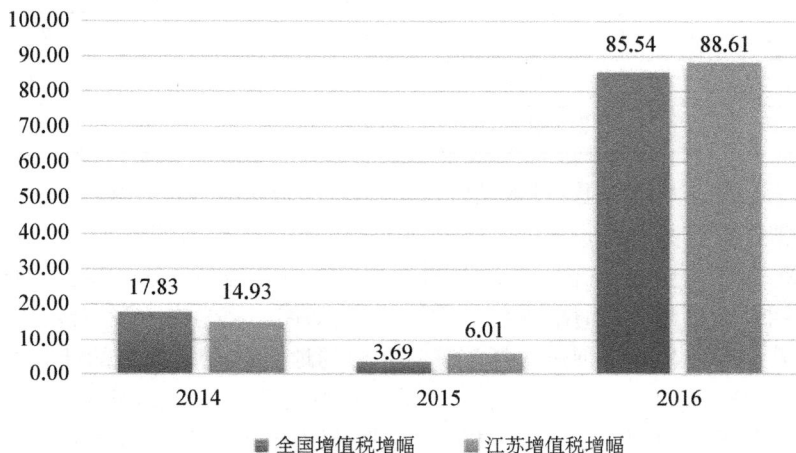

图 5-6 2014—2016 年江苏省与全国增值税增速

其次,从增值税占税收收入的比重对比上看,江苏省增值税占比在 2016 年以前一直都低于全国增值税占比,但是在 2016 年实现了反超,增幅为 1.23 个百分点。从增值税占税收收入的比重动态趋势来看,江苏省增值税与全国增值税均是呈现先小幅度下降后又快速上升的特征,这显然又是新常态后经济发展变化与"营改增"税制改革综合作用的结果。

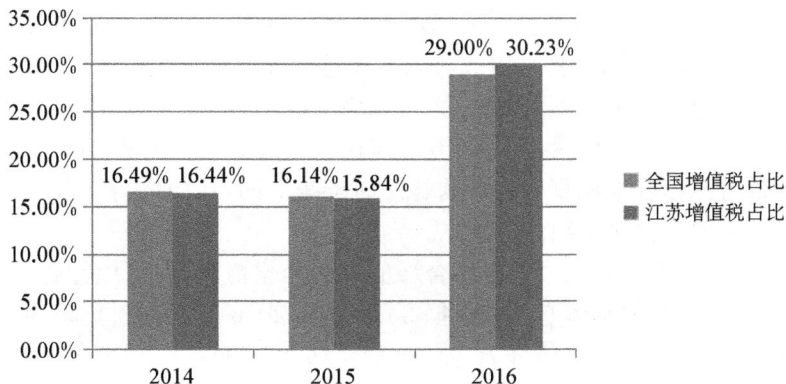

图 5-7 2014—2016 年江苏省与全国增值税占比

(二)新常态下江苏省营业税的基本分析

1. 江苏省营业税的总量分析

(1)江苏省营业税增长率与占比情况分析

2014—2016 年江苏省的营业税及税收收入情况见表 5-9。

表 5-9　2014—2016 年江苏省营业税收入与税收收入总额　　单位:亿元

年份	营业税	增幅(%)	税收收入	营业税占税收收入的比重(%)
2014	2084.66	11.34	6006.05	34.71
2015	2442.82	17.18	6610.12	36.96
2016	1325.14	−45.75	6531.83	20.29

第一,从增长率的角度来看:进入新常态阶段的 2014 年,江苏省共取得营业税 2084.66 亿元,增幅维持了两位数的增长幅度。2015 年,江苏省营业税的增幅上升到了 17.18%,可谓是增长明显、速度较快。在进入了新常态的两年中,江苏省营业税能维持了保持两位数增长的幅度,说明营业税作为当时地方税的主体税种,即使在新常态阶段后经济形势出现了较大变化,但是营业税依然对于促进包括江苏省在内的地方政府地方税的征收及资金筹集发挥着举足轻重的作用。2016 年,江苏省营业税增幅由上年近 18% 迅速地骤降为 −45.75%,同 2016 年江苏省增值税剧增的原因一样,这主要是源于 2016 年 5 月 1 日开始全面铺开的"营改增"税制改革。这一营业税增幅的骤降,一方面展现了当年的"营改增"改革对江苏省增值税收入与营业税收入的量化影响程度;另一方面也从一个侧面说明了此项改革对于地方税存在着较大的影响。

第二,从营业税占税收收入的比重角度来看:2014—2016 年新常态发展阶段的三年中,江苏省营业税占税收收入的比重分别为 34.71%、36.96% 和 20.29%。与增长率指标相比:首先,2014—2016 年江苏省营业税占税收收入的比重变化趋势与增长率指标变化趋势一致,也呈现出先升后降的特征;其次,从增长速度以及占比速度变化的幅度比较的角度来看,2014—2016 年间江苏省营业税增长速度呈现的是先快速上升 5.84 个百分点后骤然下降了 62.93 个百分点的情况,而营业税占税收收入的比重则仅仅是先上升了 2.25 个百分点后再下降了 16.67 个百分点。由此可见,静态角度来看 2016 年江苏省营业税在剧减的情况下,仅仅以前 5 个月的征收数额仍然占据了 2016 年税收收入的较大比重,这在一定程度上透露出"营改增"改革对江苏省地税收入的影响是偏向于减少的,从而使得江苏省在改税制改革后如何培育新的主体税种显得颇为急迫。

第三,与增值税的综合比较分析。结合增值税的变化情况,便可以量化性的评判出"营改增"后江苏省税收格局的具体变化。根据 2015 年和 2016 年江苏省增值税收入和营业税收入的征收规模可计算得出:2016 年江苏省增值税增加了 927.66 亿元,同期的营业税则降低了 1117.68 亿元。这说明:虽然"营改增"改革后中央为了平衡、补足税制改革对地方财力的冲击,将增值税在中央政府与地方政府之间的分享比例由原来的 75%:25% 改为了 50%:50%,但是从实际运行的结果来看,江苏省在 2016 年商品税的地方税收入,还是呈现了总体上缩减的净效果,营业税减少的数量超过增值税增加的数量为 190.02 亿元。

（2）江苏省营业税与全国营业税的比较

2014—2016 年,在每一年中归属地方税的营业税情况为:

表 5 - 10　2014—2016 年全国地方营业税收入与税收收入总额　　　　单位:亿元

年份	增值税	增幅(%)	税收收入	增值税占税收收入的比重(%)
2014	17712.79	3.25	59139.91	29.95
2015	19162.11	8.18	62661.93	30.58
2016	10168.8	−46.93	64691.69	15.72

首先,从营业税增速的角度来看:在进入新常态后,截至 2016 年的三年中,江苏省营业税的增长幅度都高于全国营业税收入的增长幅度,但是在 2016 年中,江苏省营业税的降幅为 45.75%,而全国营业税则是下降了 46.93%。这说明从动态的角度来看,江苏省营业税的格局与全国出现了趋同的趋势,由前期的明显快速高于全国平均水平的增长转为了与全国增速极为接近,因此"营改增"对江苏省地方税征收规模是否充分以及是否具有稳定性等方面的影响,在一定程度上和一定角度上具有不利的可能。

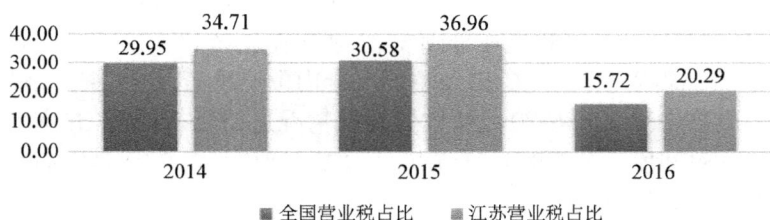

图 5 - 8　2014—2016 年江苏省与全国营业税增速

其次,从营业税占税收收入的比重对比上看,江苏省营业税占比在 2014—2016 年的每一年中都高于全国营业税占比,2014 年江苏省的营业税占税收收入的比重比全国范围统计的这一指标高出 4.76 个百分点,2015 年高出 6.38 个百分点,2016 年则高出了 4.57 个百分点。这说明营业税在江苏省一直是一个非常重要的地方税种,相较于全国总体水平而言,"营改增"给江苏带来了更为直接的影响。

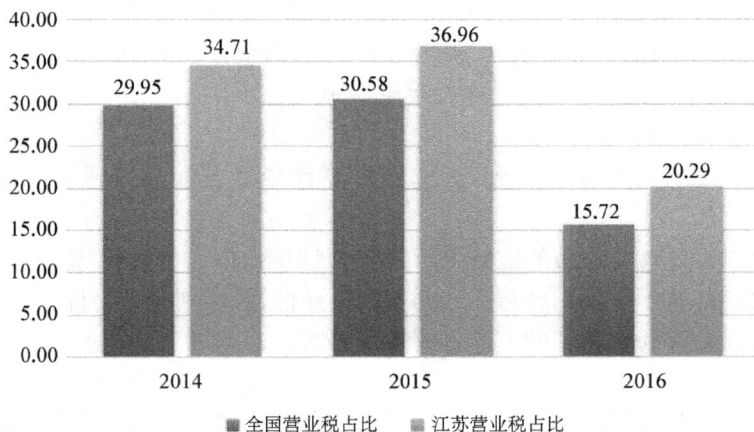

图 5 - 9　2014—2016 年江苏省与全国营业税占比

第六章　2016年江苏省所得税研究

一、所得税概述

所得税是指以自然人、公司或者法人的法定所得为征税对象的一种税制体系。根据纳税人属性不同，所得税大致可以分为两大类：一类是个人所得税，目前我国采用的是分类所得税制度，税法规定我国对纳税人的工资、薪金所得，个体工商户的生产、经营所得，多起事业单位的承包经营、承租经营所得，劳务报酬所得，稿酬所得，特许权使用费所得，利息、股息、红利所得，财产租赁所得，财产转让所得，偶然所得和国务院财政部门确定的其他所得共计11项所得征收个人所得税，并采用分项扣除、分项计征的分类所得税制计算办法。另一类是企业所得税，我国目前采用的是对企业净利润征收企业所得税的办法。在2008年以前，我国采用的是内资企业和外资企业分别设立、适用企业所得税法的办法，但这一现象在2008年1月1日开始得以改变，目前已经不再区分内资或外资企业，统一适用我国现行的企业所得税法。本报告对江苏省2016年的所得税情况进行分析研究，并选取2014年进入新常态阶段之后的时间段为分析的时节节点，以便更好地对2016年江苏省所得税的情况进行全面、动态、系统的分析与比较。

所得税由于税负不易转嫁，数据直接税的范畴。相较于商品税税负的可转嫁性，直接税在对于市场，尤其是市场价格机制的扭曲作用相对较小，因此成为许多欧美等发达国家的主体税种。我国自1994年实施分税制的税收体制以来，商品税都一直是绝对的主体税种，但是随着中国经济的发展以及繁荣，企业所得税与个人所得税的征收规模日趋扩大，所得税在税收总收入中的作用也不断增加，乃至在学术界渐有商品税与所得税并重了的"双主体"税制观点。应该说，商品税的第一位主体税种的地位从来没有被撼动，但是所得税不断增长的后期直追势头也是客观事实，所以对江苏省2016年地方税收收入的分析，必然不能忽视所得税的篇章。也正是基于所得税在税收收入中的规模和作用日渐加大，目前我国已将所得税设定为是中央政府与地方政府的共享税种，采用分成的办法对所得税收入进行分成配比，具体的分成比例为中央政府占60%，地方政府占40%。

整体而言，所得税的主要特点：

第一，通常以纯所得为征税对象，因此在计算计税依据时需要进行必要的成本费用扣除。

第二，通常以经过计算得出的应纳税所得额为计税依据。该计税依据为做了各项合理扣除后的净值数额，基于税收制度与会计制度的差异性，该净利润与会计利润之间往往存在调整，经常需要在会计利润的基础上进行调增或调减。

第三，纳税人和实际负担人通常是一致的，因而可以直接调节纳税人的收入。特别是在采用累进税率的情况下，所得税在调节个人收入差距方面具有较明显的作用。对企业征收所得税，还可以发挥贯彻国家特定政策，调节经济的杠杆作用。

第四,应纳税税额的计算涉及纳税人的成本、费用的各个方面,有利于加强税务监督,促使纳税人建立、健全财务会计制度和改善经营管理。

二、2016 年江苏省所得税的整体分析

(一)2016 年江苏省所得税的税收规模

1. 总量规模角度来看

在 2016 年中,江苏省共取得各类税收收入合计 6531.83 亿元,其中包括归属地方的企业所得税 978.81 亿元,个人所得税 382.37 亿元,归属江苏省的所得税共计 1361.18 亿元。与此同时,基于所得税的共享税性质,2016 年江苏省所发生的上划中央的"四税"收入中,包括上划的企业所得税 1390.49 亿元,个人所得税 573.50 亿元,共计 1963.99 亿元。

2. 从相对规模来看

经计算,2016 年江苏省所得税占同期税收收入总额的 20.84%,即在江苏省 2016 年归属地方的税收收入中,有五分之一多的份额来自于所得税的贡献。这一比重虽然不及商品税占比 50.52% 的规模,但是相较于其他的财产税、资源税和行为税,规模也是比较大的了。与此同时,所得税与商品税合计占据了 2016 年江苏省 71.63% 的税收收入,这也在一定程度上佐证了"双主体"税制观点的合理性。

3. 从 2016 年江苏省所得税的内部结构来看

在 2016 年归属江苏省的 1361.18 亿元地方所得税收入中,企业所得税为 978.81 亿元,占所得税总额的 71.91%;个人所得税为 382.37 亿元,占所得税总额的 28.09%。显然,企业所得税是所得税的主体,这既与一般性的认识相吻合,同时也说明企业经营状况的好坏直接有关企业所得税基,经济是决定税收的第一决定性要素。对于上划中央收入中的所得税,在共计 1963.99 亿元的上划规模中,企业所得税占比 70.8%,个人所得税占比 29.2%。

由于我国的所得税现行实施中央政府与地方政府"六四"分成的分税做法,这一结构性配比的结果与归属江苏省地方的所得税的结构几乎完全吻合,企业所得税与个人所得税的占比结构都在"七三"开之间。需要指出的是,我国现行税收制度规定企业所得税与个人所得税在中央政府和地方政府之间都是按照"六四"分成的比例来分配,但是江苏省 2016 年的实际运行情况却是接近"七三"分成,这主要是源于根据部分企业所属政府级别不同而导致的税源归属差异造成的合理情况。

(二)江苏省所得税的动态分析

根据《江苏统计年鉴》(2015—2017 年),2014—2016 年江苏省各级税务部门征收取得的所得税收入和归属于江苏省地方税的税收收入总额见下表。与商品税一样,此表从 2013 年开始统计以便测算 2014 年中各相关税种的增长率数据。由于本报告旨在研究 2016 年江苏省的地方税问题,因此在这一动态分析部分略去对于江苏省上划中央的所得税分析。

表6-1　2013—2016年江苏省所得税与税收收入总额　　　　单位:亿元

税种	2013年	2014年	2015年	2016年
企业所得税	763.66	821.04	917.58	978.81
个人所得税	264.88	306.33	360.89	382.37
所得税合计	1028.54	1127.37	1278.47	1361.18
税收收入总额	5419.49	6006.05	6610.12	6531.83

1. 2014—2016年江苏省所得税在税收总收入中的地位

根据上表,可计算得出进入新常态阶段后,2014年江苏省所得税占同期税收收入的比重为18.77%,2015年和2016年的这一指标则分别是19.34%和28.40%。从趋势上看,进入新常态阶段后江苏省每一年中归属地方的所得税收入在其当年取得的税收总收入中的作用,可以理解为是逐步增加的。从比重数值之间的差异程度来看,2015年该比重比2014高出0.57个百分点,而2016年又比2015年高出了1.5个百分点,这说明所得税对于江苏省税收总收入的正向作用是逐步加快的,所得税收入在江苏省税收收入中的作用越来越强。

2. 2014—2016年江苏省所得税的增长情况

根据上表,新常态后每一年中江苏省各所得税相关税收的增长率情况为:

表6-2　2014—2016年江苏省所得税与税收收入增长率　　　　单位:%

税　种	2014年	2015年	2016年
企业所得税	7.51	11.76	6.67
个人所得税	15.65	17.81	5.95
所得税合计	9.61	13.40	6.47
税收收入总额	10.82	10.06	—1.18

(1) 2016年江苏省所得税的增长情况

仅从2016年的情况来看,所得税增长了6.47个百分点,但是同期江苏省税收收入的总额却是首次出现了负增长的—1.18%。这说明了两个问题:一是在2016年中,江苏省企业所得税的形势整体上优于江苏省税收的总体形势;二是与第一条紧密相关,所得税在2016年江苏省的税收收入中发挥了正向的支撑作用。

(2) 2014—2016年江苏省所得税的增长趋势

根据上表可绘制2014—2016年江苏省所得税与税收收入增长率的趋势图。

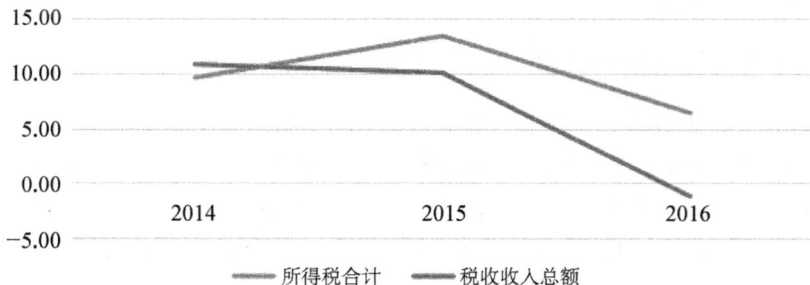

图6-1　2014—2016年江苏省所得税与税收收入总额增长率

从图形来看,进入新常态阶段后江苏省的税收收入总体与所得税呈现了不同的发展态势,税收收入总额在经历了 2015 年的微降之后,在 2016 年由上年超过 10% 的增幅骤然降为负的 1.18 个百分点。究其原因,除了 2016 年全面铺开的"营改增"改革对江苏省的地方性税收收入造成了净损失的效应(即当年归属江苏省地方的增值税收入增量不及当年减少的营业税增量),还与进入新常态后我国整体宏观经济下行压力增大的背景下,经济发展由过去的高速增长转为中低速增长以及由过去的高速增长阶段向高质量发展阶段的转型升级,密切相关。但是正是在这一地方税收入总额呈现下降趋势的情况下,江苏省2014—2016 年的三年中,归属地方的企业所得税增速却呈现了先升后降的特征,2015 年增速为 13.4%,比 2014 年 9.61% 的增速高出了 3.79 个百分点,但是 2016 年却迅速转为 6.47%,比上年增长了 6.93 个百分点。这一趋势也再次说明了经济发展形势对江苏省税收格局的影响,虽然所得税在进入新常态后保持了增长的趋势,对于江苏省地方税的支撑作用显而易见,但是从增速来看,江苏省的所得税在进入新常态阶段后也是与税收总收入一样呈现了增幅下降的趋势,这显然不够乐观。

(3) 所得税内部的增长率情况

从所得税构成的两个具体税种来看,进入新常态阶段之后,江苏省的企业所得税与个人所得税的增长率都呈现了先增后降的趋势特征,都是在 2015 年增幅达到高点之后,于 2016 年快速转为下降的趋势。这首先解释了江苏省所得税总体在 2014—2016 年间增长率发展趋势的原因,显然,2015 年江苏省归属地方的所得税增幅出现的上涨,是企业所得税与个人所得税同步增长而推动的必然结果;相应的,2016 年江苏省所得税整体出现的骤然下降,也是企业所得税和个人所得税同步增幅减少的结果,在江苏省所得税的增长变动中,企业所得税与个人所得税并未出现逆向的增长结构,而是保持了同步的发展趋势。这在一定程度上可以理解为,经济发展水平对于两个所得税种税源的影响是同步的。

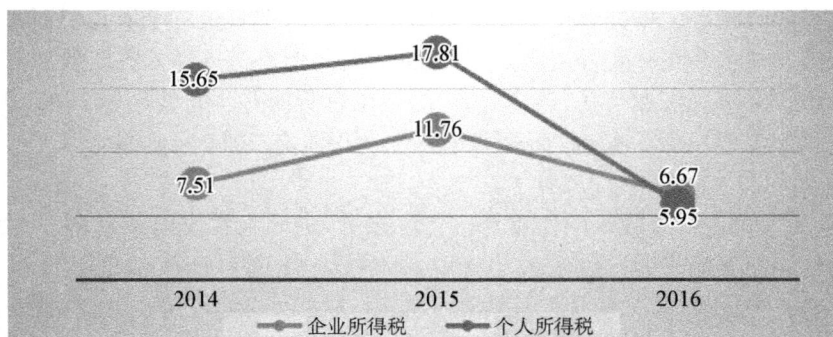

图 6 - 2　2014—2016 年江苏省企业所得税与个人所得税增长率

从折线图来看,在 2016 年江苏省归属地方税的个人所得税与企业所得税增幅相差不大,但是在此之前,个人所得税增幅明显是高于企业所得税增幅的,其中 2014 年高出了 8.14 个百分点,而 2015 年则是高出了 6.05 个百分点,但是到了 2016 年,便转为企业所得税增幅高出个人所得税增幅 0.72 个百分点。这一趋势的反转在很大程度上可以理解为是进入新常态后江苏省在税收征管制度、措施、方法等领域进行优化和完善的结果,同时也预示出在 2016 年之后江苏省地方收入主体税种的构建过程中,应重点关注通过大力发展经济，从而做大企业所得税税源，企业所得税对于江苏省地方税主体税种构建的重要性不容忽视。

（三）江苏省所得税与全国所得税的比较

为确保分析数据的权威性以及统计口径的一致性，本报告中关于具体税类和税种研究中所取数据均来自历年的《江苏省统计年鉴》。全国范围的数据来自于历年的《中国统计年鉴》。其中所得税数据根据同期归属地方的企业所得税和个人所得税汇总得出，对于根据共享收入的原则划归中央政府所有的所得税，不纳入本报告的统计与分析之中。

表 6 - 3   2014—2016 年江苏省地方所得税收入的基本情况   单位：亿元

年份	所得税税	增幅（%）	税收收入	所得税占税收收入的比重（%）
2014	1127.37	9.61	6006.05	18.77
2015	1278.47	13.4	6610.12	19.34
2016	1361.18	6.47	6531.83	20.84

表 6 - 4   2014—2016 年全国地方所得税收入的基本情况   单位：亿元

年份	所得税税	增幅（%）	税收收入	所得税占税收收入的比重（%）
2014	11779.22	11.17	59139.91	19.92
2015	12940.54	9.86	62661.93	20.65
2016	14170.5	9.50	64691.69	21.90

首先，从所得税增速的角度来看，进入新常态阶段后，除了 2015 年江苏省所得税增长率超过了全国地方性所得税的增长率，在 2014 年和 2016 年中江苏省所得税的增幅均是低于全国所得税增幅的状态。根据经济决定税收的基本原理，尤其是对于所得税而言，其税基在理论上与经济发展水平在一定程度应是正相关的特征，但是进入新常态阶段后，江苏省的地方性所得税增长率格局显然与其"经济大省"的定位有所偏差。尤其是 2016 年，江苏省地方性的所得税收入仅增长了 6.47%，而全国地方性所得税在 2016 年则是增长了 9.5%，相差 3.03 个百分点。

其次，从所得税占税收收入的比重对比角度来看，进入新常态阶段后的三年中，江苏省所得税占其当年归属地方的税收收入的比重，都略低于全国口径这一比重的 1% 左右。结合上一点的增长率分析，这从一个侧面说明了江苏省在 2016 年的地方性税收收入中，所得税之外的其他税收的作用功不可没，也不可忽视。

三、分区域所得税收入的分析

（一）分城市所得税收入的基本规模

2015 年和 2016 年江苏省 13 个省辖市所得税的征收规模如表 6 - 5。

表6-5　2015—2016 年江苏省 13 个地级市的所得税收入　　　　单位:亿元

城市	2015 年				2016 年			
	总税收	所得税	企业所得税	个人所得税	总税收	所得税	企业所得税	个人所得税
南　京	838.67	192.98	126.31	66.67	956.62	218.68	141.41	77.27
无　锡	668.18	139.71	98.81	40.9	706.04	153.16	103.65	49.51
徐　州	429.13	36.95	26.16	10.79	390.3	38.4	25.93	12.47
常　州	373.7	65.76	42.57	23.19	383.19	78.78	51.3	27.48
苏　州	1338.61	346.11	250.86	95.25	1505.82	381.15	276.13	105.02
南　通	521.08	104.4	58.5	45.9	456.77	83.85	51.75	32.1
连云港	237.55	21.12	15.62	5.5	170.8	23.7	18.23	5.47
淮　安	284.05	17.45	11.3	6.15	235.15	19	12.32	6.68
盐　城	384.31	41.28	25.43	15.85	324.67	36.96	22.96	14
扬　州	274.67	34.22	25.01	9.21	267.16	38.04	27.85	10.19
镇　江	245.4	36.44	22.54	13.9	231.4	33.8	22.16	11.64
泰　州	256.89	34.44	24.92	9.52	257.62	37.08	24.93	12.15
宿　迁	196.95	23.43	16.79	6.64	186.27	24.11	18.15	5.96
合　计	6049.19	1094.29	744.82	349.47	6071.81	1166.71	796.77	369.94

注:此表中税收合计总额与《江苏统计年鉴》中税收收入总额出现差异,是由于此表中仅统计了江苏省 13 个省辖市的地税收入征收情况,而没有包括江苏省地税局直属分局的征收数据,因此属于合理误差。

(二)分区域所得税收入的规模分析

以上表为依据,可计算得出苏南、苏中和苏北地区所得税的总体规模具体构成情况。

表6-6　2015—2016 年江苏省分区域所得税收收入　　　　单位:亿元

地区	2015 年				2016 年			
	总税收	所得税	企业所得税	个人所得税	总税收	所得税	企业所得税	个人所得税
苏南	3464.56	781	541.09	239.91	3783.07	865.57	594.65	270.92
苏中	1052.64	173.06	108.43	64.63	981.55	158.97	104.53	54.44
苏北	1531.99	140.23	95.3	44.93	1307.19	142.17	97.59	44.58

1. 税收总收入

与商品税分析部分相一致,以不包括江苏省地税局直属征收局所征收的地方税在内,仅以每一个江苏省辖市的地方税征收数据测算得出的 2016 年江苏省苏南、苏中和苏北地区各自取得的地方性税收收入总额分别为 3783.07 亿元、981.55 亿元和 1307.19 亿元,按照苏南五市、苏中三市、苏北五市的每一区域所包含地级市数量加以简单平均的单个城市征收规模分别为 756.61 亿元、327.18 亿元和 261.44 亿元。这与三大区域的经济发展水平相一致，税收收入的征收规模呈现标准的苏南、苏中、苏北由高到低的发展特征。

2. 所得税总额

2016 年，苏南、苏中、苏北分别征收所得税收入 865.57 亿元、158.97 亿元和 142.17 亿元；以其包含的地级市数据加以简单平均的每个城市征收规模分别为 173.11 亿元、52.97 亿元和 28.43 亿元。这显然也呈现出与三大区域经济发展水平以及税收总收入的征收水平相一致的特点，但是从每一区域内部单个城市平均的统计数据来看，三大区域中间的差距可谓是相当明显。

3. 企业所得税

2016 年，苏南、苏中、苏北分别征收企业所得税收入 594.65 亿元、104.53 亿元和 97.59 亿元，以其包含的地级市数据加以平均的每个城市征收规模分别为 118.93 亿元、34.84 亿元和 19.52 亿元。无论是从哪一项指标来看，江苏省三大区域在 2016 年中的企业所得税征收格局与呈现了与其区域经济发展程度相一致的特征，苏南地区的企业所得税征收规模超过苏中地区 490.12 亿元，而苏中地区的企业所得税规模又超过了苏北地区 6.94 亿元。

4. 个人所得税

2016 年，苏南、苏中、苏北分别征收个人所得税收入 270.92 亿元、54.44 亿元和 44.58 亿元，以每一区域所包含的地级市数据加以平均的单个城市征收规模分别为 54.18 亿元、18.15 亿元和 8.92 亿元。无论是三大区域个人所得税征收总额，还是以所含地级市数量加以算术平均的单个城市个人所得税征收规模，苏南、苏中与苏北地区在 2016 年个人所得税收入的总体趋势与前述各项税收收入的趋势特征也是相同的。

从上述的分析内容可知，无论是三大区域征收的企业所得税总额，还是按照每一区域所包含地级市数量进行算术平均的单个城市统计指标来看，三大区域在 2016 年征收的所得税、企业所得税以及个人所得税都是呈现出苏南第一、苏中次之、苏北第三的排序。这再次印证了经济基础决定税收的基本定理。显然，江苏省要实现所得税收入的可持续性以及稳定增长，必须大力发展经济、努力做大"蛋糕"，扩大税源体量，这是首要的责任。与此同时，基于我国目前包括江苏省在内的整体经济格局仍未实现全面的扭转，如何通过转型升级构建高质量的现代经济体系也仍然处在探索阶段，这无疑也增加了包括江苏省在内的地方税未来征收规模的难度与不确定性。这对于排位相对落后的苏北地区来说，更是如此。

（三）分区域所得税收入的结构分析

1. 苏南、苏中、苏北地区所得税税收占各区域税收收入的比重

2016 年，江苏省苏南、苏中和苏北地区各自取得的税收入占各自区域税收收入总额的比重分别为 22.88%、16.20% 和 10.88%，呈现出三大区域经济发展水平正相关的特征，经济发展水平最高的苏南地区占比最高，经济发展水平最为薄弱的苏北地区反而占比最低。

这说明区域经济发展水平的高低决定了所得税对于其所属地方财力支撑作用的大小，对于发达地区地方税主体税种的构建，可以关注所得税这一税类；反之亦是，还要充分认识到对于经济发展相对落后的区域，不能简单寄希望于通过将所得税由面前的共享税种改为地方税就可以解决"营改增"改革后地方税收入不足的问题。因此，"营改增"后地方税主体税种的构建可以考虑类似于"双税种"的结构，对于经济发达地区，考虑通过税制的设计使得

企业所得税和个人所得税的收入能够起到支撑其地方财力需要的作用；而对于经济欠发达地区，则可以考虑通过分析，选择其现行税收收入结构中的主体税种进行改革，或是将原来的中央税消费税转为地方税的方式来予以解决。基于我国目前对于"营改增"后如何构建地方的主体税种尚无定论，实务界也没有表现出近期会通过税改解决这一问题，本报告认为：通过对 2016 年江苏省三大区域所得税构成的分析，至少可知学界中所存在的认为将企业所得税和个人所得税改为地方税便可以解决"营改增"改革后地方税收入不足问题的观点，有失偏颇。

2．所得税内部的结构

2016 年，江苏省三大区域所得税构成的内部结构来看，苏南、苏中和苏北地区企业所得税收入占当期所得税收入总额的比重分别为 68.70%、65.75% 和 68.64%，与之相对应的则是个人所得税收入占当期所得税收入总额的比重分别为 31.30%、34.00% 和 31.36%。显然，在三大区域中都是企业所得税的占比相对较高，均超过了 65 个百分点，个人所得税则是约占略超过 30 个百分点的水平。这说明，江苏省未来如果关注所得税的征收稳定性与可持续性，在所得税内部的两个构成税种之中，更加关注企业所得税应该是必然的选择。当然，这并不意味着忽视个人所得税的作用，但是从权衡比较的角度来看，重点关注如何采取强有力措施以推进企业所得税的征收规模，应该是江苏省理性且合理的选择。

（四）每一区域内部的所得税结构情况

1．苏南地区

（1）苏南五市的所得税总额结构分布

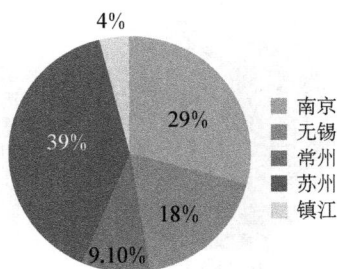

图 6-3　2016 年苏南五市所得税的占比结构

2016 年，苏南地区包括的南京市、无锡市、常州市、苏州市和镇江市各自征收的所得税占当年苏南地区所得税收入总额 865.57 亿元的比重分别是 25.26%、17.69%、9.1%、44.03% 和 3.9%。显然，与商品税中的增值税分布格局相似，上述 5 个城市的所得税占比排序依次为苏州市、南京市、无锡市、常州市和镇江市。从饼状图中的具体数据来看，这五市的所得税占比呈现出明显的非均衡特征，排位最高的苏州市 2016 年所得税收入占整个苏南地区所得税收入的 44.03%，而排位最低的镇江市同一指标占比仅为 3.90%，苏州市高出镇江市 40.13%。这说明即使是在经济发达地区的苏南内部，各个城市的所得税筹集与征收能力也是存在着巨大的差异，苏南内部 5 个城市之间在所得税领域的不均衡特征也是非常明显。

（2）苏南五市的企业所得税总额结构分布情况

将苏南 5 个地级市各自在 2016 年征收的企业所得税除以苏南地区征收的企业所得税

总额 594.65 亿元,便可计算得出苏南地区五市企业所得税的比重分布情况,具体数据为南京市、无锡市、常州市、苏州市和镇江市分别占比 23.78%、17.43%、8.63%、46.44%和 3.73%,其分布的饼状图如下。显然,与所得税总额的占比结构相一致,根据比重的规模由高到低的顺序也依次为苏州市、南京市、无锡市、常州市和镇江市,其中镇江市的依然占比最少,且最高的苏州市占比也超出了镇江市 40 多个百分点。

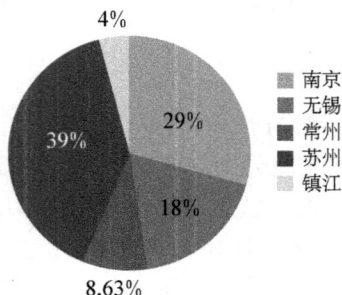

图 6-4　2016 年苏南五市企业所得税的占比结构

(3) 苏南五市的个人所得税总额结构分布情况

按照相同的原理,2016 年苏南五市个人所得税的比重分配情况见下图,其中,由高到低的顺序依次为苏州市、南京市、无锡市、镇江市和常州市,具体占比分别为 38.76%、28.52%、18.27%、10.14%和 4.30%。整体的格局与所得税总体分布以及企业所得税的分布情况如出一辙,但是城市之间具体占比的差距有所缩小。

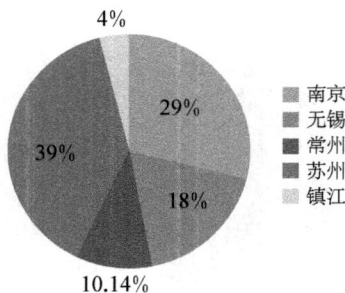

图 6-5　2016 年苏南五市个人所得税的占比结构

2. 苏中地区

(1) 苏中三市的所得税总额结构分布

将苏中地区包含的每一地级市在 2016 年征收的所得税除以苏中地区征收的所得税总额 158.97 亿元,便可计算得出苏中地区每一个城市征收所得税的比重分布情况。其中:南通市占比可谓是超过了"半壁江山",高达 52.75%;扬州市与泰州市则几乎是"平分秋色",分别占比 23.93%和 23.33%。这从一个侧面反映出来了苏中三市的经济发展情况差异及地位,与实际中近些年来南通市发展潜力日益增大的经济形势相吻合,同时也从量化的角度反映出扬州市与泰州市的差距不明显。

(2) 苏中三市的企业所得税的结构分布

将苏中 3 个地级市各自在 2016 年征收的企业所得税除以苏中地区征收的企业所得税

总额 104.53 亿元,便可计算得出苏中地区三市企业所得税的比重分布情况。按照实际占比由高到低的顺序依次为南通市、扬州市和泰州市,具体比重分别为 49.51％、26.64％ 和 23.85％。这说明,单独从企业所得税角度来看,南通市继续领跑,扬州市的占比小幅度超过了泰州市 2.78 个百分点,说明在 2016 年扬州市企业所得税相关的经济指标有可能会略微优于泰州市的情况,但是这一优势地位也并不是很强。

（3）苏中三市个人所得税的结构分布

将苏中 3 个地级市各自在 2016 年征收的个人所得税额除以苏中地区征收的个人所得税总额 54.44 亿元,便可计算得出苏中地区三市个人所得税的比重分布情况。排列顺序由高到低依然为南通市、泰州市和扬州市,具体比重分别为 58.96％、22.32％和 18.72％。

3. 苏北地区

（1）苏北五市的所得税的结构分布

从下图的所得税占比结构图来看,2016 年江苏省苏北地区 5 个城市的所得税所占比重呈现出两个层次的特征。第一层次是占比相对较高的徐州市和盐城市,其所得税占 2016 年苏北地区征收的归属地方的所得税的比重分别是 27.01％和 26％。第二个层次为剩余的宿迁市、连云港市和淮安市,这三个城市在 2016 年的地方所得税占同期苏北地区地方性所得税总额的比重是 16.96％、16.67％和 13.36％。

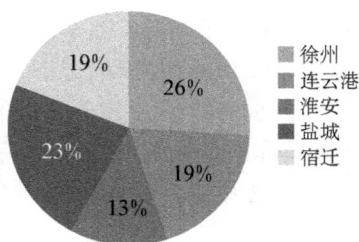

图 6-6　2016 年苏北五市所得税的占比结构

（2）苏北五市的企业所得税占比情况

依然由高到低将 2016 年江苏省苏北地区 5 个城市的企业所得税所占比重分为两个层次,具体来说:第一层次依然包括徐州市和盐城市,分别占比 26.57％和 23.53％;第二层次中的连云港市和宿迁市可谓"旗鼓相当",分别占比 18.68％和 18.60％,只有淮安市稍显偏低,仅为 12.62％。

（3）苏北五市的个人所得税占比情况

2016 年江苏省苏北地区 5 个城市个人所得税所占比重的两个层次具体包括:第一层次仍然由徐州市和盐城市构成,但是在排序上发生了变化,盐城市以 31.40％的比重超过徐州市 27.97％的 3.43 个百分点;第二层次依次以略低 1％的幅度排序为淮安市、宿迁市和连云港市,具体占比分别是 14.98％、13.37％和 12.27％。

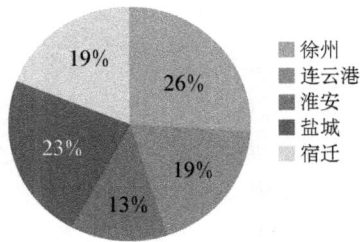

图 6-7　2016 年苏北五市个人所得税的占比结构

（五）分区域所得税收入的增长率分析

根据 2015 年和 2016 年江苏省分区域所得税收入情况表，可计算出 2016 年江苏省苏南、苏中、苏北三大区域与所得税相关的各类税收收入增长率。

表 6 - 7　　2016 年江苏省分区域所得税收入增长率　　　　　　　　单位：%

地区	总税收	所得税	企业所得税	个人所得税
苏南	9.19	10.83	9.90	12.93
苏中	−6.75	−8.14	−3.60	−15.77
苏北	−14.67	1.38	2.40	−0.78

1. 苏南、苏中、苏北地区税收总收入与所得税收入的增速情况

首先，江苏省在 2016 年中归属地方的税收收入总额在苏南、苏中、苏北的增长率的呈现了与三大区域经济发展水平高度一致的特征，苏南地区增长的最快，增幅达到 9.19 个百分点；苏中地区则出现了总体税收收入规模的减少，降幅为 6.75 个百分点；而苏北地区可称之为是"骤降"，降幅高达 14.67%。

其次，2016 年苏南、苏中、苏北三大区域的所得税增长率根据由高到低的标准，分别为苏南、苏北和苏中。苏南地区依然延续了高达 10.83% 的增长势头，苏北则是少量增长了 1.38%，但是苏中却呈现出高达 −8.14% 的降幅。这一格局与三大区域税收收入总额增长率的情况有同有异，相同点在于苏南依然为领头羊，不同点在于苏北地区增速超过了苏中地区，表现出苏北地区赶超了苏中地区的情况。这与近年来江苏省苏北地区发展较快的实践有一定的吻合性，同时也说明如何确保苏中地区的持续、快速发展是值得思考和关注的问题。

2. 苏南、苏中、苏北地区所得税增幅与总税收收入增幅的比较

从 2016 年苏南、苏中、苏北地区所得税增长率与各区域同期地方性税收收入总额增长率相比较的角度来看，苏南地区和苏北地区所得税增长率超出了其同期总地方性税收的增长率，说明在这两个地区中所得税对其收入总额增长具有一定的支撑作用；苏中地区所得税降幅超过了其税收收入总额的降幅，说明苏中地区所得税增长情况与其税收收入总额增长率具有反向作用。

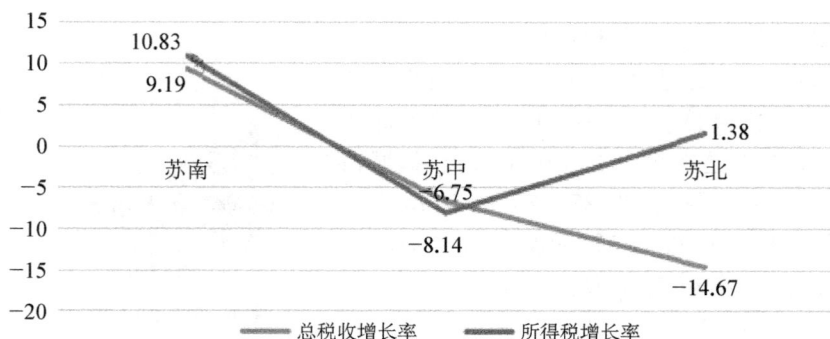

图 6 - 8　　2016 年苏南、苏中、苏北税收收入与所得税的增长率

3. 所得税内部的增长率情况

从 2016 年江苏省三大区域的企业所得税增长率和个人所得税增长率来看,无论是企业所得税增长率还是个人所得税增长率,都表现出苏南地区显著高于其他两个区域,而苏北地区又高于苏中地区的特征。苏南地区两税收入的增长率均为正值,苏北地区有增有降,苏中地区则是全部都是负增长。这些说明与商品税内部税种的增长率情况完全不同,江苏省三大区域的企业所得税增速和个人所得税增速具有"有正有负、有增有降"的特征,这一特征使得将所得税作为"营改增"改革后地方税主体税种的实践效果可能会大打折扣,至少会出现影响局部区域或地区的效果。

(六) 每一区域内部的所得税增长率情况

1. 三大区域分城市所得税增长率

表 6 - 8　　2016 年江苏省三大区域分城市所得税收入增长率　　　　单位:%

区域	城市	总税收	所得税	企业所得税	个人所得税
苏南	南　京	14.06	13.32	11.95	15.90
	无　锡	5.67	9.63	4.90	21.05
	常　州	2.54	19.80	20.51	18.50
	苏　州	12.49	10.12	10.07	10.26
	镇　江	−5.70	−7.24	−1.69	−16.26
苏中	扬　州	−2.73	11.16	11.36	10.64
	泰　州	0.28	7.67	0.04	27.63
	南　通	−12.34	−19.68	−11.54	−30.07
苏北	徐　州	−9.05	3.92	−0.88	15.57
	连云港	−28.10	12.22	16.71	−0.55
	淮　安	−17.22	8.88	9.03	8.62
	盐　城	−15.52	−10.47	−9.71	−11.67
	宿　迁	−5.42	2.90	8.10	−10.24

2. 苏南地区

(1) 苏南五市的总税收与所得税增长率情况

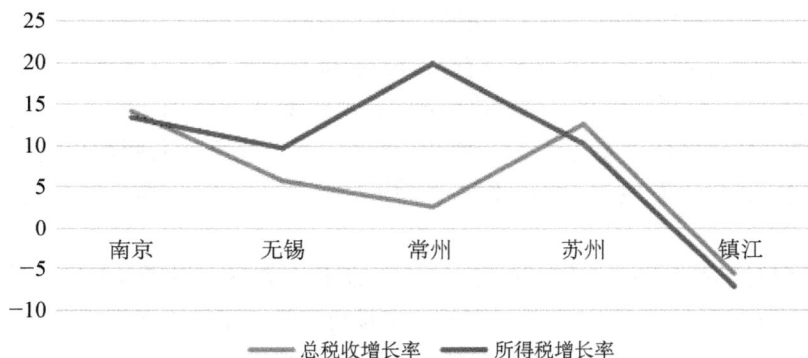

图 6 - 9　2016 年苏南五市税收收入与所得税的增长率

从苏南五市税收收入总额与所得税额的增长率情况图来看,2016 年苏南五市税收收入总额增速由高到低排序依次为南京市、苏州市、无锡市、常州市和镇江市。而所得税增速由高到低则依次为常州市、南京市、苏州市、无锡市和镇江市。对比可以发现,除了镇江市的税收收入总额增长率与所得税收入增长率均位居最后,其余 4 个城市在税收收入总额增速以及所得税增速中的排序出现了较大的差异,尤其是常州市,在税收总收入增速中仅位居第四,但是其所得税增速却一举超越了其他 4 个城市而位居第一。

(2)苏南五市企业所得税与个人所得税的增长情况

根据前已述及的基础数据,苏南五市在 2016 年中按照企业所得税增长幅度由高到低排序依次为:常州市、南京市、苏州市、无锡市和镇江市;而同期个人所得税增幅由大到小依次为无锡市、常州市、南京市、苏州市和镇江市。除了镇江市的企业所得税收入与个人所得税的收入均比上年有所缩减,其他 4 个城市的"两税"收入均呈现出比 2015 年增加的态势,这也为较为流行的将所得税由目前的共享税改为地方税作为地方税主体税种的观点提供了一定的理由。但是从 5 个城市的具体排序以及彼此间增幅的巨大差异来看,可知 2016 年江苏省苏南地区 5 个城市中得出企业所得税与个人所得税增幅几乎没有内在的逻辑规律,这也从侧面说明了企业所得税和个人所得税改为地方税主体税种的话可能会带来的问题,即从结构性角度这一税制改革逻辑可能会无法解决不同城市之间税收收入的均衡增收问题。

3. 苏中地区

(1)苏中三市的总税收与所得税增长率情况

2016 年,苏中地区仅有泰州市的税收收入总额实现了 0.28% 的微弱增幅,扬州市与南通市均出现了税收收入总规模的下降,降幅分别为 2.73 个百分点和 12.34 个百分点。相较于税收总收入的增幅情况,苏中地区 3 个地级市在 2016 年所得税增幅的情况相对乐观一些,扬州市与泰州市均呈现了正增长,尤其是扬州市实现了两位数的增幅,达到了 11.16%,泰州市也实现了 7.67 个百分点的增长。从 3 个城市税收总收入与所得税收入增减情况的整体来看,南通市最不乐观,两个指标全部表现为负增长,其中税收总收入在 2016 年比上年减少了 12.34%,所得税更是比上年减少了 19.68%。这说明,扬州市与泰州市在 2016 年的所得税对这两市当年的税收收入起到了较大的支撑作用,而南通市的所得税则成为了拉低其税收总收入规模的重要原因。

(2)苏中三市企业所得税与个人所得税的增长情况

从所得税内部构成的两税增长率来看,2016 年苏中地区 3 个省辖市的企业所得税增幅由高到低排序为扬州市、泰州市和南通市,具体的增长率分别为 11.36%、0.04% 和 -11.54%,前后之间的增幅差距为 11% 左右,显然较大。按照个人所得税增幅由高到低排序为泰州市、扬州市和南通市,增长率分别为 27.63%、10.64% 和 -30.07%,差别同样较大。

上述两点都说明,无论是所得税的总体情况还是分税种的来看,苏中三市在 2016 年的所得税增长情况都是南通垫底,所有增幅数据全为负增长,这不仅说明了所得税对于南通市地方税收入筹集中发挥的作用偏弱,也在一定程度上说明了所得税归属权的调整与改革对于南通市来说,可能无法起到足够的支撑地方经济发展公共财力需要的作用。

但是对于扬州市而言,结论则完全相反,虽然该市在 2016 年的税收收入总额呈现为负增长,但是其当年所得税总额、企业所得税和个人所得税全部表现为正增长,这说明若将企业所得税和个人所得税再次恢复为地方税的话,将有助于扬州市地方财力的组织与征收。泰州市的情况与扬州市相似,仅仅是在企业所得税增幅方面不够乐观,但是其个人所得税的增幅明显且较大,综合来判断,所得税归属权的改革对于泰州市而言应该也是有利的。

4. 苏北地区

(1) 苏北五市的总税收与所得税增长率情况

2016 年,苏北五市地方性税收总收入的形势远不及所得税的增长率情况乐观。商品税部分已有结论,2016 年江苏省苏北五市的地方性税收收入总额全部表现为负增长,即相较于 2015 年 5 个城市的地方性税收收入规模全部是下降的,甚至连云港市、淮安市和盐城市的降幅都超过了两位数,充分说明如果在新常态以及"营改增"之后维持并保持苏北地区地方税收入的规模以满足地方政府履行职能的财力需求,迫在眉睫。相较于税收收入总体的不乐观,2016 年江苏省苏北五市的所得税增长情况相对较好,除了盐城市出现了 −10.47% 的降幅之外,其他 4 个城市全部表现为正增长,且连云港市还实现了两位数的增长率。从排序来看,2016 年苏北五市所得税增长率由高到低依次为连云港市、淮安市、徐州市、宿迁市和盐城市,增幅分别为 12.22%、8.88%、3.92%、2.90% 和 −10.47%。

(2) 苏北五市企业所得税与个人所得税的增长情况

苏北五市在 2016 年中按照企业所得税增长幅度由高到低排序依次为:连云港市、淮安市、宿迁市、徐州市和盐城市;而同期个人所得税增幅由大到小依次为徐州市、淮安市、连云港市、宿迁市和盐城市。经对比可知,从所得税内部税种的增长率排序来看,苏北五市之间的排序并未具有一致性,这说明企业所得税与个人所得税的税基分布未必与其经济发展水平完全对应,从而也再次说明了"营改增"之后我国所得税领域可能采取的后续改革对于苏北地区具体城市影响的复杂性。

四、分税种所得税收入的实证分析

根据 2015—2016 年江苏省 13 个地级市详细的所得税收入情况,可以得到并测算出每一个地级市在 2016 年中的所得税收入规模、构成结构以及增长率等指标。与通篇报告以进入新常态阶段后的研究时间期限一致,也选择以 2014 年为节点,作为对 2016 年江苏省所得税进行实证分析的时间区间。

(一)新常态下江苏省企业所得税的基本分析

1. 江苏省企业所得税的总量分析

(1) 江苏省企业所得税增长率与占比情况

2014—2016 年江苏省的企业所得税及地方性税收收入情况见表 6 - 9。

表 6 – 9　2014—2016 年江苏省企业所得税与地方性税收收入总额　　　　单位:亿元

年份	企业所得税	增幅(%)	税收收入	企业所得税占税收收入的比重(%)
2014	821.04	7.51	6006.05	13.67
2015	917.58	11.76	6610.12	13.88
2016	978.81	6.67	6531.83	14.99

　　第一,从增长率的角度来看:进入新常态后,2014—2016 年三年中江苏省地方所属的企业所得税规模得以保持了增长的特征,每一年的增长率都为正数,分别为 7.51%、11.76% 和 6.67%,趋势上呈现的是先增后降的特点,2015 年的增幅最大,之后迅速下降了 4.25 个百分点。结合进入新常态后我国宏观经济形势的变化,可以理解为这是与我国经济增长速度转变以及税基变化滞后性综合作用的结果。可以预见的是,2016 年之后江苏省企业所得税的规模及动态变化趋势应该才更具有代表性,因此,从到了 2016 年江苏省地方性企业所得税增速变缓的视角来看,后续江苏省企业所得税的征收规模将与其经济发展水平逐步实现逻辑上的趋势同步,因此大力发展经济应该是江苏省在 2016 年以后想要增加征收企业所得税收入的根本所在。

　　第二,从企业所得税占税收收入的比重角度来看:2014—2016 年新常态发展阶段的三年中,江苏省企业所得税占税收收入的比重分别为 13.67%、13.88% 和 14.99%。应该说,江苏省企业所得税占税收收入比重保持了以微弱优势渐次增长的特征,且都维持在 13.5%—15% 之间,这说明企业所得税还是江苏省地方税总收入中的一个重要组成部分,对于江苏省而言,有超过 13% 的收入来自企业所得税。

　　(2) 江苏省企业所得税与全国企业所得税的比较

　　2014 年以来,全国范围内归属于地方税的企业所得税情况为:

表 6 – 10　2014—2016 年全国地方企业所得税收入与税收收入总额　　　　单位:亿元

年份	企业所得税	增幅(%)	税收收入	企业所得税占税收收入的比重(%)
2014	8828.64	6.76	59139.91	14.93
2015	9493.79	7.53	62661.93	15.15
2016	10135.58	−7.53	64691.69	15.56

　　首先,从企业所得税增速的角度来看,进入新常态阶段后的三年中,江苏省企业所得税的增长率都超过了同期全国口径的地方性企业所得税增长率,说明得益于江苏省经济大省的优势地位,税源与税基的充裕性为江苏省企业所得税的征收提供了保障。但是从增长率差异程度来看,形势也比较乐观。2014 年江苏省企业所得税增长了 7.51%,比全国范围内地方性企业所得税 6.76% 的增长率仅仅高出 0.75 个百分点;2015 年这一差异就上升到了 4.23 个百分点,而 2016 年江苏省企业所得税在 2016 年增长了 6.67%,全国范围内地方性企业所得税却下降了 7.53%,差异更是达到了 14.2 个百分点,这同样也是江苏省经济实力相对较强的一个重要体现。

其次,从企业所得税占税收收入的比重对比上看,江苏省企业所得税占比在进入新常态后的三年中,全部低于全国地方性收入中企业所得税所占的比重,这与第一点中的动态增长率分析结论完全相反。增长率的分析说明了江苏省企业所得税在其税收收入中的增长态势偏于乐观,而这一静态性占比的分析则说明江苏省的企业所得税并非如同一般意义上所理解的高经济水平应带来高企业所得税收入。值得庆幸的是,江苏省企业所得税占其地方性税收收入比重与全国企业所得税占全国地方性税收收入比重之间的差异正在变小,在2014年和2015年,全国性的这一占比指标分别高出江苏省这一指标的1.26个百分点和1.27个百分点,而到了2016年,这一差距缩小到了0.57个百分点。

(二)新常态下江苏省个人所得税的基本分析

1. 江苏省个人所得税的总量分析

(1)江苏省个人所得税增长率与占比情况

2014—2016年江苏省的个人所得税及地方性税收收入情况见下表。

表6-11　2014—2016年江苏省个人所得税与地方性税收收入总额　　单位:亿元

年份	个人所得税	增幅(%)	税收收入	企业所得税占税收收入的比重(%)
2014	306.33	15.65	6006.05	5.10
2015	360.89	17.81	6610.12	5.46
2016	382.37	5.95	6531.83	5.85

第一,从增长率的角度来看:2014—2016年的新常态阶段,江苏省个人所得税增长率呈现了先增后降的轨迹,在2015年达到顶点后出现了较大的收缩,在2016年骤然降了11.86个百分点。究其原因,这与企业所得税部分的原因一样,不再赘述。

第二,从个人所得税占税收收入的比重角度来看:2014—2016年新常态发展阶段的3年中,江苏省个人所得税占税收收入的比重分别为5.10%、5.46%和5.85%,每年以0.5个百分点左右的速度递增。这一方面也是经济发展与江苏省人民收入水平的一个反应,但同时也与江苏省在近年来开展的加强税收征管密不可分。

(2)江苏省个人所得税与全国个人所得税的比较

2014年以来,全国范围内归属于地方税的个人所得税情况见表6-12。根据表中的数据可知:

首先,从个人所得税增速的角度来看,2014年和2015年中江苏省地方个人所得税的增长率均超过了全国地方个人所得税的增长率,但是2016年中江苏省个人所得税增长率骤降为5.95%,而同期全国地方性个人所得税却增长了17.06%。全国性个人所得税的增长主要是源于加强税收征收管理等举措,而江苏省在与全国同步开展加强税收征管工作的情况下其征收的个人所得税却出现了大幅度的下降,在一定程度上应是与经济发挥情况限定了居民收入的水平有关。

其次,从个人所得税占税收收入的比重对比上看,江苏省个人所得税占比在进入新常态后的三年中,除了在2014年比全国性的个人所得税占比高出了0.11个百分点,其余的

2015 年和 2016 年都是略低于全国性个人所得税占税收收入的比重。2015 年江苏省个人所得税占其税收收入的比重为 5.46%,比全国口径的这一指标略低了 0.04 个百分点,而 2016 年则是低了 0.39 个百分点。

表 6－12　2014—2016 年全国地方个人所得税收入与税收收入总额　　　单位:亿元

年份	个人所得税	增幅(%)	税收收入	个人所得税占税收收入的比重(%)
2014	2950.58	12.94	59139.91	4.99
2015	3446.75	16.82	62661.93	5.50
2016	4034.92	17.06	64691.69	6.24

第七章　2016年江苏省财产税研究

一、财产税概述

财产税是指以纳税人拥有或者支配权属于纳税人的财产作为征税对象的税收体系。财产税不是单独的一种税种,而是作为一个税收体系而存在,其中包括房产税、契税、车船税等主要税种。与税制篇中其他税类的分析逻辑相一致,本章对江苏省2016年的财产税情况进行专门的研究,并为了确保分析的全面性、动态性和严谨性,选取2014年进入新常态阶段之后的阶段为分析区间,以便更好地对2016年江苏省财产税的情况进行全面、动态、系统的分析与比较。

(一)财产税的主要特征

1. 财产税的税源较为稳定

根据我国税法规定,正在实施的财产税主要是以房屋、土地以及地上附着物等不动产为课税对象;即使是车船税,也由于是对车船的所有者和管理者征税,纳税人清晰明确。因此,税源的固定性可以确保财产税收入的稳定性,从而为地方政府带来稳固的地方性税收收入。

2. 财产税具有较高的区域性

由于作为课税对象主要是房地产等不动产,房地产的区域性特征也决定了财产税具有区域性特征,可以按照受益原则来组织税收收入。与此同时,也正是由于财产税课税对象的区域性与固定性,相关的课税对象往往主要是享受到地方提供的公共品和公共服务。因此,从成本应与收益相对应的原则来看,财产税也更具有了地方税的性质,这也正是财产税被西方国家作为地方税主体税种的根本原因之所在。

3. 财产税具有较高的征收效率

与商品税和所得税不同,财产税课税对象不像商品税的课税对象一样具有流动性,因此税源的识别以及税收收入的归属都较商品税要容易得多。而财产税又多是以课税对象的总额或是通过简单的成本扣除法来确定计税依据,不像所得税(尤其是企业所得税)的计税依据在计算过程中有诸多项目的成本费用扣除以及应税收入种类识别,因此可以说,财产税相较于商品税和所得税这两大税类,课税对象更容易识别,课税依据的计算也较为简便,对应着税收监管也相对容易,因此财产税是具有较高征收效率的一种税。

(二)财产税的主要作用

1. 财政功能

即为地方财政提供稳定的收入来源。前已述及,财产税往往被作为地方税的主体税种予以征收,筹集财政收入是财产税的天然使命,也是财产税最大的作用。

2. 分配功能

即调节居民收入水平,促进社会公平。根据税收公平的基本原则,纳税人税收负担的高低应与其纳税能力成正比,而理论中纳税能力的衡量标准主要有收入标准、消费标准和财产标准,财产税作为最后一个标准的实践化,能够为政府筹措到足够的税收收入,同时也确保通过对拥有较多财产的人征收相对多的税收,以体现税收纵向公平。

3. 资源配置功能

即财产税有助于整体社会范围内资源的配置和适用,从而提高资源配置的效率。典型的就是房产税在贯彻"房子是用来住的,不是用来炒的"精神中的作用。通过财产税制度的合理设置,可以引导纳税人理性的配资自己的消费行为、消费领域和消费模式,从而引导和带动资源实现更合理的配置,这也是财产税的重要功能,不应忽略。

二、2016 年江苏省财产税的整体分析

(一)2016 年江苏省财产税的税收规模

1. 总量规模角度来看

根《江苏统计年鉴》(2017)与江苏省地方税务局网站披露的相关信息,在 2016 年江苏省共征收的 6531.83 亿元地方性税收收入中,包括征收的财产税总额 639.11 亿元,其中:征收房产税 256.6 亿元,契税 335.4 亿元,车船税 47.11 亿元。

2. 从相对规模来看

根据税收收入和财产税收入的总量规模数据,可计算得知 2016 年江苏省财产税占同期税收收入总额的比重为 9.78%,即财产税在 2016 年为江苏省地方税收入贡献了约十分之一的份额。

3. 从财产税的内部结构来看

2016 年江苏省征收的 639.11 亿元财产税收入中,房产税占比为 40.15%,契税占财产税总额的比重则为 52.48%,车船税的占比最小,仅为 7.37%。由这一商品税内部的比重结构来看,以房地产为相关课税对象的房产税和契税合计占了 2016 年江苏省财产税收入的 92.63%,这说明江苏省的财产税是高度依赖于房地产市场的,甚至可以说"房地产业兴则财产税收入高,房地产业衰则财产税收入低",由此也可以看出江苏省财产税基于房地产业挤泡沫过程中可能会带来的影响不容小觑。

(二)江苏省财产税的动态比较

根据《江苏统计年鉴》(2015—2017)及江苏省地方税务局官方网站披露的税收收入数据,2014—2016 年江苏省地方税收入和财产税收入的规模见表 7-1。同样的,出于测度 2014 年中各相关税种的增长率数据的需要,从 2013 年开始统计。

表 7 - 1　2013—2016 年江苏省财产税与税收收入总额　　　　单位:亿元

税种	2013 年	2014 年	2015 年	2016 年
房产税	192.84	228.73	248.01	256.6
契税	383.75	401.69	370.11	335.4
车船税	32.25	36.91	41.74	47.11
财产税合计	608.84	667.33	659.86	639.11
税收收入总额	5419.49	6006.05	6610.12	6531.83

以上表为依据,可测算出进入新常态阶段后江苏省财产税在历年中的增长率:

表 7 - 2　2014—2016 年江苏省财产税与税收收入增长率　　　　单位:%

税种	2014 年	2015 年	2016 年
房产税	18.61	8.43	3.46
契税	4.67	−7.86	−9.38
车船税	14.45	13.09	12.87
财产税合计	9.61	−1.12	−3.14
税收收入总额	10.82	10.06	−1.18

1. 2016 年江苏省财产税的增长情况

2016 年,江苏省地方税收入总额相较于上一年缩减了 1.18%,而财产税的降幅则超过了地方总税收的这一幅度,实际下降了−3.14%。这说明从 2016 年的情况来看,江苏省的财产税在其当年的地方性税收总收入减少中发挥了刺激作用,而非拉动作用。考虑到包含江苏省在内的全国范围在 2016 年经历了一轮几乎"十年难遇"的房地产"牛市",在此背景下江苏省的财产税却在总量方面表现为负增长,这至少说明在很大程度上江苏省未来商品税增长的情况可能不够乐观。

2. 进入新常态阶段后江苏省财产税的增长情况

2014—2016 年江苏省财产税及地方税总额增长率情况的折线图清晰说明:进入新常态阶段后,伴随着江苏省地方税增速的下降趋势,财产税以更大的降幅下降,且在 2015 年和 2016 年直接表现为征收规模收缩的趋势。显然,从动态的角度来看,江苏省财产税未来的增长情况不够乐观,可以预见的是,伴随着后期房地产市场调控的延续与继续,房产税与契税的增收趋势不宜乐观,因此,在"营改增"改革后地方税原有的营业税主体税种被取消的背景下,作为地方税重要税收来源的财产税连续出现下降甚至是负增长的态势,更是从一个侧面凸显了新时期地方税主体税种构建的迫切性与复杂性。

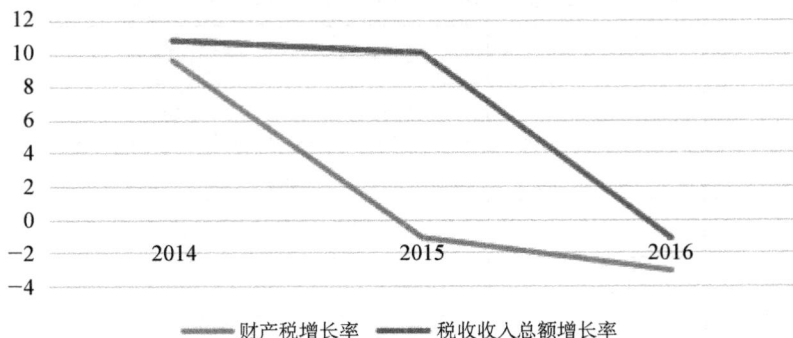

图 7 - 1　2014—2016 年江苏省财产税及地方税总额增长率

3. 新常态阶段后江苏省财产税具体税种的增长情况

根据表 7 - 2 中的数据以及以之为依据绘制的增长率图,可知进入了新常态阶段后,江苏省的房产税收入和车船税收入都保持了逐年增长的势头,尤其是车船税,每一年中的增长率都查过了两位数;房产税在进入新常态的 2014 年也保持了高达 18.61% 的增长速度,之后虽然将至了 8.43% 和 3.46%,但是依然保持了逐年增收的格局。有所不同的是,江苏省的契税收入在进入了新常态阶段后与另外的两个税种不同,除了在 2014 年保持了低水平的增长,随后立即转为了收入减少的情况,2015 年收入规模降低了 7.86%,2016 年更是缩减了 9.38%。结合 2016 年包括江苏省在内的全国房地产市场呈现大牛市的事实,在一定程度上江苏省房产税增长但同期契税却出现下降的主要原因,应该是源于当年早期实行的契税优惠政策。立足地方税分析的视角而言,房产税和契税历来都是作为地方税的性质予以应用和分析,那么结合我国未来极有可能要启动的新房产税改革,江苏省房产税与契税的未来征收趋势应重点关注。

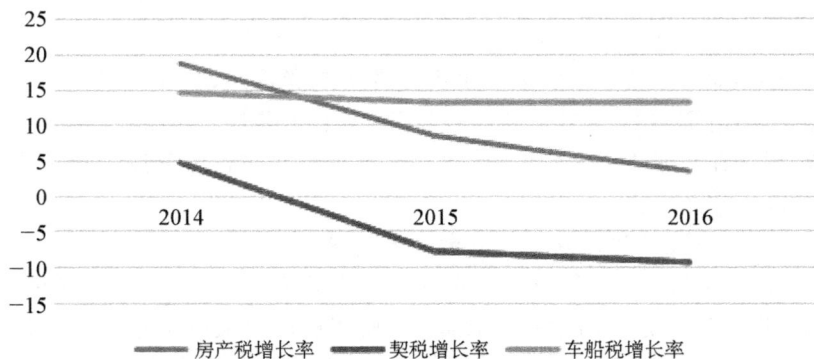

图 7 - 2　2014—2016 年江苏省房产税、契税、车船税的增长率

三、分区域财产税收入的分析

(一)分城市财产税收入的规模简述

根据《江苏统计年鉴》(2016—2017),2015 年和 2016 年江苏省 13 个省辖市的财产税征

收规模如下表。

表 7-3 2015—2016 年江苏省 13 省辖市财产税收入情况 单位:亿元

城市	2015 年				2016 年			
	财产税	房产税	契税	车船税	财产税	房产税	契税	车船税
南 京	89.47	30.99	52.47	6.01	76.08	33.39	35.83	6.86
无 锡	61.16	31.1	24.61	5.45	63.15	33.06	24.1	5.99
徐 州	41.35	10.7	27.48	3.17	49.73	12.4	33.33	4
常 州	56.84	17.89	35.65	3.3	54.44	17.98	32.82	3.64
苏 州	139.21	70.78	58.9	9.53	131.65	71.12	49.91	10.62
南 通	52.03	15.61	32.83	3.59	59.18	17.8	37.28	4.1
连云港	31.03	7.12	22.63	1.28	17.9	4.49	11.97	1.44
淮 安	—	11.16	23.05	—	—	8.55	22.28	—
盐 城	45.92	14.72	29.3	1.9	44.56	15.51	27.03	2.02
扬 州	26	9.47	16.53	—	24.16	9.7	14.46	—
镇 江	19.1	7.74	11.36	—	28.17	8.28	18.22	1.67
泰 州	25.33	7.1	18.23	—	24.35	7.57	14.71	2.07
宿 迁	28.92	11.87	17.05	—	27.96	14.5	13.46	—

注:1. 表中的"—"表示官方未披露相关年度车船税的数据;

2. 此表中仅统计了江苏省 13 个省辖市地税部门征收的财产税,未统计江苏省地税局直属分局等非 13 市范畴的财产税收入。

(二)分区域财产税收入的规模分析

根据上表可计算 2016 年苏南、苏中和苏北地区财产税的总体规模以及房产税、契税和车船税的具体构成情况。由于扬州市、镇江市、淮安市和宿迁市并未公开披露具有权威性的车船税数据,导致无法从总体上对苏南、苏中和苏北地区财产税总额及各类财产税种的总体情况进行统计与比较,基于数据的可比性,此处以城均的指标分析统计的口径,即将每一区域能够统计到的数据进行汇总之后,再除以获取了有效数据城市的数量。

具体做法为:苏南五市均有官方披露数据,故用五市的相应税种收入总额除以 5 得出城均的苏南各类财产税指标;苏中地区由于扬州市未予以披露车船税数据,因此以泰州市和南通市的有效数据为基础,用这两市的车船税种收入总额除以 2 得出城均的苏中车船税指标,其他财产税指标依托《江苏统计年鉴》数据用 3 个城市的数量加以平均;苏北地区由于淮安市和宿迁市未予以披露相关数据,因此用徐州市、连云港市和盐城市的各类财产税种收入总额除以 3 得出城均的苏北各类财产税指标;基于按平均指标比较的需要,将三大区域在 2016 年所征收的地方税总额也分别除以各自所含城市的个数,换算为城均的总税收收入规模,具体见表 7-4。关于三大区域地方税收入总额的分析不再赘述。

表 7-4　2016 年江苏省分区域城均的财产税收收入

单位：亿元

地区	总税收	财产税	房产税	契税	车船税
苏南	756.61	70.70	32.77	32.18	5.76
苏中	327.18	53.85	17.54	33.23	3.09
苏北	261.44	37.40	10.80	24.11	2.49

1. 财产税总额

2016 年苏南、苏中、苏北以其包含的有效地级市数据除以有效数据地级市数量，可计算得出的城均征收规模分别为 70.7 亿元、53.85 亿元和 37.4 亿元。这一方面也显示出了各区域财产税征收规模与其经济发展水平相适应的特征，但是从量化的角度来看，苏南地区城均 70.7 亿元与苏北地区城均 37.4 亿元的差异较大，从而说明 2016 年江苏省内部财产税也存在较大的非均衡性。

2. 房产税

2016 年苏南（南京、无锡、苏州、常州和镇江 5 市）、苏中（南通和泰州两市）、苏北（徐州、连云港和盐城三市）分别征收房产税收入 163.83 亿元、35.07 亿元和 32.4 亿元，以其包含的地级市数据加以平均的每个城市征收规模分别为 32.77 亿元、17.54 亿元和 10.8 亿元。三大区域房产税的征收情况与财产税总体的征收分布情况如出一辙，但是显然苏南地区与苏中、苏北地区城均的房产税收入的规模差距明显加大，这一方面与 2016 年房地产市场火爆情况下消费者对于房产区位分布上倾向于南京等偏大、发达城市的消费偏好有关，但同时也说明未来地方税主体税种的选择应该重视房产税改革可能受限于地方税源发展不平衡的问题。

3. 契税

2016 年苏南（南京、无锡、苏州、常州和镇江 5 市）、苏中（南通和泰州两市）、苏北（徐州、连云港和盐城三市）分别征收契税收入 160.88 亿元、66.45 亿元和 72.33 亿元，以其包含的地级市数据加以平均的每个城市征收规模分别为 32.18 亿元、33.23 亿元和 24.11 亿元。从城均的指标来看，虽然整体上三大区域的契税分布未能改变与其经济发展水平相对应的格局，但是从彼此之间的差距程度来看，显然是呈现了缩小的趋势，尤其是苏中地区城均超出了苏南地区 1.05 亿元，最高的苏南地区与最低的苏北地区之间城均征收契税的差异也远远小于财产税整体或是房产税的情况。这说明从未来三大区域间地方税征收的平衡角度来看，可适度侧重契税的作用。

（三）分区域财产税收入的结构分析

1. 苏南、苏中、苏北地区财产税收如占各区域税收收入的比重

2016 年，江苏省苏南、苏中和苏北地区以城均口径取得的财产税收入占各自区域税收收入总额的比重分别为 9.34%、16.46% 和 14.31%，排序分别由高至低为苏中、苏北和苏南。这说明在 2016 年的"营改增"过程中，欠发达地区在税收收入总额总体规模不够理想的情况下，日益依赖于传统的财产税作为地方税的主要来源。这一方面证明了学界与实务界中力主将财产税作为后"营改增"时期的地方税主体税种观点的合理性，但同时也说明了问题的急迫性，更是从一个侧面凸显了欠发达地区商品税规模不利的局面。

2. 苏南、苏中、苏北地区的财产税分布情况

以有效城市数据平均的分城市财产税规模为依据,2016 年江苏省三大城市城均财产税的总额为 161.95 亿元,苏南、苏中、苏北地区各自的城均财产税分别为 70.7 亿元、53.85 亿元和 37.4 亿元,占比分别为 43.66%、33.25%和 23.09%。

3. 财产税内部的结构

表 7-5 2016 年江苏省分区域城均财产税内部的比重情况 单位:%

地区	房产税	契税	车船税
苏南	46.35	45.52	8.15
苏中	32.57	61.71	5.74
苏北	28.88	64.47	6.66

与财产税总量的分布情况相比,2016 年江苏省三大区域财产税构成的内部结构稍显差异。苏南地区的房产税与契税几乎平分秋色,占比分别为 46.35%和 45.52%,其余少量的8.15%为车船税的份额。苏中和苏北地区则都是契税占据了绝对的优势,占比超过了60%;房产税则位居第二,分别占比 32.57%和 28.88%;车船税依然占比最少,均低于 7%的水平。显然,三大区域财产税的内部构成再次展示了 2016 年房地产楼市对于地方性税收的影响,相较于车船税,房地产业的相关税收无疑是江苏省绝对的财产税主体。应关注房地产市场变化有可能对于地方税所造成的影响,尽力维持地方税持续、健康、稳定的发展与增长。

(四)每一区域内部的财产税结构情况

1. 苏南地区

(1) 苏南五市的财产税总额结构分布情况

2016 年,苏南五市共征收财产税 353.49 亿元,其中:南京市征收 76.98 亿元,占比21.52%;无锡市征收 63.15 亿元,占比 17.86%;常州市征收 54.44 亿元,占比 15.4%;苏州市征收 131.65 亿元,占比 37.24%;镇江市征收 28.17 亿元,占比 7.97%。显然,就财产税总体的占比结构来看,苏南五市根据占比由高到低的顺序依次为苏州市、南京市、无锡市、常州市和镇江市,这一特征与商品税内部的分配结构完全一致,说明在一定程度上存在"强者恒强、弱者恒弱"的不均衡问题。

(2) 苏南五市的房产税总额结构分布情况

2016 年,苏南五市共征收房产税 163.83 亿元。就房产税总体的占比结构来看,苏南五市根据占比由高到低的顺序也是依次为苏州市、南京市、无锡市、常州市和镇江市,但从具体的量化比重来看,南京市与无锡市之间的差距不大,但是苏州市的领头羊地位更加明显。

(3) 苏南五市的契税总额结构分布情况

2016 年,苏南五市共征收契税 160.88 亿元。就契税总体的占比结构来看,苏南五市根据占比由高到低的顺序依次为苏州市、南京市、常州市、无锡市和镇江市。与此前不同,契税分布中,常州市以 20.4%的比重超过了无锡市的 14.98%,这与 2016 年常州市政府对于房地产市场的去库存政策刺激了当年房地产市场高度相关。随着房地产市场调控力度的持续

性，常州市这一契税占比的乐观情况有可能受到影响。

（4）苏南五市的车船税总额结构分布情况

2016 年，苏南五市共征收车船税 28.78 亿元，就车船税的占比结构来看，苏南五市根据占比由高到低的顺序依次为苏州市、南京市、无锡市、常州市和镇江市。显然这是与经济发展水平相一致的分配格局，较为合理。但是最高的苏州市与最低的镇江市之间相差 6 倍多，说明发展不平衡问题也困扰着苏南地区内部。

2. 苏中地区

（1）苏中两市的财产税总额结构分布情况

鉴于缺少扬州市 2016 年征收的车船税数据，此处仅以南通市和泰州市进行分析比较。2016 年，两市共取得财产税收入 83.53 亿元，其中南通市征收 59.18 亿元占比 70.85%，相应的，泰州市则占比 29.15%。

（2）苏中三市的房产税总额结构分布情况

依照《江苏统计年鉴》（2017）披露的房产税数据，2016 年苏中三市共征收房产税 35.07 亿元。就房产税总体的占比结构来看，苏中三市根据占比由高到低的顺序依次为南通市、扬州市和泰州市，具体比重分别为 50.76%、27.66% 和 21.59%，排名第一的南通市占据了半壁江山，泰州市和扬州市则较为接近。

（3）苏中三市的契税总额结构分布情况

同样的，依照《江苏统计年鉴》（2017）披露的契税数据，2016 年苏中三市共征收契税 66.45 亿元。就契税总体的占比结构来看，苏中三市根据占比由高到低的顺序依次为南通市、泰州市和扬州市，具体比重分别为 56.10%、22.14% 和 21.76%，南通市依然高居榜首，泰州市和扬州市各自所占的比重较为接近，但与房产税相比的前后位次发生了变化。

（4）苏中两市的车船税总额结构分布情况

同样的，由于未披露扬州市 2016 年征收的车船税数据，与财产税总额分析相一致，也选取南通市和泰州市为样本作为分析对象。2016 年，苏中两市共征收车船税 6.17 亿元，其中南通市占比 66.45%，泰州市则占比 33.55%。

3. 苏北地区

（1）苏北三市的财产税总额结构分布情况

由于淮安市与宿迁市未披露 2016 年其征收的车船税具体规模，此处仅仅分析苏北地区的徐州市、连云港市和盐城市。2016 年苏北三市共征收财产税 112.19 亿元，其中：徐州市征收财产税共计 49.73 亿元，占比最高为 44.33%；盐城市次之，以 44.56 亿元的征收规模占比 39.72%，位居第二；连云港市居尾，征收财产税 17.9 亿元，占比 15.96%。

（2）苏北五市的房产税总额结构分布情况

依据《江苏统计年鉴》（2017）披露的房产税数据，2016 年苏北 5 市共征收房产税 55.45 亿元。其中：盐城市与宿迁市位居前两位，但二者之间的占比则较为接近，盐城市以 27.97% 的比重略高于宿迁市 26.15% 的占比规模；徐州市次之，位居第三，具体比重为 22.36%；淮安市与连云港市位居第四位和第五位，具体占比分别为 15.42% 和 8.10%。

（3）苏北五市的契税总额结构分布情况

2016 年苏北五市共征收契税 108.07 亿元，就契税总体的占比结构来看，苏比五市根据占比由高到低的顺序依次为徐州市、盐城市、淮安市、宿迁市和连云港市，各个城市契税占比的比重分别为 30.84%、25.01%、20.62%、12.45% 和 11.08%。

（4）苏北三市的车船税总额结构分布情况

2016 年，苏北徐州、连云港和盐城三市共征收车船税 7.46 亿元，各个城市征收的车船税占 3 个车船税征收总额的比重则分别是 53.62%、27.08% 和 19.30%。显然，综合前面所述的内容，在三座城市中，徐州的"领头羊"态势明显，远远超出了其他两个地级市车船税的占比，这与近些年来徐州市经济迅速发展的实际情况相吻合。

第八章 2016 年江苏省资源税研究

一、资源税概述

资源税是指以各项应税的自然资源为课税对象征收的税。立足于我国的税收制度,我国的资源税有狭义和广义之分,其中前者特指我国现行征收税种中的资源税;后者则是指以自然资源为课税对象的相关的税种所构成的税收体系,具体包括资源税、土地增值税、耕地占用税以及城镇土地使用税四个税种。本报告研究广义的资源税体系,并遵循整体的分析逻辑,本章在对江苏省 2016 年资源税总体情况进行分析的基础上,再结合 2014 年以来进入了新常态阶段后江苏省资源税发展、变化的情况,力争对 2016 年江苏省的资源税进行全面、客观、系统的研究。

(一)资源税的基本特点

1. 以自然资源为课税对象

根据我国税法,目前我国狭义口径资源税的征税范围主要包括在我国境内开采的原油、天然气、煤炭、其他非金属矿原矿、黑色金属矿原矿,有色金属矿原矿、盐共七类。广义口径的资源税体系中,除了资源税,土地增值税的课税对象是有偿转让国有土地使用权及地上建筑物和其他附着物产权所取得的增值额;耕地占用税是国家对占用耕地建房或者从事其他非农业建设的单位和个人,依据实际占用耕地面积、按照规定税额一次性征收的一种税;城镇土地使用税的征税范围则包括城市、县城、建制镇和工矿区内的国家所有和集体所有的土地。显然,这四个税种的课税对象都是自然资源。

2. 具有地域性差别征收的特征

基于上述自然资源分布的非均衡性,除了土地增值税,其他三个资源税税种在各个地方由于地理位置、经济发展水平、资源丰裕程度、土地等级差异等原因,主要采取了幅度定额税率或幅度比例税率的做法,各地可以根据自己的实际情况在税法给出的税率幅度范围内选择适合本地的具体征税办法。

3. 凸显受益者负税的原则

在广义的资源税体系中,狭义资源税的纳税人是在国境内开采或者生产上述应税产品的单位和个人;土地增值税的纳税人是转让国有土地使用权、地上的建筑物及其附着物并取得收入的单位和个人;单位和个人占用耕地建房或者从事其他非农业建设则要缴纳耕地占用税;城镇土地使用税则是以在城市、县城、建制镇、工矿区范围内使用土地的单位和个人为纳税人。显然,四个资源税具体税种的纳税人都是要以开发、生产、转让或是占用了课税对象才要负有纳税义务,具有极其明显的受益性特征,不受益则不纳税。

（二）资源税的基本功能

1. 保护自然资源，防止自然资源被无偿与廉价使用

我国资源税实行选择性并列举征收的方法，在不断的摸索和改革中，资源税的征收范围在不断扩大和完善，征收办法变得越来越科学和行之有效，使价格更好地反映资源的稀缺性、反映市场上资源产品的供求关系和反映附加在资源产品上的所有成本。这有利于进一步贯彻落实国家加强资源的宏观调控的措施，使自然资源被更好的保护。

2. 增加地方财政收入

资源税主要是由各省市地税局征收，它为持续增长的地方公共财政支出提供较为稳定的收入来源，减轻地方财政压力。我国资源主要分布在中西部地区，并且中西部地区的经济比东部地区的经济落后很多。因此，中西部地区应该抓住自身拥有的优势，合理开采资源，发展地区经济，提高人民生活水平。

3. 保护环境

资源税税收政策是调节经济的重要工具和杠杆，能够通过一定的传导机制影响微观经济主体的行为，合理的资源税税负可以使资源产品的价格体现资源的稀缺性，进而能够遏制资源的过度开采，促进资源的有效利用。

二、2016 年江苏省资源税的整体分析

（一）2016 年江苏省资源税的税收规模

1. 总量规模

2016 年，江苏省税务部门共取得各项地方税收入共计 6531.83 亿元，其中包含资源税 709.89 亿元。从具体税种的征收规模来看，江苏省 2016 年狭义口径的资源税共征收 17.56 亿元，土地增值税征收 480.58 亿元，城镇土地使用税征收 185.12 亿元，耕地占用税征收 26.63 亿元。

2. 相对规模

将 2016 年江苏省资源税征收规模除以当年江苏省的地方税总收入，可知 2016 年江苏省资源税占同期税收收入总额的比重为 10.87%，即资源税在 2016 年江苏省地方性税收收入中的贡献度接近 11 个百分点。这一规模远小于商品税与所得税的份额，但是略高于财产税的份额，说明 2016 年的江苏省地税收入中，资源税并未达到主体税种的地位，但是在总体格局中发挥的作用也不能轻视。

3. 内部结构

2016 年，江苏省征收的广义资源税中，具体的资源税、土地增值税、城镇土地使用税和耕地占用税分别占比 2.47%、67.70%、26.08% 和 3.75%。显然，土地增值税与城镇土地使用税是 2016 年江苏省资源税的中坚力量，两税合计占资源税的比重高达 93.78%。显然，这与 2016 年我国包括江苏省在内的房地产市场繁荣显著正相关，也从一个侧面说明了江苏省的资源税格局在很大程度上受限于房地产市场的发展格局，基于房地产在国家调控下未来发展的有限性，动态而言，短期内资源税应该是难以担当起稳定地方税主要税种的重任。

(二)江苏省资源税的动态比较

根据历年的《江苏统计年鉴》,2013—2016 年江苏省各级税务部门征收取得的资源税收入见下表。

表 8 - 1　江苏省 2013—2016 年资源税收入情况　　　单位:亿元

年　份	2013 年	2014 年	2015 年	2016 年
资源税	23.39	25.33	26.48	17.56
土地增值税	405.79	444.89	437.01	480.58
城镇土地使用税	163.44	176.06	180.06	185.12
耕地占用税	42.91	34.74	31.76	26.63
资源税总计	635.54	681.02	675.32	709.89
资源税增长率	16.33%	7.16%	−0.84%	5.12
税收收入	5419.49	6006.05	6610.12	6531.83
资源税总额占比	11.73%	11.34%	10.22%	10.87%

根据上述表格,便可计算出在进入新常态阶段后,江苏省资源税的增幅情况,详见下表。

表 8 - 2　2014—2016 年江苏省资源税与税收收入总额增长率　　　单位:%

税种	2014 年	2015 年	2016 年
资源税	8.29	4.54	−33.69
土地增值税	9.64	−1.77	9.97
城镇土地使用税	7.72	2.27	2.81
耕地占用税	−19.04	−8.58	−16.15
资源税合计(广义)	7.16	−0.84	5.12
税收收入总额	10.82	10.06	−1.18

1. 2016 年江苏省资源税的增长情况

2016 年,江苏省资源税总体增长了 5.12%,相较于同期江苏省地方税收入总额 1.18% 的跌幅,明显乐观。这说明在 2016 年江苏省地税收入缩减的总体格局中,资源税不是造成缩减的原因,反而在一定程度上带动或刺激了当年江苏省地税收入的规模。结合 2016 年江苏省资源税 4 个具体税种的静态结构占比,可知这依然是 2016 年房地产市场繁荣拉动的结果。

2. 进入新常态阶段后江苏省资源税的增长情况

2014—2016 年,江苏省地方税收入总额的增长率分别为 10.82%、10.06% 和−1.18%,整体上呈现明显的增速下降趋势,且在 2016 年达到极端的负增长。同期江苏省资源税的增长率分别为 7.16%、−0.84% 和 5.12%,与地税收入总体增长情况不一致,江苏省的资源税在进入新常态阶段后经历的是一个先快速下降,之后又快速上升的走势。这说明:整体而言江苏省资源税的发展情况与江苏省地方税收入的发展情况具有不一致性,二者是不同步的,因此,资源税不宜作为江苏省地方税的主要税种来予以考虑。

3. 新常态阶段后江苏省资源税具体税种的增长情况

根据资源税、土地增值税、城镇土地使用税和耕地占用税的在进入新常态阶段后的增长率折线图可知:(1)资源税是增幅变化最大的税种,这一方面源于资源税改革试点的影响,另一方面也显示出江苏省自然资源方面缺乏强有力的优势地位。(2)土地增值税增长率与城镇土地使用税增长率都走出了先降后升的动态轨迹,即两个税种都是在2015年增速相较于2014年明显下降的基础上(土地增值税甚至是负增长),在2016年又转为增长,尤其是土地增值税增幅接近10个百分点,几乎与2014年的征收规模持平;土地增值税虽然增幅不大,但是由于其在2014年和2015年都是保持了正向的增长速度,因此基数的年年攀升也导致事实上2016年的城镇土地使用税增长格局较好。显然,这再次是进入了新常态阶段后江苏省房地产市场交易情况变动的自然结果。(3)耕地占用税在进入新常态阶段后经历了连续的、快速的、明显的收缩轨迹,而且缩减的幅度较为显著。这在一定程度上是对新常态阶段包括江苏省在内的宏观经济以L型增长的某种必然,同时也有这一期间我国民间投资断崖式下降等经济因素有一定的关联性。

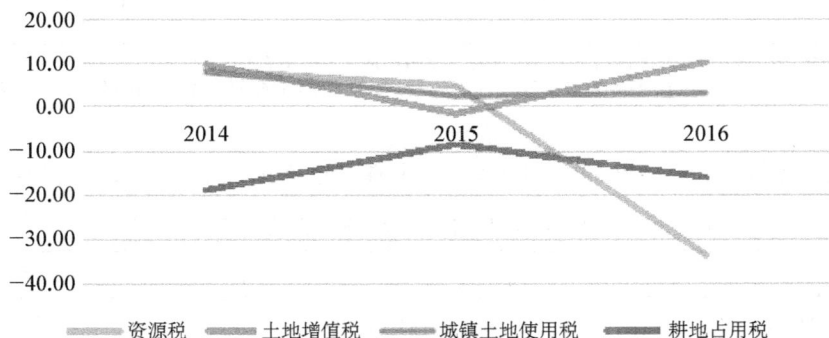

图 8-1 2014—2016 年江苏省资源税四个具体税种的增长率

三、分区域资源税收入的分析

(一)分城市资源税收入的规模简述

根据《江苏统计年鉴》(2016—2017年),2015年和2016年江苏省13个省辖市的资源税征收规模为:

表 8-3 2015—2016 年江苏省 13 省辖市资源税收入情况 单位:亿元

城市	2015 年				2016 年			
	资源税	土地增值税	城镇土地使用税	耕地占用税	资源税	土地增值税	城镇土地使用税	耕地占用税
南 京	0.89	63.1	16.79	3.41	0.46	95.42	17.02	1.37
无 锡	0.34	17.5	20.45	3.17	0.14	19.17	19.94	2.01
徐 州	12.86	48.73	15.47	1.23	10.08	52.58	15.75	2.01

续表

城市	2015 年				2016 年			
	资源税	土地增值税	城镇土地使用税	耕地占用税	资源税	土地增值税	城镇土地使用税	耕地占用税
常 州	0.67	15.27	16.1	2.38	0.42	10.1	16.78	1.88
苏 州	0.01	84.93	36.03	4.98	0.01	110.9	34.78	3.91
南 通	0.14	36.37	19.3	4.35	0.09	34.54	19.79	3.14
连云港	6.94	17.03	11.44	0.08	2.18	10.6	10.74	0.16
淮 安	—	38.74	—	0.77	—	28.14	—	1.07
盐 城	0.19	29.48	10.43	2.9	0.12	25.16	11.78	2.38
扬 州	—	36.09	—	2.4		38.92	—	2.49
镇 江	0.27	14.89	6.09	2.19	0.18	14.52	6.38	1.74
泰 州	0.57	14.49	8	3.17	0.49	18.14	8.72	3.82
宿 迁	0.57	20.34	5.21	0.73	1.28	22.31	6.54	0.64

注：1. 表中的"一"表示官方未披露相关年度资源税与城镇土地使用税的数据；

2. 此表中仅统计了江苏省 13 个省辖市地税部门征收的 4 项资源税，未统计江苏省地税局直属分局等非 13 市范畴的广义资源税收入。

以上表为依据，2015—2016 年江苏省 13 个省辖市资源税整体收入情况为：

表 8-4   2015—2016 年江苏省 13 个省辖市资源税总额   单位：亿元

城市	2015 年	2016 年
南 京	84.19	114.27
无 锡	41.46	41.26
徐 州	78.29	80.42
常 州	34.42	29.18
苏 州	125.95	149.6
南 通	60.16	57.56
连云港	35.49	23.68
淮 安	—	—
盐 城	43	39.44
扬 州	—	—
镇 江	23.44	22.82
泰 州	26.23	31.17
宿 迁	26.85	30.77

（二）分区域资源税收入的规模分析

依托分城市数据以及汇总的每一个城市征收的资源税总额,可推算 2016 年苏南、苏中和苏北地区资源税的总体规模以及 4 个具体税种的构成情况。由于扬州市和淮安市并未公开披露资源税和城镇土地使用税两个税种的权威数据,导致无法从总体上对苏南、苏中和苏北地区资源税总额及各类资源税种的总体情况进行统计与比较,基于数据的可比性,本章也选择以城均的指标分析统计的口径,即将每一区域能够统计到的数据进行汇总之后,再除以获取了有效数据城市的数量。

具体做法为:苏南五市均有官方披露数据,故用五市的相应税种收入总额除以 5 得出城均的苏南各类资源税指标;苏中地区由于扬州市未予以披露资源税和城镇土地使用税数据,因此以泰州市和南通市的有效数据为基础,用这两市的资源税和城镇土地使用税收入总额除以 2 得出城均的苏中资源税与城镇土地使用税指标,其他的土地增值税及耕地占用税则基于苏中三市征收数据的可得性,依托《江苏统计年鉴》数据用 3 个城市的数量加以平均;苏北地区的运算原理与苏中地区一致,对于缺少资源税与城镇土地使用税征收信息的淮安市,在计算苏北地区城均的这两税的指标时将其剔除,土地增值税和耕地占用税则基于数据的全面性而用 5 个城市来予以平均计算城均规模。基于按城市平均指标比较的需要,将三大区域在 2016 年所征收的地方税总额也分别除以各自所含城市的个数,换算为城均的总税收入规模,具体见下表:

表 8-5　2016 年江苏省分区域城均的资源税收收入　　　　单位:亿元

地区	总税收	资源税总征收额	资源税	土地增值税	城镇土地使用税	耕地占用税
苏南	756.61	71.43	0.24	50.02	18.98	2.18
苏中	327.18	44.37	0.29	30.53	14.26	3.15
苏北	261.44	43.58	3.42	27.76	11.20	1.25

1. 资源税总额

2016 年苏南、苏中、苏北以其包含的有效地级市数据除以有效数据地级市数量,可计算得出的城均资源税的征收规模分别为 71.43 亿元、44.37 亿元和 43.58 亿元。整体而言,苏南地区是领头羊地位的特征极为明显,而苏中和苏北地区之间的差距明显小于苏南和苏中地区之间的差距。这说明在苏中和苏北之间,江苏省的资源税分布相对来说相对均衡,但是三大区域内部的苏南则与其他两个区域之间的非均衡特征明显。

2. 资源税

2016 年苏南(南京、无锡、苏州、常州和镇江五市)、苏中(南通和泰州两市)、苏北(徐州、连云港、盐城和宿迁四市)分别征收资源税收入 1.21 亿元、0.58 亿元和 13.66 亿元,以其包含的地级市数据加以平均的每个城市征收规模分别为 0.24 亿元、0.29 亿元和 3.42 亿元。显然,2016 年中江苏省三大区域各自征收资源税的城均规模与其经济发展水平呈现负相关,经济发展水平最高的苏南征收的城均规模最小;经济发展最为欠缺的苏北地区则征收资源税的规模最大;苏中地区仅仅略微高于苏南。这一格局说明:苏北地区享有资源优势,因此未来资源税的改革举措对于平衡苏南、苏中和苏北之间地方可征收财力的均衡性,有可能具有较为重要的作用。

3. 土地增值税

2016年,苏南、苏中、苏北以其包含的地级市个数加以平均的每个城市征收的土地增值税收入分别为 50.02 亿元、30.53 亿元和 27.76 亿元。从这一城均的指标来看,整体来看三大区域的土地增值税分布与其经济发展水平高度正相关,苏南明显高于其他两个区域,但是苏中和苏北的差距并不大。这在一定程度上是 2016 年房地产市场交易的地域性差异所带来的必然结果。

4. 城镇土地使用税

2016年,苏南(南京、无锡、苏州、常州和镇江五市)、苏中(南通和泰州两市)、苏北(徐州、连云港、盐城和宿迁四市)以其包含的地级市个数加以平均的每个城市征收的城镇土地使用税分别为 18.98 亿元、14.26 亿元和 11.20 亿元,整体排序依然与经济发展水平高度一致。

5. 耕地占用税

2016年,苏南、苏中、苏北以其包含的地级市个数加以平均的每个城市征收的耕地占用税分别为 2.18 亿元、3.15 亿元和 1.25 亿元。与其他资源税种的分布格局不同,2016 年江苏省耕地占用税的排名依次为苏中、苏南和苏北。

(三)分城市资源税收入的增长情况

依据 2015—2016 年江苏省 13 个省辖市资源税情况表,剔除数据不全的扬州市和淮安市,可计算其他 11 个省辖市在 2016 年资源税收入的增长率。图 8-2 表明:2016 年,纳入统计范围的江苏省 11 个省辖市中,有 5 个市实现了增长,按照增长速度由高到低依次为南京市、泰州市、苏州市、宿迁市和徐州市,其他六市均呈现负增长态势,降幅最大的为连云港市(—33.28%),其次为常州市(—15.22%)、盐城市(—8.28%)、南通市(—4.32%)、镇江市(—2.65%)和无锡市(—0.48%)。从这一增长率格局来看,2016 年江苏省各市资源税的动态增长趋势与该市所属的区域(苏南、苏中、苏北)经济发展水平并未呈现出规律性的特征,比较分散,如苏南地区的南京市增幅最高(35.73%),但是常州市的降幅却高达—15.22%;苏北地区的连云港市降幅最大,高达—33.28%,但宿迁市的增幅却排在 11 个城市中的第四位。

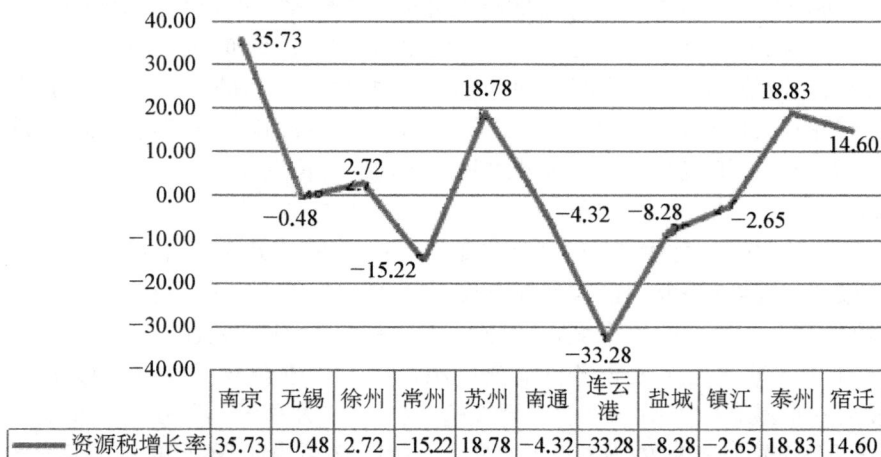

	南京	无锡	徐州	常州	苏州	南通	连云港	盐城	镇江	泰州	宿迁
资源税增长率	35.73	−0.48	2.72	−15.22	18.78	−4.32	−33.28	−8.28	−2.65	18.83	14.60

图 8-2 2016 年江苏省 13 个省辖市增长率

（四）每一区域内部的资源税结构

1. 苏南地区

由 2016 年各省辖市取得资源税收入的基础数据表,可计算苏南五市的资源税总额占比分布情况以及资源税内部各具体税种的占比情况,见下表:

表 8-6　2016 年苏南五市资源税占比情况　　　　　　　单位:%

城市	资源税占比	土地增值税占比	城镇土地使用税占比	耕地占用税占比	资源税总额占比
南　京	38.02	38.15	17.93	12.56	32.00
无　锡	11.57	7.66	21.01	18.42	11.55
常　州	34.71	4.04	17.68	17.23	8.17
苏　州	0.83	44.34	36.65	35.84	41.89
镇　江	14.88	5.81	6.72	15.95	6.39

（1）苏南五市的资源税总额结构分布情况

2016 年,苏南五市共征收资源税 357.13 亿元,其中:南京市征收 114.27 亿元,占比 32%;无锡市征收 41.26 亿元,占比 11.55%;常州市征收 29.18 亿元,占比 8.17%;苏州市征收 149.6 亿元,占比 41.89%;镇江市征收 22.82 亿元,占比 6.39%。从占比来看,苏南五市在 2016 年资源税总额的占比排名依次为苏州市、南京市、无锡市、常州市和镇江市,其中苏州市和南京市合计占比达到了 73.89%,说明苏南五市内部的资源税总额也存在着较大的不均衡,占比最高的苏州市取得的资源税收入超过了占比最低的镇江市6.5 倍之多。

（2）苏南五市土地增值税的结构分布

2016 年,苏南五市共征收土地增值税 250.11 亿元,就土地增值税的占比结构来看,由高到低依次为苏州市、南京市、无锡市、镇江市和常州市,苏州市(44.34%)与南京市(38.15%)的中心作用明显,合计占了 82.49%的土地增值税。其他 3 个市的土地增值税占比相对较为均衡,均处于 4%—8%之间。

（3）苏南五市资源税的结构分布

2016 年,苏南五市共征收资源税 1.21 亿元,就资源税总体的占比结构来看,苏南五市根据占比由高到低的顺序依次为南京市、常州市、镇江市、无锡市和苏州市。相较于土地增值税的分布格局,除了南京市依然保持较高的比重,其他四市的资源税占比格局出现了较大的变化,最为突出的是苏州市的资源税占比仅为 0.83%,而其他三市的比重均超过了两位数,这说明苏州市地方税收对于资源税的依赖性较弱,土地增值税对于苏州约束性较强。

（4）苏南五市城镇土地使用税的结构分布

2016 年,苏南五市共征收城镇土地使用税 94.9 亿元,就占比结构来看,苏南五市根据占比由高到低的顺序依次为苏州市、无锡市、南京市、常州市和镇江市。其中:除了苏州市占比明显偏高(36.65%)和镇江市明显偏低(6.72%),其他 3 个市的占比相对较为均衡,尤其是南京市与常州市相差无几。

（5）苏南五市耕地占用税的结构分布

2016 年苏南五市共征收耕地占用税 10.91 亿元，其中，按照所占比重的高低依次为苏州市、无锡市、常州市、镇江市和南京市，具体占比分别为 35.84%、18.42%、17.23%、15.95% 和 12.56%。值得注意的是，在苏南五市资源税类的结构分布中，相较于资源税类总额以及其他 3 个资源税类的税种，苏南五市耕地占用税的结构呈现出明显不同的两个特征：一是五市之间耕地占用税的比重分布相对而言最为均衡，虽然苏州市依然以 35.84% 的比重明显高于其他市，但其他四市之间占比差异较为均衡；二是所有城市的占比均达到了两位数，没有出现极低占比的情况。

2. 苏中地区

剔除因数据不全不进行统计的扬州市，整体来看：2016 年苏中地区的南通市和泰州市分别取得资源税类收入 57.56 亿元和 31.17 亿元，合计 88.73 亿元，两市资源税类占比依次为 64.87% 和 35.13%。从具体税种来看，南通市的资源税、土地增值税、城镇土地使用税和耕地占用税的所占比重分别为 15.52%、65.57%、69.41% 和 45.11%，相应的泰州市的比重则分别为 84.48%、34.43%、30.59% 和 54.89%。显然，南通市的资源税类收入明显超过泰州市，但是后者在 2016 年取得的资源税这一具体税种的收入却远超过南通市，耕地占用税也略超过南通市。

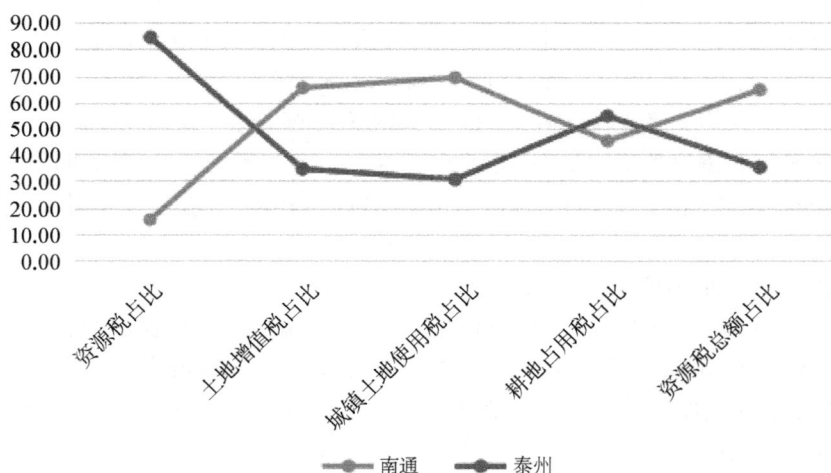

图 8-3　2016 年南通市与泰州市的资源税类收入占比

3. 苏北地区

剔除数据不全的淮安市，其他苏北四市的资源税总额及其各类税种收入的占比数据及比重分配图如下：

表 8-7　2016 年苏北四市资源税占比情况　　　　　　　　　　单位：%

城市	资源税占比	土地增值税占比	城镇土地使用税占比	耕地占用税占比	资源税总额占比
徐　州	73.79	47.52	35.15	38.73	46.14
连云港	15.96	9.58	23.97	3.08	13.58

续表

城市	资源税占比	土地增值税占比	城镇土地使用税占比	耕地占用税占比	资源税总额占比
盐　城	0.88	22.74	26.29	45.86	22.63
宿　迁	9.37	20.16	14.59	12.33	17.65

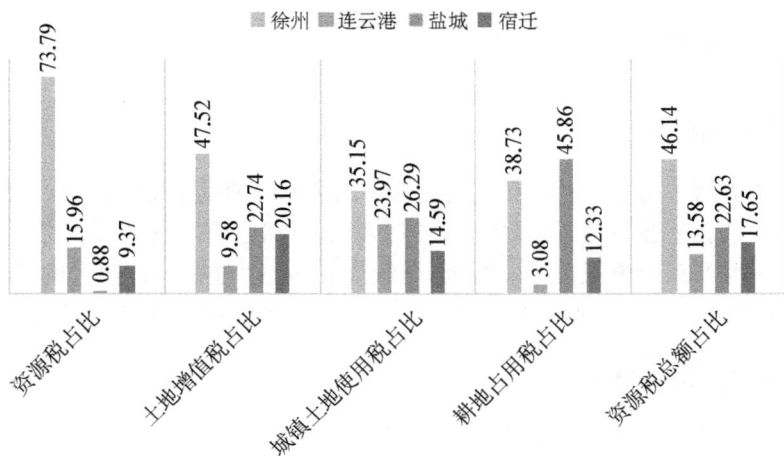

图 8-4　2016 年苏北四市的资源税类收入占比

（1）苏北四市的资源税总额结构分布情况

2016 年，苏北四市共征收资源税 174.31 亿元，其中占比最高的为徐州市，占比接近一半，其后依次为盐城市、宿迁市和连云港市；这 4 个省辖市具体的资源税总额比重分别为 46.14%、22.63%、17.65% 和 13.58%。

（2）苏北四市资源税具体税种的结构分布

2016 年，苏北四市共征收土地增值税 110.65 亿元，其中徐州市占比超过一半，高达 52.58%；连云港市占比最低，为 10.6%；盐城和宿迁分别占比 25.16% 和 22.31%。对于资源税这一税种的收入，2016 年苏北四市共征收 13.66 亿元，其中占比最高的仍然是徐州市，高达 73.79%，而占比最低的盐城市则仅为 0.88%，苏北地区资源税占比不够均衡的特征由此可见一斑；城镇土地使用税共征收 44.81 亿元，徐州市依然占比高居榜首，为 35.15%，其他的盐城市、连云港市和宿迁市占比分别为 26.29%、23.97% 和 14.59%；耕地占用税共征收 5.19 亿元，盐城占比最高为 45.86%，徐州市位居第二，为 38.73%，宿迁市和连云港市分别占比 12.33% 和 3.085%。

综上所述，可知 2016 年苏北四市的资源类收入中，徐州市在资源税、土地增值税和城镇土地使用税的征收中所占比重均显著地高于其他 3 个城市，这也综合导致了徐州市在 2016 年资源税类收入总额中的比重遥遥领先。资源税与耕地占用税呈现出较大的差异化特征，这两个税种征收规模占比最高的城市相较于占比最低的城市，资源税相差 84 倍，耕地占用税相差 14.88 倍。

第九章 2016年江苏省行为税研究

一、行为税的概述

（一）行为税的概念

行为税是国家为了对某些特定行为进行限制或开辟某些财源而课征的一类税收。如针对一些奢侈性的社会消费行为,征收娱乐税、宴席税;针对牲畜交易和屠宰等行为,征收交易税、屠宰税;针对财产和商事凭证贴花行为,征收印花税;针对有经营收入的单位或个人,征收城市建设维护税;针对单位或个人在境内购置规定车辆的行为,征收车辆购置税。

（二）行为税的基本特征

目前对于行为税的分类还没有明确的规定,主要就是因为行为税是一项变动的税种,它紧跟时代的步伐尤其是政策的动向,行为税经过了设立、取消、合并、分出、变更等历程,而且以后会一直进行下去。因此,行为税就很难作为一个统一的、标准的、不变的税种。行为税的主要特点有:

1. 政策性强,调解范围明确

行为税的政策性很强,且包括一定的子税种。虽然纵向看来,行为税种的子税种都不确定,但从特定的时点或时段而言,它却是固定的,而且必须明确有多少税种以及具体是什么税种以及应该如何征收,因此行为税的调整范围是明确的。

2. 时效性

行为税的不确定性决定了国家总是必须根据经济形势的变化而相应提出适时的行为税种类,特定的时间段实施特定的行为税政策,时效性特征明显。

3. 税收归属的非单一性

从税收归属的角度来看,行为税类的税种既有中央税,也有地方税。如证券交易税即属于国家税,而其他的一些行为税(像屠宰税和筵席税)则属于地方税。

4. 以特定的行为为课税对象

一般税种的征收对象为流转额、财产所有,而行为税的征税对象为行为。这是其他税种的征税对象多不具有的。

（三）行为税的基本功能

1. 宏观调控功能

如证券交易税。证券交易税属于中央税,其功能表现为:第一,证券交易税制的改革应有助于推动企业融资与体制改革。第二,证券交易税制的改革应有助于减轻证券市场的非正常波动,尤其是抑制证券市场的过度投机行为。第三,证券交易税制的改革应有助于推动我国证券业整体素质的提高。第四,证券交易税制的改革应有助于我国证券市场的发展。但是,证券交易税制对我国证券市场的调控功能并不明显,制度建设也明显滞后。

2. 中观调控功能

城市维护建设税、印花税、车辆购置税和土地增值税属于中观调控。比如,城市维护建设税对于中西部开发投资时,可以通过减征和免征的措施,使中西部可以提高生产效率和竞争力,有利于科技人才、管理人才、经营人才的流动。

3. 微观调控功能

屠宰税、筵席税属于微观调控功能,微观调控一般直接作用于行为个体。尽管屠宰税、筵席税已下放地方税后不再实施,但屠宰税和筵席税的实施却直接影响行为人的具体行为,以至于能有效地调节行为人的行为,进而影响当地经济发展。但我们也应看到,并不是行为税的调控都具有正效应,还应注重其负效应。

二、2016 年江苏省行为税的整体分析

我国税制中关于行为税主要有三大税种,分别是印花税、城市维护建设税和车辆购置税。但是根据各税种的征收管辖权,印花税和城市维护建设税归属为地方税,而车辆购置税则属于中央税,因此本章只研究归属于地方税的印花税和城市维护建设税,2016 年江苏省域内所取得的车辆购置税不在本报告的研究范畴之内。

(一)2016 年江苏省行为税的税收规模

2016 年,江苏省税务部门共征收行为税 521.92 亿元,占当年江苏省地方税收收入 6531.83 亿元的 7.99%,行为税是 2016 年江苏省地方税务收入中占比最小的税类。其中,印花税征收 87.94 亿元,城市维护建设税征收 433.98 亿元。显然,城市维护建设税是 2016 年江苏省行为税类收入的中坚力量,是印花税收入的 4.93 倍。

(二)江苏省行为税的动态比较

根据历年的《江苏统计年鉴》,2013—2016 年江苏省各级税务部门征收取得的行为税收入为:

表 9-1　2013—2016 年江苏省行为税收入情况　　　　单位:亿元

项目	2013 年	2014 年	2015 年	2016 年
印花税收入	75.37	81.97	85.27	87.94
城建税收入	339.53	376.15	421.46	433.98
行为税合计	414.9	458.12	506.73	521.92
总税收收入	5419.49	6006.05	6610.12	6531.82
行为税占总税收收入的比重	7.66%	7.63%	7.67%	7.99%
印花税占总税收收入的比重	1.39%	1.36%	1.29%	1.35%
城建税占总税收收入的比重	6.26%	6.26%	6.38%	6.64%

续表

项　　目	2013 年	2014 年	2015 年	2016 年
印花税收入涨幅	12.88%	8.76%	4.03%	3.13%
城建税收入涨幅	9.55%	10.79%	12.05%	2.97%
行为税涨幅	—	10.42%	10.61%	3.00%

1. 行为税整体的基本情况

(1) 增长率的动态比较

2016 年,江苏省行为税总体增长了 3.00%,虽然增幅不大,但仍保持了增长的态势,说明行为税不是 2016 年江苏省整体地税收入规模缩减的原因。2014—2016 年,伴随着我国经济进入新常态阶段,江苏省行为税的增速也从 2014 年的 10.42% 降至 2016 年的 3.00%,这说明:虽然 2016 年江苏省行为税的规模依然保持了增长的态势,但是增速呈现快速的骤降趋势,未来江苏省行为税征收趋势不容乐观。

(2) 所占比重的静态比较

2014—2016 年,江苏省行为税占地方总税收的比重分别为 7.66%、7.63%、7.67% 和 7.99%,整体上维持在 7.6%—8% 之间,较为平稳。这说明行为税在江苏省地方税收收入中的地位一直较为稳定,没有出现大起大落,同时也说明进入新常态后的形势变化对于江苏省的行为税并未产生巨大的影响。2016 年江苏省的行为税在仅增长了 3.00% 的情况下,其占地方总税收收入的比重却达到了 7.99%,甚至略高于上年的 7.67%,这主要是源于 2016 年江苏省整体的税收收入出现了负增长的情况,由于江苏省地税总收入的降幅超过了同期行为税增长率的下降幅度,最终使得 2016 年江苏省行为税的占比维持在了接近 8% 的水平。

2. 印花税的基本情况

静态来看,2016 年江苏省各级税务部门征收印花税 87.94 亿元,占当年地方税收总收入的 1.35%,增长 3.13%。动态而言,2014—2016 年,江苏省印花税的收入规模分别增长 8.76%、4.03% 和 3.13%,呈现明显的下降趋势,说明进入新常态阶段后,江苏省的印花税虽然保持了增长的趋势,但是增速却在下降,长期趋势不够乐观。与此同时,印花税占地方总税收收入的比重分别为 1.36%、1.29% 和 1.35%,整体而言也较为平稳,说明印花税并未对江苏省的地方性税收收入造成太大的影响。

3. 城市维护建设税的基本情况

2016 年,江苏省各级税务部门征收城市维护建设税 433.98 亿元,占当年地方税收总收入的 6.64%,增长 2.97%。动态来看,2014—2016 年,江苏省城市维护建设税征收的收入合计分别取得增长率 10.79%、12.05% 和 2.97%,占地方总税收收入的比重则分别为 6.26%、6.38% 和 6.64%。城市维护建设税作为商品税(2016 年征收的商品税包括增值税、消费税、营业税)的附加税,2016 年 5 月全面实施的"营改增"改革对于城市维护建设税带来了直接的影响,这是导致 2016 年该税增速迅速下降的直接原因。

三、分城市行为税收入的分析

(一)分城市行为税收入的基本情况

根据《江苏统计年鉴》(2016—2017 年),2015 年和 2016 年江苏省 13 个省辖市的行为税征收规模为:

表 9 - 2 2015—2016 年江苏省 13 个省辖市行为税收入情况 单位:亿元

城市	2015 年			2016 年		
	行为税合计	城市维护建设税	印花税	行为税合计	城市维护建设税	印花税
南 京	84.08	71.6	12.48	92.76	78.35	14.41
无 锡	63.27	52.72	10.55	64.6	54.18	10.42
徐 州	36.1	31.53	4.57	34.43	29.4	5.03
常 州	32.03	26.08	5.95	33.07	26.89	6.18
苏 州	112.02	92.42	19.6	124.5	103.63	20.87
南 通	34.43	27.8	6.63	33.71	26.38	7.33
连云港	15.22	12.51	2.71	13.3	10.83	2.47
淮 安	—	19.47	—	—	18.12	—
盐 城	25.54	20.69	4.85	24.69	19.84	4.85
扬 州	—	18.29	—	—	17.74	—
镇 江	—	16.29	—	19.64	15.94	3.7
泰 州	—	17.51	—	20.89	17.62	3.27
宿 迁	—	9.56	—	—	9.99	—

注:1. 数据来源:城市维护建设税数据来自《江苏统计年鉴》(2016、2017);印花税数据来自江苏省 13 个省辖市的地税部门官方网站;

2. 表中的"—"表示官方未披露相关年度印花税的数据;

3. 此表中仅统计了江苏省 13 个省辖市地税部门征收的城市维护建设税和印花税,未统计江苏省地税局直属分局等非 13 市范畴的城市维护建设税和印花税。

从表 9-2 可知,由于淮安市、扬州市、镇江市、泰州市和宿迁市并未公布 2015 年或(和)2016 年的印花税数据,因此对于行为税总额以及印花税的分析仅能适用于其他的 8 个省辖市。由于苏南、苏中、苏北均存在数据缺失的城市,且缺失的值相对较多,因此按照三大区域分析 2016 年江苏省行为税的分布情况意义有限,本章略去这一分析内容。城市维护建设税可用于分析每一个城市。

(一)8 个省辖市行为税的基本情况

除去数据不全的 5 个市,其他 8 个省辖市在 2016 年共取得行为税 402.69 亿元,其中苏州市、南京市和无锡市的占比最高,分别为 27.82%、20.88% 和 17.71%,其余市的占比均低于10％,详见图9-1。整体而言,2016年江苏省行为税的结构分布情况与各个省辖市的经济发展水平呈现高度的正相关性,排名前三位的城市与其经济发展水平排位高度契合,说明行为税的征收规模高度依赖于经济发展的水平及状态,由于我国各个地区经济发展水平客观上存在非均衡性,且该均衡性短期内不易轻易改变,这决定了未来我国地方税制的改革不可能依赖于行为税成为主体税种。此外,下图也清晰说明2016年江苏省行为税的城市间分布也存在较大的差异性,占比最高的苏州市是占比最低的连云港市的7.36倍,相差悬殊。

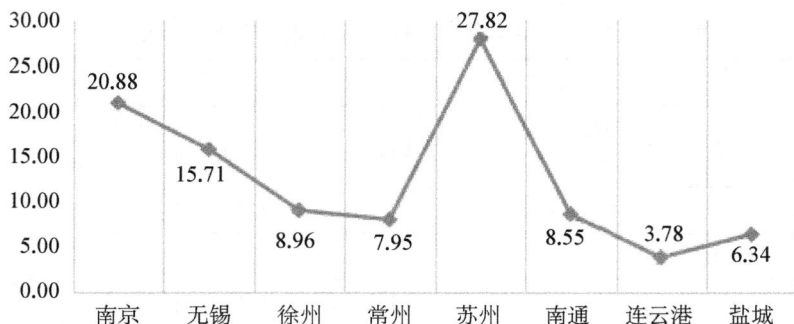

图9-1　2016年江苏省8个省辖市行为税的基本结构

（二）城市维护建设税的基本分析

1. 区域分布情况

2016年,江苏省13个省辖市共征收城市维护建设税428.91亿元,其中苏南、苏中、苏北分别征收278.99亿元、61.74亿元和88.18亿元,分别占比65.05％、14.39％和20.56％。平均来看,苏南五市城均征收城市维护建设税55.80亿元,苏中三市城均征收城市维护建设税20.58亿元,苏北五市城均征收城市维护建设税17.64亿元,可见江苏省2016年城市维护建设税的区域分布格局与苏南、苏中和苏北三大区域的经济发展水平趋于一致,这主要是源于城市维护建设税作为商品税附加税的性质,而商品税的征收规模又与经济发展水平极度正相关;进一步也可以推知商品税改革的政策必将对城市维护建设税的征收规模产生直接的影响。

与2015年三大区域城市维护建设税的征收规模相比较,苏南、苏中、苏北分别在2015年征收259.11亿元、63.6亿元和93.76亿元的城市维护建设税,而2016年的相应征收规模则是278.99亿元、61.74亿元和88.18亿元。经比较,虽然2016年江苏省征收的城市维护建设税超过了上年的征收规模,但是从三大区域征收的城市维护建设税的具体规模来看,会发现苏南区域是唯一支撑2016年江苏省城市维护建设税得以上涨的要素,苏中和苏北两大区域在2016年征收的城市维护建设税均低于上年同期的征收规模,这也在一个侧面反映出在2016年江苏省区域发展不平衡的趋势依然严峻,同时也说明营改增政策对苏中和苏北地区的影响,有可能延伸至城市维护建设税。

2. 分城市分布情况

2016年,江苏省13个省辖市各自征收的城市维护建设税占当年城建税总额的比重图如下:

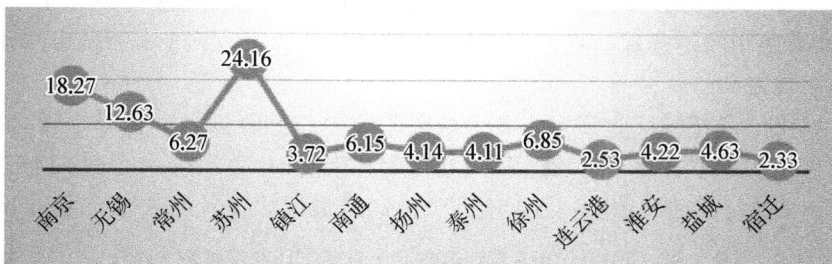

图 9－2 2016 年江苏省 13 个省辖市城市维护建设税的比重结构

图 9－2 显示：苏州市、南京市和无锡市征收的城市维护建设税很明显高于其他省辖市的征收规模，尤其是苏州市，高达 24.16％。苏中三市和苏北五市的征收规模占比比较接近，分布区间处于 2％—7％之间，整体而言分布较为平缓。

与 2015 年各市征收的城市维护建设税相比较，2016 年江苏省 13 个省辖市各自征收城市维护建设税的增长率情况见图 9－3。首先，只有苏州市、南京市、无锡市、常州市、泰州市和宿迁市的增长率为正数，其余 7 个市均呈现负增长，说明动态来看，2016 年江苏省城市维护建设税的征收趋势不容乐观；其次，6 个呈现正增长的城市中有 4 个处于苏南区域，说明从发展的角度来看，苏南也依然是江苏省城市维护建设税征收的中坚力量；再次，从增速来看，各个城市之间的差异性较大，增速最高的苏州市（增长 12.13％）比增速最低的连云港市（－13.43％）高出 25.56 个百分点。

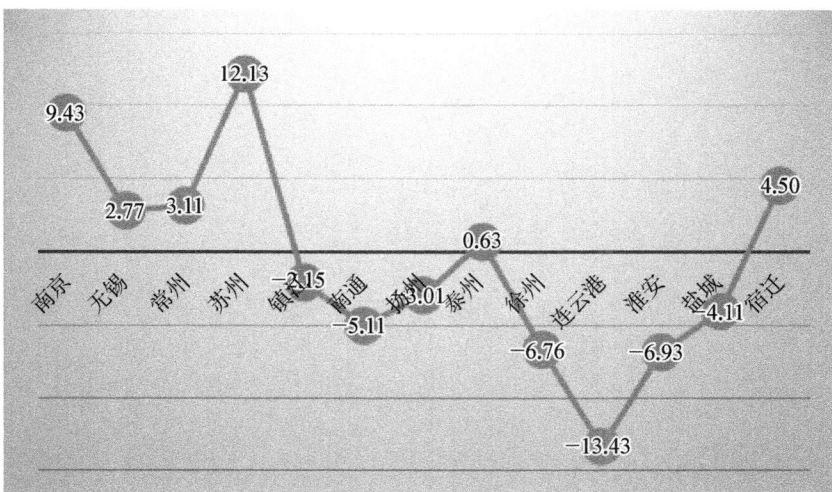

图 9－3 2016 年江苏省 13 个省辖市城市维护建设税的增长率

（三）印花税的基本分析

与行为税类的分析相一致，由于淮安市、扬州市、镇江市、泰州市和宿迁市的印花税数据缺失，本报告仅仅分析其余 8 个省辖市在 2016 年征收的印花税情况，具体的征收数据及 2016 年各个市的城市维护建设税增长情况、占比情况见表 9－3。

从增长率的角度来看，2016 年江苏省 8 个省辖市的印花税征收趋势较为乐观，除了无锡市和连云港市呈现负增长态势,其他 6 个城市的印花税增收增速均呈现正增长,且南京市、徐州市和南通市的增速保持在了两位数,这些都说明 2016 年这 8 个城市的印花税征收增长格局相对较好。

从每一城市的印花税征收规模占 8 个城市印花税总征收规模的比重来看,这 8 个城市征收的印花税主要集中在南京市、无锡市、苏州市和南通市,占比分别为 20.14%、14.56%、29.16% 和 10.24%;其他四市的占比均低于 10%,且最低的连云港占比仅为 3.45%。

表 9-3　2015—2016 年江苏省 8 个省辖市印花税税征收情况　　　单位:亿元、%

城市	2015 年	2016 年	2016 年所占比重	2016 年增长率
南　京	12.48	14.41	20.14	15.46
无　锡	10.55	10.42	14.56	−1.23
徐　州	4.57	5.03	7.03	10.07
常　州	5.95	6.18	8.64	3.87
苏　州	19.6	20.87	29.16	6.48
南　通	6.63	7.33	10.24	10.56
连云港	2.71	2.47	3.45	−8.86
盐　城	4.85	4.85	6.78	0.00

政　策　篇

第十章 2016年江苏省深化国税、地税征管体制改革的法规政策

一、规范企业所得税核定征收

2016年3月，为进一步规范江苏省居民企业纳税人企业所得税核定征收工作，根据《国家税务总局关于印发〈企业所得税核定征收办法(试行)〉的通知》江苏省国家税务局、江苏省地方税务局发布《关于进一步规范企业所得税核定征收工作的公告》(〔2016〕第1号)，对企业所得税核定征收的有关问题规定自公告发布之日起：

（一）为进一步支持中小企业发展，遵循公平、公正、公开原则，我省企业所得税核定征收行业应税所得率原则上适用《企业所得税核定征收办法》第八条规定的幅度标准最低限。

（二）综合考虑区域经济发展、行业盈利水平等因素，各省辖市局国税局、地税局可联合对实际利润水平较高的行业进行测算，在《企业所得税核定征收办法》第八条幅度标准内另行确定本辖区内相关行业应税所得率，并分别报上级税务机关备案。

（三）纳税人如生产经营范围、主营业务发生重大变化，或者应纳税所得额或应纳税额增减变化达到20%时，应按照《企业所得税核定征收办法》的规定，及时向税务机关申报调整已确定的应纳税额或应税所得率，并依法缴纳税款。

（四）税务机关通过风险分析等后续管理途径发现纳税人存在本公告第三条情形未及时申报的，应当依据《中华人民共和国税收征收管理法》等相关法律法规进行处理。

二、全面推开营业税改征增值税试点

（一）关于在我省全面推开营业税改征增值税试点的公告

根据财政部、国家税务总局《关于全面推开营业税改征增值税试点的通知》(财税〔2016〕36号)，经国务院批准，自2016年5月1日起，在全国范围内全面推开营业税改征增值税(以下称营改增)试点，建筑业、房地产业、金融业、生活服务业等全部营业税纳税人纳入试点范围，由缴纳营业税改为缴纳增值税。

为确保营改增试点工作的顺利开展，2016年4月5日，江苏省国家税务局、江苏省地方税务局会同江苏省财政厅、江苏省工商行政管理局共同发布《关于在我省全面推开营业税改征增值税试点的公告》(苏财税〔2016〕9号)，规定：

江苏省国税部门于3月下旬至4月下旬，对营改增纳税人逐户进行核实确认，采集纳税人相关信息，办理一般纳税人资格备案登记、税银协议签署、增值税发票管理新系统发行安装、税收优惠事项备案等试点准备工作。

需使用增值税发票管理新系统且尚未换发载有统一社会信用代码营业执照的企业和农

民专业合作社（已使用增值税发票管理新系统的除外），在向国税机关反馈《营改增纳税人调查核实确认表》前，要求到工商部门换发载有统一社会信用代码的营业执照（务必携带：1.《换发新版营业执照/备案工商联络员申请书》，2.《指定代表或者共同委托代理人授权委托书》，3. 所有营业执照正副本、税务登记证和组织机构代码证原件，4. 其他相关材料）。

营改增纳税人请及时与主管国、地税机关取得联系，积极参加各地主管国税机关组织的辅导培训，及时了解掌握试点的相关政策，提前做好财务核算、发票领用等方面的准备工作。

（二）关于江苏省全面推开营业税改征增值税试点的补充通知

2016 年 4 月 28 日，江苏省国家税务局、江苏省地方税务局会同江苏省财政厅再次就营改增问题发布《关于江苏省全面推开营业税改征增值税试点的补充通知》，规定自 2016 年 5 月 1 日起，按照财政部、国家税务总局《关于全面推开营业税改征增值税试点的通知》（财税〔2016〕36 号）要求，就江苏省有关政策做出补充通知要求：

1. 个人发生应税行为的增值税起征点，按期纳税的，为月销售额 20000 元（含本数）；按次纳税的，为每次（日）销售额 500 元（含本数）。

2. 退役士兵创业就业方面：（一）对自主就业退役士兵从事个体经营的，在 3 年内按每户每年 9600 元为限额依次扣减其当年实际应缴纳的增值税、城市维护建设税、教育费附加、地方教育附加和个人所得税。（二）对商贸企业、服务型企业、劳动就业服务企业中的加工型企业和街道社区具有加工性质的小型企业实体，在新增加的岗位中，当年新招用自主就业退役士兵，与其签订 1 年以上期限劳动合同并依法缴纳社会保险费的，在 3 年内按实际招用人数予以定额依次扣减增值税、城市维护建设税、教育费附加、地方教育附加和企业所得税优惠。定额标准为每人每年 6000 元。

3. 重点群体创业就业方面：（1）对持《就业创业证》（注明"自主创业税收政策"或"毕业年度内自主创业税收政策"）或 2015 年 1 月 27 日前取得的《就业失业登记证》（注明"自主创业税收政策"或附着《高校毕业生自主创业证》）的人员从事个体经营的，在 3 年内按每户每年 9600 元为限额依次扣减其当年实际应缴纳的增值税、城市维护建设税、教育费附加、地方教育附加和个人所得税。（2）对商贸企业、服务型企业、劳动就业服务企业中的加工型企业和街道社区具有加工性质的小型企业实体，在新增加的岗位中，当年新招用在人力资源社会保障部门公共就业服务机构登记失业半年以上且持《就业创业证》或 2015 年 1 月 27 日前取得的《就业失业登记证》（注明"企业吸纳税收政策"）人员，与其签订 1 年以上期限劳动合同并依法缴纳社会保险费的，在 3 年内按实际招用人数予以定额依次扣减增值税、城市维护建设税、教育费附加、地方教育附加和企业所得税优惠。定额标准为每人每年 5200 元。

三、国税机关为地税机关代征地方税费

根据《国家税务总局关于〈发布委托代征管理办法〉的公告》（国家税务总局公告 2013 年第 24 号）和《国家税务总局关于加强国家税务局、地方税务局互相委托代征税收的通知》（税总发〔2015〕155 号）要求，为更好地推进办税便利化，为纳税人服务，江苏省国、地税机关决定从 2016 年 10 月 8 日起，对国税机关为地税机关代征地方税费进行规范完善。具体内容包括：

（一）纳税人到国税机关办理以下业务时，其应向地税机关申报缴纳的地方税费，由国税机关代征。

1. 申请代开发票；

2. 预缴增值税、消费税〔含纳税人跨县(市、区)提供建筑业服务及提供不动产经营租赁服务预缴增值税〕；

3. 上门申报缴纳增值税、消费税。

（二）纳税人通过江苏国税电子税务局（网上办税服务厅）申报缴纳增值税、消费税时，同时申报缴纳相应的城市维护建设税、教育费附加、地方教育费附加。

（三）纳税人发生国税机关为地税机关代征的地方税费退库事宜的，由地税机关按照有关规定为纳税人办理税费退库。

（四）纳税人拒绝接受国税机关代征地方税费的，由地税机关根据法律、法规的规定予以处理。

四、发布《关于修订〈税务行政处罚自由裁量基准〉的公告》

2016年4月26日，为进一步规范税务机关行政处罚权的行使，切实保护纳税人、扣缴义务人及其他行政相对人合法权益，深入推进依法行政，江苏省国家税务局、江苏省地方税务局对《江苏省国家税务局 江苏省地方税务局关于发布〈税务行政处罚自由裁量基准〉的公告》（江苏省国家税务局 江苏省地方税务局公告2014年第2号）进行了修订，自2016年6月1日起施行。

表10-1　税务行政处罚自由裁量基准

序号	违法行为	具体处罚行为	处罚依据	处罚标准	税务机关处罚幅度
1	纳税人未按照规定的期限申报办理税务登记、变更或者注销登记的；未按照规定设置、保管账簿或者保管记账凭证和有关资料的；未按照规定将财务、会计制度或者财务、会计处理办法和会计核算软件报送税务机关备查的；未按照规定将其全部银行账号向税务机关报告的；未按照规定安装、使用税控装置，或者损毁或者擅自改动税控装置的；纳税人未按照规定使用税务登记证件，或者转借、涂改、损毁、买卖、伪造税务登记证件的；纳税人未按照规定办理税务登记证件验证或者换证手续的	1. 对未按照规定的期限申报办理税务登记或者注销登记的行政处罚	《中华人民共和国税收征收管理法》第六十条第一款第（一）项	纳税人有下列行为之一的，由税务机关责令限期改正，可以处二千元以下的罚款。情节严重的，处二千元以上一万元以下的罚款：（一）未按照规定的期限申报办理税务登记、变更或者注销登记的	1. 在责令限改期内改正的，个人处100元以下，单位处300元以下的罚款。2. 逾期改正的，个人处100元以上2000元以下，单位处300元以上2000元以下的罚款。3. 拒不改正或有其他严重情形的，处2000元以上10000元以下的罚款。4. 对2015年10月1日起，推行"三证合一、一照一码"登记模式，新设立企业、农民专业合作社不再适用办理税务登记类处罚。

续表

序号	违法行为	具体处罚行为	处罚依据	处罚标准	税务机关处罚幅度
1	纳税人未按照规定的期限申报办理税务登记、变更或者注销登记的;未按照规定设置、保管账簿或者保管记账凭证和有关资料的;未按照规定将财务、会计制度或者财务、会计处理办法和会计核算软件报送税务机关备查的;未按照规定将其全部银行账号向税务机关报告的;未按照规定安装、使用税控装置,或者损毁或者擅自改动税控装置的;纳税人未按照规定使用税务登记证件,或者转借、涂改、损毁、买卖、伪造税务登记证件的;纳税人未按照规定办理税务登记证件验证或者换证手续的	2. 对未按照规定的期限申报办理变更税务登记的行政处罚	《中华人民共和国税收征收管理法》第六十条第一款第(一)项	纳税人有下列行为之一的,由税务机关责令限期改正,可以处二千元以下的罚款;情节严重的,处二千元以上一万元以下的罚款:(一)未按照规定的期限申报办理税务登记、变更或者注销登记的	1. ① 在责令限改期内改正的,个人处 100 元以下,单位处 300 元以下罚款;(国税适用)② 未纳入信息推送确认范围的纳税人,在限期内改正的,个人处 100 元以下,单位处 300 元以下的罚款;(地税适用) 2. ① 逾期改正的,个人处 100 元以上 2000 元以下,单位处 300 元以上 2000 元以下的罚款;(国税适用)② 纳入信息推送确认范围的纳税人,在限期内改正的,未纳入信息推送确认范围的纳税人,在限期内未改正的,个人处 100 元以上 2000 元以下,单位处 300 元以上 2000 元以下的罚款;(地税适用) 3. ① 拒不改正或有其他严重情形的,处 2000 元以上 10000 元以下的罚款;(国税适用)② 纳入信息推送确认范围的纳税人,在限期内未改正的,处 2000 元以上 10000 元以下的罚款。(地税适用)
		3. 对未按照规定设置、保管账簿或者保管记账凭证和有关资料的行政处罚	《中华人民共和国税收征收管理法》第六十条第一款第(二)项	纳税人有下列行为之一的,由税务机关责令限期改正,可以处二千元以下的罚款;情节严重的,处二千元以上一万元以下的罚款:(二)未按照规定设置、保管账簿或者保管记账凭证和有关资料的	1. 在责令限改期内改正的,个人处 100 元以下,单位处 300 元以下罚款; 2. 逾期改正的,个人处 100 元以上 2000 元以下,单位处 300 元以上 2000 元以下的罚款; 3. 拒不改正或有其他严重情形的,处 2000 元以上 10000 元以下的罚款。

序号	违法行为	具体处罚行为	处罚依据	处罚标准	税务机关处罚幅度
1	纳税人未按照规定的期限申报办理税务登记、变更或者注销登记的；未按照规定设置、保管账簿或者保管记账凭证和有关资料的；未按照规定将财务、会计制度或者财务、会计处理办法和会计核算软件报送税务机关备查的；未按照规定将其全部银行账号向税务机关报告的；未按照规定安装、使用税控装置，或者损毁或者擅自改动税控装置；纳税人未按照规定使用税务登记证件，或者转借、涂改、损毁、买卖、伪造税务登记证件的；纳税人未按照规定办理税务登记证件验证或者换证手续的	4. 对未按照规定将财务、会计制度或者财务、会计处理办法和会计核算软件报送税务机关备查的行政处罚	《中华人民共和国税收征收管理法》第六十条第一款第（三）项	纳税人有下列行为之一的，由税务机关责令限期改正，可以处二千元以下的罚款；情节严重的，处二千元以上一万元以下的罚款：（三）未按照规定将财务、会计制度或者财务、会计处理办法和会计核算软件报送税务机关备查的	1. 在责令限改期内改正的，个人处 100 元以下，单位处 300 元以下的罚款；2. 逾期改正的，个人处 100 元以上 2000 元以下，单位处 300 元以上 2000 元以下的罚款；3. 拒不改正或有其他严重情形的，处 2000 元以上 10000 元以下的罚款。
		5. 对未按照规定将其全部银行账号向税务机关报告的行政处罚	《中华人民共和国税收征收管理法》第六十条第一款第（四）项	纳税人有下列行为之一的，由税务机关责令限期改正，可以处二千元以下的罚款；情节严重的，处二千元以上一万元以下的罚款：（四）未按照规定将其全部银行账号向税务机关报告的	1. 在责令限改期内改正的，个人处 100 元以下，单位处 300 元以下的罚款；2. 逾期改正的，个人处 100 元以上 2000 元以下，单位处 300 元以上 2000 元以下的罚款；3. 拒不改正或有其他严重情形的，处 2000 元以上 10000 元以下的罚款。
		6. 对未按照规定安装、使用税控装置，或者损毁或者擅自改动税控装置的行政处罚	《中华人民共和国税收征收管理法》第六十条第一款第（五）项	纳税人有下列行为之一的，由税务机关责令限期改正，可以处二千元以下的罚款；情节严重的，处二千元以上一万元以下的罚款：（五）未按照规定安装、使用税控装置，或者损毁或者擅自改动税控装置的	1. 在责令限改期内改正的，个人处 100 元以下，单位处 300 元以下罚款；2. 逾期改正的，个人处 100 元以上 2000 元以下，单位处 300 元以上 2000 元以下的罚款；3. 拒不改正或有其他严重情形的，处 2000 元以上 10000 元以下的罚款。

序号	违法行为	具体处罚行为	处罚依据	处罚标准	税务机关处罚幅度
1	纳税人未按照规定的期限申报办理税务登记、变更或者注销登记的；未按照规定设置、保管账簿或者保管记账凭证和有关资料的；未按照规定将财务、会计制度或者财务、会计处理办法和会计核算软件报送税务机关备查的；未按照规定将其全部银行账号向税务机关报告的；未按照规定安装、使用税控装置，或者损毁或者擅自改动税控装置的；纳税人未按照规定使用税务登记证件，或者转借、涂改、损毁、买卖、伪造税务登记证件的；纳税人未按照规定办理税务登记证件验证或者换证手续的	7. 对纳税人未按照规定使用税务登记证件，或者转借、涂改、损毁、买卖、伪造税务登记证件的行政处罚	《中华人民共和国税收征收管理法》第六十条第三款	纳税人未按照规定使用税务登记证件，或者转借、涂改、损毁、买卖、伪造税务登记证件的，处二千元以上一万元以下的罚款；情节严重的，处一万元以上五万元以下的罚款	1. 未造成少缴税款的，处2000元以上5000元以下的罚款； 2. 造成少缴税款但能补缴入库的，处5000元以上10000元以下的罚款； 3. 造成少缴税款无法追缴或有其他严重情形的，处10000元以上50000元以下的罚款。
		8. 对纳税人未按照规定办理税务登记证件验证或者换证手续的行政处罚	《中华人民共和国税收征收管理法实施细则》第九十条	纳税人未按照规定办理税务登记证件验证或者换证手续的，由税务机关责令限期改正，可以处2000元以下的罚款；情节严重的，处2000元以上1万元以下的罚款	1. 在责令限改期内改正的，个人处100元以下，单位处300元以下的罚款； 2. 逾期改正的，个人处100元以上2000元以下，单位处300元以上2000元以下的罚款； 3. 拒不改正或有其他严重情形的，处2000元以上10000元以下的罚款。
2	通过提供 * 虚假的证明资料等手段，骗取税务登记证	对骗取税务登记证的行政处罚	《税务登记管理办法》第四十三条	纳税人通过提供虚假的证明资料等手段，骗取税务登记证的，处2000元以下的罚款；情节严重的，处2000元以上10000元以下的罚款	1. 主动改正的，处2000元以下罚款； 2. 拒不改正或有其他严重情形的，处2000元以上10000元以下罚款。
3	扣缴义务人未按照规定办理扣缴税款登记	对扣缴义务人未按照规定办理扣缴税款登记的行政处罚	《税务登记管理办法》第四十四条	扣缴义务人未按照规定办理扣缴税款登记的，税务机关应当自发现之日起3日内责令其限期改正，并可处以1000元以下的罚款	1. 在责令限改期内改正的，处300元以下罚款； 2. 逾期改正的，处300元以上500元以下罚款； 3. 拒不改正或有其他严重情形的，处500元以上1000元以下罚款。

序号	违法行为	具体处罚行为	处罚依据	处罚标准	税务机关处罚幅度
4	扣缴义务人未按照规定设置、保管代扣代缴、代收代缴税款账簿或者保管代扣代缴、代收代缴税款记账凭证及有关资料	对扣缴义务人未按照规定设置、保管代扣代缴、代收代缴税款账簿或者保管代扣代缴、代收代缴税款记账凭证及有关资料的行政处罚	《中华人民共和国税收征收管理法》第六十一条	扣缴义务人未按照规定设置、保管代扣代缴、代收代缴税款账簿或者保管代扣代缴、代收代缴税款记账凭证及有关资料的,由税务机关责令限期改正,可以处二千元以下的罚款;情节严重的,处二千元以上五千元以下的罚款	1. 在责令限改期内改正的,个人处100元以下,单位处300元以下的罚款; 2. 逾期改正的,个人处100元以上2000元以下,单位处300元以上2000元以下的罚款; 3. 拒不改正或有其他严重情形的,处2000元以上5000元以下的罚款。
5	纳税人未按照规定的期限办理纳税申报和报送纳税资料,或者扣缴义务人未按照规定的期限向税务机关报送代扣代缴、代收代缴税款报告表和有关资料	1. 对纳税人未按照规定的期限办理纳税申报和报送纳税资料的行政处罚	《中华人民共和国税收征收管理法》第六十二条	纳税人未按照规定的期限办理纳税申报和报送纳税资料的,由税务机关责令限期改正,可以处二千元以下的罚款;情节严重的,可以处二千元以上一万元以下的罚款	1. 在责令限改期内改正的,个人处100元以下,单位处300元以下的罚款; 2. 逾期改正的,个人处100元以上2000元以下,单位处300元以上2000元以下的罚款; 3. 拒不改正或有其他严重情形的,处2000元以上10000元以下的罚款。
		2. 对扣缴义务人未按照规定的期限向税务机关报送代扣代缴、代收代缴税款报告表和有关资料的行政处罚	《中华人民共和国税收征收管理法》第六十二条	扣缴义务人未按照规定的期限向税务机关报送代扣代缴、代收代缴税款报告表和有关资料的,由税务机关责令限期改正,可以处二千元以下的罚款;情节严重的,可以处二千元以上一万元以下的罚款	1. 在责令限改期内改正的,个人处100元以下,单位处300元以下的罚款; 2. 逾期改正的,个人处100元以上2000元以下,单位处300元以上2000元以下的罚款; 3. 拒不改正或有其他严重情形的,处2000元以上10000元以下的罚款。

序号	违法行为	具体处罚行为	处罚依据	处罚标准	税务机关处罚幅度
6	偷税	1. 对纳税人偷税的行政处罚	《中华人民共和国税收征收管理法》第六十三条第一款	对纳税人偷税的，由税务机关追缴其不缴或者少缴的税款、滞纳金，并处不缴或者少缴的税款百分之五十以上五倍以下的罚款；构成犯罪的，依法追究刑事责任	1. 纳税人实施偷税有以下情形之一的，处不缴或少缴税款0.5倍以上1倍以下罚款：① 纳税人配合税务机关检查的；② 在税务机关对其违法行为作出税务处理前主动补缴税款和滞纳金的；③ 以及违法行为较轻的； 2. 纳税人实施偷税有以下情形之一的，处不缴或少缴税款1倍以上2倍以下罚款：① 因偷税被税务机关处罚或刑事处罚的，3年内又实施偷税的；② 纳税人以非暴力方式不配合税务机关检查的； 3. 纳税人实施偷税，且以暴力、威胁方式阻碍税务机关检查的，处不缴或少缴税款2倍以上5倍以下的罚款。
		2. 对扣缴义务人采取偷税手段，不缴或少缴已扣、已收税款的行政处罚	《中华人民共和国税收征收管理法》第六十三条第二款	扣缴义务人采取前款所列手段，不缴或者少缴已扣、已收税款，由税务机关追缴其不缴或者少缴的税款、滞纳金，并处不缴或者少缴的税款百分之五十以上五倍以下的罚款；构成犯罪的，依法追究刑事责任	1. 扣缴义务人实施偷税有以下情形之一的，处不缴或少缴税款0.5倍以上1倍以下罚款：① 扣缴义务人配合税务机关检查的；② 在税务机关对其违法行为作出税务处理前主动补缴税款和滞纳金的；③ 以及违法行为较轻的； 2. 扣缴义务人实施偷税有以下情形之一的，处不缴或少缴税款1倍以上2倍以下罚款：① 因偷税被税务机关处罚或刑事处罚的，3年内又实施偷税的；② 扣缴义务人以非暴力方式不配合税务机关检查的； 3. 扣缴义务人实施偷税，且以暴力、威胁方式阻碍税务机关检查的，处不缴或少缴税款2倍以上5倍以下的罚款。
7	编造虚假计税依据	对编造虚假计税依据的行政处罚	《中华人民共和国税收征收管理法》第六十四条第一款	纳税人、扣缴义务人编造虚假计税依据的，由税务机关责令限期改正，并处五万元以下的罚款	1. 在责令限改期内改正的，处5000元以下罚款； 2. 逾期改正的，处5000元以上20000元以下罚款； 3. 拒不改正或有其他严重情形的，处20000元以上50000元以下罚款。

序号	违法行为	具体处罚行为	处罚依据	处罚标准	税务机关处罚幅度
8	纳税人不进行纳税申报,不缴或者少缴应纳税款	对纳税人不进行纳税申报,不缴或者少缴应纳税款的行政处罚	《中华人民共和国税收征收管理法》第六十四条第二款	纳税人不进行纳税申报,不缴或者少缴应纳税款的,由税务机关追缴其不缴或者少缴的税款、滞纳金,并处不缴或者少缴的税款百分之五十以上五倍以下的罚款	1. 长期不进行纳税申报,情节严重的,处未缴、少缴税款1倍以上5倍以下的罚款; 2. 其他不申报的,处未缴、少缴税款50%以上1倍以下的罚款。
9	纳税人欠缴应纳税款,采取转移或者隐匿财产的手段,妨碍税务机关追缴欠缴的税款	对纳税人逃避追缴欠税的行政处罚	《中华人民共和国税收征收管理法》第六十五条	纳税人欠缴应纳税款,采取转移或者隐匿财产的手段,妨碍税务机关追缴欠缴的税款的,由税务机关追缴欠缴的税款、滞纳金,并处欠缴税款百分之五十以上五倍以下的罚款;构成犯罪的,依法追究刑事责任	1. 逃避追缴欠税金额在50万元以下的,处欠缴税款50%以上1倍以下的罚款; 2. 逃避追缴欠税金额在50万元以上100万元以下的,处欠缴税款1倍以上2倍以下的罚款; 3. 逃避追缴欠税金额在100万元以上的,处欠缴税款2倍以上5倍以下的罚款。
10	以假报出口或者其他欺骗手段,骗取国家出口退税款	对以假报出口或者其他欺骗手段,骗取国家出口退税款的行政处罚	《中华人民共和国税收征收管理法》第六十六条	追缴骗取的退税款,并处骗取税款一倍以上五倍以下罚款;对骗取国家出口退税款的,可以在规定期间内停止为其办理出口退税。	1. 纳税人骗取出口退税有以下情形之一的,处骗取的退税款1倍以上2倍以下罚款:① 纳税人配合税务机关检查的;② 在税务机关对其违法行为作出税务处理前主动缴纳骗取的退税款的;③ 以及违法行为较轻的; 2. 纳税人骗取出口退税有以下情形之一的,处骗取的退税款2倍以上3倍以下罚款:① 因骗取出口退税被税务机关处罚或刑事处罚的,3年内又骗取出口退税的;② 纳税人以非暴力方式不配合税务机关检查的; 3. 纳税人骗取出口退税,且以暴力、威胁方式阻碍税务机关检查的,处骗取的退税款3倍以上5倍以下的罚款。

续表

序号	违法行为	具体处罚行为	处罚依据	处罚标准	税务机关处罚幅度
11	抗税	对纳税人抗税的行政处罚	《中华人民共和国税收征收管理法》第六十七条	以暴力、威胁方法拒不缴纳税款的,是抗税,除由税务机关追缴其拒缴的税款、滞纳金外,依法追究刑事责任。情节轻微,未构成犯罪的,由税务机关追缴其拒缴的税款、滞纳金,并处拒缴税款一倍以上五倍以下的罚款	1. 以威胁方式拒不缴纳税款的,处拒缴税款1倍以上2倍以下的罚款; 2. 以暴力方式拒不缴纳税款的,处拒缴税款2倍以上5倍以下的罚款。
12	纳税人、扣缴义务人在责令限期改正期内不缴或者少缴应纳或者应解缴的税款,经税务机关责令限期缴纳,逾期仍未缴纳	1. 对纳税人、扣缴义务人在规定期限内不缴或者少缴应纳或者应解缴的税款,经税务机关责令限期缴纳,逾期仍未缴纳的行政处罚	《中华人民共和国税收征收管理法》第六十八条	纳税人、扣缴义务人在规定期限内不缴或者少缴应纳或者应解缴的税款,经税务机关责令限期缴纳,逾期仍未缴纳的,税务机关除依照本法第四十条的规定采取强制执行措施追缴其不缴或者少缴的税款外,可以处不缴或者少缴的税款百分之五十以上五倍以下的罚款	1. 纳税人、扣缴义务人配合税务机关执行的,可以处不缴或少缴税款50%以上1倍以下的罚款; 2. 纳税人、扣缴义务人不配合税务机关执行的,可以处不缴或少缴税款1倍以上2倍以下的罚款; 3. 纳税人、扣缴义务人阻挠、抗拒执行,情节严重的,可以处不缴或少缴税款2倍以上5倍以下的罚款。
13	扣缴义务人应扣未扣、应收未收税款	对扣缴义务人应扣未扣、应收而不收税款的行政处罚	《中华人民共和国税收征收管理法》第六十九条	扣缴义务人应扣未扣、应收而不收税款的,由税务机关向纳税人追缴税款,对扣缴义务人处应扣未扣、应收未收税款百分之五十以上三倍以下的罚款	扣缴义务人应扣未扣、应收而不收税款的,由税务机关向纳税人追缴税款,对扣缴义务人处应扣未扣、应收未收税款百分之五十以上三倍以下的罚款;(国税适用) 扣缴义务人在税务检查过程中积极协助税务机关追回税款的,处应扣未扣、应收未收税款50%的罚款;扣缴义务人在税务机关追回税款过程中不予配合的,处应扣未扣、应收未收税款50%以上(不含)1.5倍以下的罚款;造成应扣未扣、应收未收税款无法追缴的,处应扣未扣、应收未收税款1.5倍以上3倍以下的罚款。(地税适用)

序号	违法行为	具体处罚行为	处罚依据	处罚标准	税务机关处罚幅度
14	纳税人、扣缴义务人逃避、拒绝或者以其他方式阻挠税务机关检查；纳税人、扣缴义务人提供虚假资料，不如实反映情况，或者拒绝提供有关资料；拒绝或阻止税务机关记录、录音、录像、照相和复制与案件有关的情况和资料；在检查期间，纳税人、扣缴义务人转移、隐匿、销毁有关资料；有不依法接受税务检查的其他情形	1. 对纳税人、扣缴义务人逃避、拒绝或者以其他方式阻挠税务机关检查的行政处罚	《中华人民共和国税收征收管理法》第七十条	纳税人、扣缴义务人逃避、拒绝或者以其他方式阻挠税务机关检查的，由税务机关责令改正，可以处一万元以下的罚款；情节严重的，处一万元以上五万元以下的罚款	1. 情节轻微，及时改正的，处2000元以下罚款； 2. 逾期改正的，处2000元以上10000元以下罚款； 3. 拒不改正或有其他严重情形的，处10000元以上50000元以下罚款。
		2. 对纳税人、扣缴义务人提供虚假资料，不如实反映情况，或者拒绝提供有关资料的行政处罚	《中华人民共和国税收征收管理法实施细则》第九十六条第（一）项	纳税人、扣缴义务人有下列情形之一的，依照税收征管法第七十条的规定处罚：（一）提供虚假资料，不如实反映情况，或者拒绝提供有关资料的	1. 情节轻微，及时改正的，处2000元以下罚款； 2. 逾期改正的，处2000元以上10000元以下罚款； 3. 拒不改正或有其他严重情形的，处10000元以上50000元以下罚款。
		3. 对拒绝或者阻止税务机关记录、录音、录像、照相和复制与案件有关的情况和资料的行政处罚	《中华人民共和国税收征收管理法实施细则》第九十六条第（二）项	纳税人、扣缴义务人有下列情形之一的，依照税收征管法第七十条的规定处罚：（二）拒绝或者阻止税务机关记录、录音、录像、照相和复制与案件有关的情况和资料的	1. 情节轻微，及时改正的，处2000元以下罚款； 2. 逾期改正的，处2000元以上10000元以下罚款； 3. 拒不改正或有其他严重情形的，处10000元以上50000元以下罚款。
		4. 对在检查期间，纳税人、扣缴义务人转移、隐匿、销毁有关资料的行政处罚	《中华人民共和国税收征收管理法实施细则》第九十六条第（三）项	纳税人、扣缴义务人有下列情形之一的，依照税收征管法第七十条的规定处罚：（三）在检查期间，纳税人、扣缴义务人转移、隐匿、销毁有关资料的	1. 情节轻微，及时改正的，处2000元以下罚款； 2. 逾期改正的，处2000元以上10000元以下罚款； 3. 拒不改正或有其他严重情形的，处10000元以上50000元以下罚款。
		5. 对有不依法接受税务检查的其他情形的行政处罚	《中华人民共和国税收征收管理法实施细则》第九十六条第（四）项	纳税人、扣缴义务人有下列情形之一的，依照税收征管法第七十条的规定处罚：（四）有不依法接受税务检查的其他情形的	1. 情节轻微，及时改正的，处2000元以下罚款； 2. 逾期改正的，处2000元以上10000元以下罚款； 3. 拒不改正或有其他严重情形的，处10000元以上50000元以下罚款。

序号	违法行为	具体处罚行为	处罚依据	处罚标准	税务机关处罚幅度
15	非法印制发票	对非法印制发票的行政处罚	《中华人民共和国税收征收管理法》第七十一条	违反本法第二十二条规定,非法印制发票的,由税务机关销毁非法印制的发票,没收违法所得和作案工具,并处一万元以上五万元以下的罚款;构成犯罪的,依法追究刑事责任	1. 非法印制发票不满 50 份的,处 10000 元以上 20000 元以下罚款; 2. 非法印制发票 50 份以上不满 200 份的,处 20000 元以上 30000 元以下罚款; 3. 非法印制发票 200 份以上的,处 30000 元以上 50000 元以下罚款。
16	应当开具而未开具发票,或者未按照规定的时限、顺序、栏目,全部联次一次性开具发票,或者未加盖发票专用章;使用税控装置开具发票,未按期向主管税务机关报送开具发票的数据;使用非税控电子器具开具发票,未将非税控电子器具使用的软件程序说明资料报主管税务机关备案,或者未按照规定保存、报送开具发票的数据;拆本使用发票;扩大发票使用范围;以其他凭证代替发票使用;跨规定区域开具发票;未按照规定缴销发票;未按照规定存放和保管发票	1. 对应当开具而未开具发票,或者未按照规定的时限、顺序、栏目,全部联次一次性开具发票,或者未加盖发票专用章的行政处罚	《中华人民共和国发票管理办法》第三十五条第(一)项	违反本办法的规定,有下列情形之一的,由税务机关责令改正,可以处 1 万元以下的罚款;有违法所得的予以没收:(一)应当开具而未开具发票,或者未按照规定的时限、顺序、栏目,全部联次一次性开具发票,或者未加盖发票专用章的	应当开具而未开具发票的: ① 在责令限改期内改正的,处 2000 元以下的罚款; ② 逾期未改正的,处 2000 元以上 5000 元以下的罚款; ③ 拒不改正或有其他严重情节的,处 5000 元以上 10000 元以下的罚款。 未按照规定的时限、顺序、栏目,全部联次一次性开具发票,或者未加盖发票专用章的: ① 发票不满 50 份的,处以 2000 元以下罚款; ② 发票 50 份以上 200 份以下的:处以 2000 元以上 5000 元以下罚款; ③ 发票 200 份以上的:处以 5000 元以上 10000 元以下罚款。
		2. 对使用税控装置开具发票,未按期向主管税务机关报送开具发票的数据的行政处罚	《中华人民共和国发票管理办法》第三十五条第(二)项	违反本办法的规定,有下列情形之一的,由税务机关责令改正,可以处 1 万元以下的罚款;有违法所得的予以没收:(二)使用税控装置开具发票,未按期向主管税务机关报送开具发票的数据的	1. 在责令限改期内改正的,个人处 50 元以下,单位处 300 元以下的罚款; 2. 逾期改正的,个人处 100 元以上 2000 元以下,单位处 300 元以上 2000 元以下的罚款; 3. 拒不改正或有其他严重情形的,处 2000 元以上 10000 元以下的罚款。

序号	违法行为	具体处罚行为	处罚依据	处罚标准	税务机关处罚幅度
16	应当开具而未开具发票，或者未按照规定的时限、顺序、栏目，全部联次一次性开具发票，或者未加盖发票专用章；使用税控装置开具发票，未按期向主管税务机关报送开具发票的数据；使用非税控电子器具开具发票，未将非税控电子器具使用的软件程序说明资料报主管税务机关备案，或者未按照规定保存、报送开具发票的数据；拆本使用发票；扩大发票使用范围；以其他凭证代替发票使用；跨规定区域开具发票；未按照规定缴销发票；未按照规定存放和保管发票	3. 对使用非税控电子器具开具发票，未将非税控电子器具使用的软件程序说明资料报主管税务机关备案，或者未按照规定保存、报送开具发票的数据的行政处罚	《中华人民共和国发票管理办法》第三十五条第（三）项	违反本办法的规定，有下列情形之一的，由税务机关责令改正，可以处1万元以下的罚款；有违法所得的予以没收：（三）使用非税控电子器具开具发票，未将非税控电子器具使用的软件程序说明资料报主管税务机关备案，或者未按照规定保存、报送开具发票的数据的	1. 在责令限改期内改正的，处2000元以下的罚款； 2. 逾期改正的，处2000元以上5000元以下的罚款； 3. 拒不改正或有其他严重情节的，处5000元以上10000元以下的罚款。
		4. 对拆本使用发票的行政处罚	《中华人民共和国发票管理办法》第三十五条第（四）项	违反本办法的规定，有下列情形之一的，由税务机关责令改正，可以处1万元以下的罚款；有违法所得的予以没收：（四）拆本使用发票的	由税务机关责令改正，可以处1万元以下的罚款；有违法所得的予以没收。 1. 在责令限改期内改正的，处2000元以下的罚款； 2. 逾期改正的，处2000元以上5000元以下的罚款； 3. 拒不改正或有其他严重情节的，处5000元以上10000元以下的罚款。
		5. 对扩大发票使用范围的行政处罚	《中华人民共和国发票管理办法》第三十五条第（五）项	违反本办法的规定，有下列情形之一的，由税务机关责令改正，可以处1万元以下的罚款；有违法所得的予以没收：（五）扩大发票使用范围的	1. 在责令限改期内改正的，处2000元以下的罚款； 2. 逾期改正的，处2000元以上5000元以下的罚款； 3. 拒不改正或有其他严重情节的，处5000元以上10000元以下的罚款。
		6. 对以其他凭证代替发票使用的行政处罚	《中华人民共和国发票管理办法》第三十五条第（六）项	违反本办法的规定，有下列情形之一的，由税务机关责令改正，可以处1万元以下的罚款；有违法所得的予以没收：（六）以其他凭证代替发票使用的	1. 在责令限改期内改正的，处2000元以下的罚款； 2. 逾期改正的，处2000元以上5000元以下的罚款； 3. 拒不改正或有其他严重情节的，处5000元以上10000元以下的罚款。

续表

序号	违法行为	具体处罚行为	处罚依据	处罚标准	税务机关处罚幅度
16	应当开具而未开具发票,或者未按照规定的时限、顺序、栏目,全部联次一次性开具发票,或者未加盖发票专用章;使用税控装置开具发票,未按期向主管税务机关报送开具发票的数据;使用非税控电子器具开具发票,未将非税控电子器具使用的软件程序说明资料报主管税务机关备案,或者未按照规定保存、报送开具发票的数据;拆本使用发票;扩大发票使用范围;以其他凭证代替发票使用;跨规定区域开具发票;未按照规定缴销发票;未按照规定存放和保管发票	7.对跨规定区域开具发票的行政处罚	《中华人民共和国发票管理办法》第三十五条第(七)项	违反本办法的规定,有下列情形之一的,由税务机关责令改正,可以处1万元以下的罚款;有违法所得的予以没收:(七)跨规定区域开具发票的	1.在责令限改期内改正的,处2000元以下的罚款; 2.逾期改正的,处2000元以上5000元以下的罚款; 3.拒不改正或有其他严重情节的,处5000元以上10000元以下的罚款。
		8.对未按照规定缴销发票的行政处罚	《中华人民共和国发票管理办法》第三十五条第(八)项	违反本办法的规定,有下列情形之一的,由税务机关责令改正,可以处1万元以下的罚款;有违法所得的予以没收:(八)未按照规定缴销发票的	1.在责令限改期内改正的,处500元以下的罚款; 2.逾期改正的,处500元以上2000元以下的罚款; 3.拒不改正或有其他严重情节的,处2000元以上10000元以下的罚款。
		9.对未按照规定存放和保管发票的行政处罚	《中华人民共和国发票管理办法》第三十五条第(九)项	违反本办法的规定,有下列情形之一的,由税务机关责令改正,可以处1万元以下的罚款;有违法所得的予以没收:(九)未按照规定存放和保管发票的	1.在责令限改期内改正的,处500元以下的罚款; 2.逾期改正的,处500元以上2000元以下的罚款; 3.拒不改正或有其他严重情节的,处2000元以上10000元以下的罚款。

序号	违法行为	具体处罚行为	处罚依据	处罚标准	税务机关处罚幅度
17	跨规定的使用区域携带、邮寄、运输空白发票，以及携带、邮寄或者运输空白发票出入境	对跨规定的使用区域携带、邮寄、运输空白发票，以及携带、邮寄或者运输空白发票出入境的行政处罚	《中华人民共和国发票管理办法》第三十六条第一款	由税务机关责令改正，可以处1万元以下的罚款；情节严重的，处1万元以上3万元以下的罚款；有违法所得的予以没收	1. 发票份数不满100份的，处3000元以下罚款； 2. 发票份数在100份以上500份以下的，处3000元以上10000元以下罚款； 3. 发票份数在500份以上或有其他严重情形的，处10000元以上30000元以下罚款。
	丢失发票或者擅自损毁发票	对丢失发票或者擅自损毁发票的行政处罚	《中华人民共和国发票管理办法》第三十六条第二款	由税务机关责令改正，可以处1万元以下的罚款；情节严重的，处1万元以上3万元以下的罚款；有违法所得的予以没收	1. 机打发票不足60份，定额或手工发票不足300份的，处3000元以下罚款； 2. 机打发票60份以上200份以下，定额或手工发票300份以上的，处3000元以上10000元以下罚款； 3. 机打发票200份以上的，处10000元以上30000元以下罚款。
18	虚开发票 非法代开发票	对虚开发票行为：（一）为他人、为自己开具与实际经营业务情况不符的发票；（二）让他人为自己开具与实际经营业务情况不符的发票；（三）介绍他人开具与实际经营业务情况不符的发票的行政处罚	《中华人民共和国发票管理办法》第三十七条第一款	由税务机关没收违法所得；虚开金额在1万元以下的，可以并处5万元以下的罚款；虚开金额超过1万元的，并处5万元以上50万元以下的罚款；构成犯罪的，依法追究刑事责任	1. 金额在1万元以下的，处5万元以下的罚款； 2. 金额超过1万元的，处5万元以上50万元以下的罚款。
		对非法代开发票的行政处罚	《中华人民共和国发票管理办法》第三十七条第二款	依照前款规定处罚	依照前款规定处罚。

序号	违法行为	具体处罚行为	处罚依据	处罚标准	税务机关处罚幅度
19	私自印制、伪造、变造发票,非法制造发票防伪专用品,伪造发票监制章	对私自印制、伪造、变造发票,非法制造发票防伪专用品,伪造发票监制章的行政处罚	《中华人民共和国发票管理办法》第三十八条	由税务机关没收违法所得,没收、销毁作案工具和非法物品,并处1万元以上5万元以下的罚款;情节严重的,并处5万元以上50万元以下的罚款;对印制发票的企业,可以并处吊销发票准印证;构成犯罪的,依法追究刑事责任。前款规定的处罚,《中华人民共和国税收征收管理法》有规定的,依照其规定执行。(第七十一条)	1. 私自印制、伪造、变造发票不足50份的,处1万元以上2万元以下罚款; 2. 私自印制、伪造、变造发票50份以上200份以下的;非法制造发票防伪专用品,伪造发票监制章的,处2万元以上5万元以下罚款; 3. 私自印制、伪造、变造发票200份以上,或有其他严重情形的,处5万元以上50万元以下的罚款。
20	转借、转让、介绍他人转让发票、发票监制章和发票防伪专用品的;知道或者应当知道是私自印制、伪造、变造、非法取得或者废止的发票而受让、开具、存放、携带、邮寄、运输	对(一)转借、转让、介绍他人转让发票、发票监制章和发票防伪专用品的;(二)知道或者应当知道是私自印制、伪造、变造、非法取得或者废止的发票而受让、开具、存放、携带、邮寄、运输的行政处罚	《中华人民共和国发票管理办法》第三十九条	由税务机关处1万元以上5万元以下的罚款;情节严重的,处5万元以上50万元以下的罚款;有违法所得的予以没收	1. 发票不足100份的,处1万元以上2万元以下罚款; 2. 发票在100份以上300份以下的;转借、转让、介绍他人转让发票监制章和发票防伪专用品的,处2万元以上5万元以下罚款; 3. 发票在300份以上,或有其他严重情形的,处5万元以上50万元以下的罚款。
21	违反发票管理法规,导致其他单位或者个人未缴、少缴或者骗取税款	对违反发票管理法规,导致其他单位或者个人未缴、少缴或者骗取税款的行政处罚	《中华人民共和国发票管理办法》第四十一条	由税务机关没收非法所得,可以并处未缴、少缴或者骗取的税款1倍以下的罚款	1. 税款能追缴入库的,处未缴、少缴或者骗取税款50%以下罚款; 2. 税款不能追缴入库的,处未缴、少缴或者骗取税款50%以上1倍以下罚款。

序号	违法行为	具体处罚行为	处罚依据	处罚标准	税务机关处罚幅度
22	境内机构或个人发包工程作业或劳务项目,未按规定向主管税务机关报告有关事项	对境内机构或个人发包工程作业或劳务项目,未按规定向主管税务机关报告有关事项的行政处罚	《非居民承包工程作业和提供劳务税收管理暂行办法》(国家税务总局令 2009 年第 19 号)第三十三条	责令限期改正,可以处 2000 元以下的罚款;情节严重的,处 2000 元以上 10000 元以下的罚款	1. 在责令限改期内改正的,个人处 100 元以下,单位处 300 元以下的罚款; 2. 逾期改正的,个人处 100 元以上 2000 元以下,单位处 300 元以上 2000 元以下的罚款; 3. 拒不改正或有其他严重情形的,处 2000 元以上 10000 元以下的罚款。
23	扣缴义务人未按规定开具税收票证	对扣缴义务人未按规定开具税收票证的行政处罚	《税收票证管理办法》(国家税务总局令 2013 年第 28 号)第五十四条第二款	可以根据情节轻重,处以一千元以下的罚款	1. 在责令限改期内改正的,个人处 100 元以下,单位处 300 元以下的罚款; 2. 逾期改正的,个人处 100 元以上 500 元以下,单位处 300 元以上 500 元以下的罚款; 3. 拒不改正或有其他严重情形的,处 500 元以上 1000 元以下的罚款。
24	纳税人、扣缴义务人的开户银行或者其他金融机构拒绝接受税务机关依法检查纳税人、扣缴义务人存款账户,或者拒绝执行税务机关作出的冻结存款或者扣缴税款的决定,或者在接到税务机关的书面通知后帮助纳税人、扣缴义务人转移存款,造成税款流失	对金融机构拒绝配合税务机关执行的行政处罚	《中华人民共和国税收征收管理法》第七十三条	纳税人、扣缴义务人的开户银行或者其他金融机构拒绝接受税务机关依法检查纳税人、扣缴义务人存款账户,或者拒绝执行税务机关作出的冻结存款或者扣缴税款的决定,或者在接到税务机关的书面通知后帮助纳税人、扣缴义务人转移存款,造成税款流失的,由税务机关处十万元以上五十万元以下的罚款,对直接负责的主管人员和其他直接责任人员处一千元以上一万元以下的罚款	1. 纳税人、扣缴义务人的开户银行或者其他金融机构拒绝接受税务机关依法检查纳税人、扣缴义务人存款账户的,处 10 万元以上 20 万元以下罚款,对直接负责的主管人员和其他直接责任人员处一千元以上二千元以下罚款; 2. 纳税人、扣缴义务人的开户银行或者其他金融机构拒绝执行税务机关作出的冻结存款或者扣缴税款的决定的,处 20 万元以上 30 万元以下罚款,对直接负责的主管人员和其他直接责任人员处二千元以上五千元以下罚款; 3. 纳税人、扣缴义务人的开户银行或者其他金融机构在接到税务机关的书面通知后帮助纳税人、扣缴义务人转移存款,造成税款流失的,处 30 万元以上 50 万元以下罚款,对直接负责的主管人员和其他直接责任人员处五千元以上一万元以下罚款。

序号	违法行为	具体处罚行为	处罚依据	处罚标准	税务机关处罚幅度
25	银行和其他金融机构未依照税收征管法的规定在从事生产、经营的纳税人的账户中登录税务登记证件号码，或者未按规定在税务登记证件中登录从事生产、经营的纳税人的账户账号	对银行和其他金融机构未依照规定登录税务登记证件号码或者未按规定登录账户账号的行政处罚	《中华人民共和国税收征收管理法实施细则》第九十二条	银行和其他金融机构未依照税收征管法的规定在从事生产、经营的纳税人的账户中登录税务登记证件号码，或者未按规定在税务登记证件中登录从事生产、经营的纳税人的账户账号的，由税务机关责令其限期改正，处2000元以上2万元以下的罚款；情节严重的，处2万元以上5万元以下的罚款	1. 在责令限改期内改正的，处2000元以上5000元以下罚款； 2. 逾期改正的，处5000元以上2万元以下罚款； 3. 拒不改正或有其他严重情形的，处2万元以上5万元以下罚款。
26	非法印制、转借、倒卖、变造或者伪造完税凭证	对非法印制、转借、倒卖、变造或者伪造完税凭证的行政处罚	《中华人民共和国税收征收管理法实施细则》第九十一条	非法印制、转借、倒卖、变造或者伪造完税凭证的，由税务机关责令改正，处2000元以上1万元以下的罚款；情节严重的，处1万元以上5万元以下的罚款；构成犯罪的，依法追究刑事责任	1. 非法印制、转借、倒卖、变造或者伪造完税凭证不满5份的，处2000元以上5000元以下罚款； 2. 非法印制、转借、倒卖、变造或者伪造完税凭证5份以上不满10份的，处5000元以上1万元以下罚款； 3. 非法印制、转借、倒卖、变造或者伪造完税凭证10份以上的，处1万元以上5万元以下罚款。
27	为纳税人、扣缴义务人非法提供银行账户、发票、证明或者其他方便，导致未缴、少缴税款或者骗取国家出口退税款	对为纳税人、扣缴义务人非法提供银行账户、发票、证明或者其他方便，导致未缴、少缴税款或者骗取国家出口退税款的行政处罚	《中华人民共和国税收征收管理法实施细则》第九十三条	为纳税人、扣缴义务人非法提供银行账户、发票、证明或者其他方便，导致未缴、少缴税款或者骗取国家出口退税款的，税务机关除没收其违法所得外，可以处未缴、少缴税款或者骗取退税款1倍以下的罚款	1. 税款能追缴入库的，处未缴、少缴税款50%以下的罚款； 2. 税款不能追缴入库的，处未缴、少缴税款50%以上1倍以下罚款。

序号	违法行为	具体处罚行为	处罚依据	处罚标准	税务机关处罚幅度
28	车站、码头、机场、邮政企业及其分支机构拒绝税务机关依法检查纳税人有关情况	对拒绝协助检查单位的行政处罚	《中华人民共和国税收征收管理法实施细则》第九十五条	税务机关依照税收征管法第五十四条第(五)项的规定,到车站、码头、机场、邮政企业及其分支机构检查纳税人有关情况时,有关单位拒绝的,由税务机关责令改正,可以处1万元以下的罚款;情节严重的,处1万元以上5万元以下的罚款	1. 在规定期限内改正的,处2千元以下罚款; 2. 逾期改正的,处2千元以上1万元以下罚款; 3. 拒不改正或有其他严重情形,处1万元以上5万元以下罚款。
29	纳税人、纳税担保人采取欺骗、隐瞒等手段提供担保的,或者非法为纳税人、纳税担保人实施虚假纳税担保提供方便	1. 对纳税人、纳税担保人采取欺骗、隐瞒等手段提供担保的行政处罚	《纳税担保试行办法》第三十一条	纳税人、纳税担保人采取欺骗、隐瞒等手段提供担保的,由税务机关处以1000元以下的罚款;属于经营行为的,处以10000元以下的罚款	1. 不是经营行为的:未造成少缴税款的,处500元以下罚款;造成少缴税款的,处500元以上1000元以下罚款; 2. 是经营行为的:未造成少缴税款,处2000元以下罚款;造成少缴税款,处2000元以上10000元以下罚款。
		2. 对非法为纳税人、纳税担保人实施虚假纳税担保提供方便的行政处罚		非法为纳税人、纳税担保人实施虚假纳税担保提供方便的,由税务机关处以1000元以下的罚款	1. 未造成少缴税款的,处500元以下罚款; 2. 造成少缴税款的,处500元以上1000元以下罚款。
30	税务代理人违反税收法律、行政法规,造成纳税人未缴或者少缴税款	对税务代理人违法行为造成纳税人未缴或者少缴税款的行政处罚	《中华人民共和国税收征收管理法实施细则》第九十八条	税务代理人违反税收法律、行政法规,造成纳税人未缴或者少缴税款的,除由纳税人缴纳或者补缴应纳税款、滞纳金外,对税务代理人处纳税人未缴或者少缴税款50%以上3倍以下的罚款	1. 税款、滞纳金能追缴入库,处50%以上1倍以下的罚款; 2. 税款、滞纳金不能追缴入库的,处1倍以上3倍以下的罚款。

第十一章 2016 年江苏省地方税务局 发布的法规政策

与我国的税收立法权归属中央的制度规定相一致,江苏省地方税务部门单独制定和发布的主要法规集中在少量实体税种地方性征收标准的调整、独立于江苏省国税部门发布的地税税收征管政策、以及江苏省内涉税专业服务工作管理办法等方面。

一、调整土地增值税的相关法规

(一)公告关于土地增值税的若干问题

2016 年 1 月,江苏省地方税务局发布关于土地增值税若干问题的公告,规定自 2016 年 3 月 1 日起,根据《中华人民共和国土地增值税暂行条例》及其实施细则和其他税收法律法规的规定,将土地增值税的若干问题公告如下:

1. 关于土地增值税清算单位问题

土地增值税以国家有关部门审批、备案的项目为单位进行清算。对于国家有关部门批准分期开发的项目,以分期项目为单位进行清算。对开发周期较长,纳税人自行分期的开发项目,可将自行分期项目确定为清算单位,并报主管税务机关备案。对同一宗地块上的多个批准项目,纳税人进行整体开发的,可将该宗土地上的多个项目作为一个清算单位,并报主管税务机关备案。

同一清算单位中包含普通住宅、非普通住宅、其他类型房产的,应分别计算收入、扣除项目金额、增值额、增值率和应纳税额。

2. 关于土地成本分摊问题

土地成本是指取得土地使用权所支付的金额。土地成本仅在能够办理权属登记手续的建筑物及其附着物之间进行分摊。在不同清算单位或同一清算单位不同类型房产之间分摊土地成本时,可直接归集的,应直接计入该清算单位或该类型房产的土地成本;不能直接归集的,可按建筑面积法计算分摊,也可按税务机关认可的其他合理方法计算分摊。

3. 关于人防工程成本费用扣除问题

依法配建并经验收合格的人防工程,允许扣除相关成本、费用。

4. 关于车库(车位、储藏室等)问题

(1)能够办理权属登记手续的车库(车位、储藏室等)单独转让时,房地产开发企业应按"其他类型房产"确认收入并计算成本费用。

(2)不能办理权属登记手续的车库(车位、储藏室等),按照《国家税务总局关于房地产开发企业土地增值税清算管理有关问题的通知》(国税发〔2006〕187 号)第四条第(三)项的规定执行。

(3)随房附赠的车库(车位、储藏室等),无论能否办理权属登记手续,房地产开发企业均应按销售合同上的房产类型计算成本费用。

5. 关于装修支出问题

房地产开发企业销售已装修的房屋,对以建筑物或构筑物为载体,移动后会引起性质、形状改变或者功能受损的装修支出,可作为开发成本予以扣除。对可移动的物品(如可移动的家用电器、家具、日用品、装饰用品等),不计收入也不允许扣除相关成本费用。

6. 关于新建房问题

房地产开发企业建造的商品房(不含已列入固定资产或作为投资性房地产的房屋),应按照转让新建房的政策规定缴纳土地增值税。非房地产开发企业自建房屋,自房屋竣工之日起 3 年内(含)转让的,可按照转让新建房的政策规定缴纳土地增值税。

(二)调整土地增值税预征率

2016 年 6 月,江苏省地方税务局发布关于调整土地增值税预征率的公告,规定从 2016 年 8 月 1 日起,预计增值率大于 100% 且小于或等于 200% 的房地产开发项目,预征率为 5%;预计增值率大于 200% 的房地产开发项目,预征率为 8%。公共租赁住房、廉租住房、经济适用房、城市和国有工矿棚区改造安置住房等保障性住房,仍暂不预征。除了上述这两种情形之外,南京市、苏州市市区(含工业园区)普通住宅、非普通住宅、其他类型房产的预征率分别为:2%、3%、4%;其他地区普通住宅、非普通住宅、其他类型房产的预征率均为 2%。

(三)明确个人转让非住宅类旧房及建筑物土地增值税核定征收率

2016 年 8 月,为进一步规范江苏省个人转让非住宅类旧房及建筑物土地增值税核定征收管理,江苏省地方税务局发布关于明确个人转让非住宅类旧房及建筑物土地增值税核定征收率的公告(苏地税规〔2016〕4 号),规定自公告发布之日起,个人转让非住宅类的旧房及建筑物,既没有计算增值额的扣除项目的评估价格,又不能提供购房发票的,地方税务机关可以实行核定征收,核定征收率为 5%。

(四)调整土地增值税的若干问题

2016 年 12 月 8 日,又发布《江苏省地方税务局关于调整土地增值税有关政策的公告》(苏地税规〔2016〕7 号),决定从 2017 年 1 月 1 日起,对《江苏省地方税务局关于土地增值税若干问题的公告》(苏地税规〔2015〕8 号)中有关政策内容做出调整:

一是废止"关于土地增值税清算单位"中"对同一宗地块上的多个批准项目,纳税人进行整体开发的,可将该宗土地上的多个项目作为一个清算单位,并报主管税务机关备案"的内容。

二是废止第四条中"随房附赠的车库(车位、储藏室等),无论能否办理权属登记手续,房地产开发企业均应按销售合同上的房产类型计算成本费用"的内容。

二、减征残疾人等个人所得税

2015 年 12 月 30 日,为进一步规范江苏省残疾人等个人所得税减征管理工作,根据《中华人民共和国个人所得税法》第五条、《中华人民共和国个人所得税法实施条例》第十六条、省政府办公厅《关于我省残疾人等个人所得税减征规定的函》(苏政办函〔2015〕52 号)、国家税务总局《税收减免管理办法》（国家税务总局公告 2015 年第 43 号），江苏省地方税务局发布关于残疾人等个人所得税减征管理有关规定的公告，规定从 2016 年 1 月 1 日起，江苏省残疾人等个人所得税减征管理有关规定包括：

（一）减征原则

残疾人等个人所得税减征实行"先征后退"原则。即纳税人或者扣缴义务人必须按照税法的规定申报缴纳个人所得税，年度终了后再按本办法规定办理退税。

（二）减征对象

适用的个人所得税减征对象仅限于《中华人民共和国个人所得税法》第五条规定列举的个人。具体包括：

1. 残疾、孤老人员和烈属。

享受税收优惠的残疾人是指持有第二代《中华人民共和国残疾人证》并注明属于视力残疾、听力残疾、言语残疾、肢体残疾、智力残疾、精神残疾和多重残疾的人员，以及持有《中华人民共和国残疾军人证（1 至 8 级）》的人员；孤老是指男年满 60 周岁、女年满 55 周岁，无法定扶养义务人的个人；烈属是指烈士的父母、配偶及子女。

2. 因严重自然灾害造成重大损失的个人。

（三）减征范围

减征范围限于劳动所得，具体所得项目为：工资薪金所得；个体工商户的生产、经营所得；对企事业单位的承包、承租经营所得；劳务报酬所得；稿酬所得；特许权使用费所得。

可申请退还的个人所得税以纳税人或者其扣缴义务人在本省范围内自行申报或者扣缴申报缴纳的个人所得税为限。

（四）减征幅度

1. 孤老和烈属的所得，其个人所得税减征幅度按下列比例计算。

级 数	全年应纳所得税额	减征比例（％）
1	不超过 5000（含）元的	100
2	超过 5000 元至 20000（含）元的部分	50
3	超过 20000 元的部分	0

2. 残疾人的所得，其个人所得税减征幅度根据残疾程度分别确定。残疾程度为中度以上，即残疾等级为一、二、三级（视力、听力、言语、肢体、智力、精神、多重）的残疾人，一级至六级（含六级）的转业、复员、退伍的革命伤残军人，其个人所得税减征幅度与孤老、烈属相同；残疾程度为轻度，即残疾等级为四级（视力、听力、言语、肢体、智力、精神、多重）的残疾人，七级至八级的转业、复员、退伍革命伤残军人，其个人所得税减征幅度按孤老、烈属的 50％ 计算。

3. 因严重自然灾害造成重大损失的，其个人所得税应视扣除保险赔款后的实际损失酌情减征，最高不超过全年应纳个人所得税款的 80％。

（五）减征期限

残疾、孤老人员和烈属的所得，每年均可减征。

因严重自然灾害造成重大损失的，减征遭受灾害当年的个人所得税。对于个别损失很大的，可以减征至次年。

（六）减征申请

1. 减征申请

符合规定享受减征个人所得税优惠的纳税人，应在本公告第七条规定的时间内向主管税务机关提出书面申请，同时按规定提交减免税申请表及相关资料。

2. 资料提供

（1）残疾、孤老以及烈属类减免纳税人在首次办理减免税时，需提供下列资料：

① 《纳税人减免税备案登记表》；

② 申请人的有效个人身份证件（复印件）；

③ 残疾证明（残疾人减免税）；

④ 男年满 60 周岁、女年满 55 周岁，无法定抚养义务人的个人的证明（孤老减免税）；

⑤ 烈属资格证明（烈属减免税）；

⑥ 申请减免年度个人完税证明。

残疾证明是指第二代《中华人民共和国残疾人证》或《中华人民共和国残疾军人证（1 至 8 级）》，残疾证应在有效期内。

孤老证明由乡镇以上的民政部门或当地政府开具。

烈属资格证明是指中华人民共和国民政部出具的《烈士证明书》（2013 年 8 月 1 日以前未换新证的烈属持有《革命烈士证明书》）；能证明烈属身份的户口簿、结婚证等有效证件原件（现场审核后交还）及复印件，如无有效证件证明，可提供由当地乡镇以上公安机关或政府民政部门出具的身份证明原件。

以后年度办理减免税时，除残疾程度发生变化需按上述要求提供新的材料外，不需要再办理减免税申请，可凭以前年度减免税批复直接填写《纳税人减免税申请表》申请办理退税。

（2）重大自然灾害减免应提供下列资料

① 《纳税人减免税申请核准表》；

② 申请人的有效个人身份证件（复印件）；

③ 申请减免年度个人完税证明；

④ 重大自然灾害证明。

重大自然灾害证明资料包括相关部门或地方政府（乡镇以上）出具的自然灾害证明，或者保险公司理赔时出具的保险理赔文件原件（现场审核后交还）及复印件。

（七）申请时间

符合规定享受减征个人所得税优惠的纳税人，应于纳税年度终了后及时办理上一年度的减免税申请；申请时间超过三年的，按照《中华人民共和国税收征收管理法》规定处理。

(八)管理权限

本公告规定的个人所得税减征由主管税务机关一次性核实确认。

纳税人应在主要收入来源地主管税务机关申请办理个人所得税减征。

(九)法律责任

纳税人采取欺骗等手段骗取个人所得税减免税优惠的,按《中华人民共和国税收征收管理法》的规定处理,构成犯罪的,依法移送司法机关处理。

(十)施行时间

本公告自2016年1月1日起施行,纳税人办理2015年度及以后年度减免税申请的,按本公告规定减征幅度办理;办理以往年度减免税申请的,仍然按照原减征幅度办理。

三、江苏省地方税务局涉税专业服务工作管理办法

2016年6月22日,江苏省地方税务局为了规范涉税专业服务工作,进一步提高税收工作效能,发布《江苏省地方税务局涉税专业服务工作管理办法》(试行)[苏地税发〔2016〕50号],对税务机关在税收管理过程中,就特定的涉税事项和工作内容,引入符合条件的第三方机构(以下简称"社会组织"),由其向税务机关提供辅助的专业服务,要求应坚持依法合规、权责明确、公开透明、竞争择优、注重绩效的原则,进行规范。主要内容包括:

(一)各级地税机关及其工作人员不得发生的行为:

各级地税机关要切实加强对涉税专业服务工作的监督管理,严格按照规定的范围及程序进行涉税专业服务工作。各级地税机关及其工作人员不得有以下行为:

1. 税务人员直接开办或者投资入股涉税专业服务社会组织,在其中挂名、兼职(任职)或者出借(出租)注册税务师等资格证书;

2. 税务机关或税务人员强制、指定或者变相强制、变相指定纳税人接受涉税专业服务社会组织的服务;

3. 税务人员以任何名目在涉税专业服务社会组织报销费用、领取补贴(补助)、安置近亲属及其他利害关系人就业,以及以其他形式取得经济利益;

4. 税务机关或税务人员在税收执法过程中利用国家法律、法规赋予的征收管理权、税务检查权、政策解释权以及行政处理权等,与涉税专业服务社会组织合谋作出有关资格认定、税收管理、政策解释或决定,使纳税人不交税、少交税、减免退税,或侵害纳税人权益而从中非法获取利益;

5. 其他违反规定插手涉税专业服务社会组织经营活动的行为。

(二)涉税专业服务范围及对象

1. 税收管理涉税专业服务具体范围包括纳税服务类、税收征管类、税务稽查类及其他适宜进行专业服务的税收管理事项。

(1)纳税服务类专业服务,是指税务机关在纳税服务过程中,委托社会组织提供或者协

助特定服务事项的方式。

（2）税收征管类专业服务，是指税务机关在税收征管中，根据需要，将特定涉税事项、指定业务内容委托社会组织进行审计、评估、鉴证的方式。

（3）税务稽查类专业服务，是指税务机关在税务稽查工作中，对特定的涉税事项和会计核算内容，引入符合条件的社会组织，由社会组织向税务机关提供专业的辅助服务。

2. 涉税专业服务主要是满足税收管理工作中的技术性及辅助性服务需求。各级地税机关不得将以下事项委托给社会组织：

（1）税收执法行为。包括向税收管理对象出示税务机关执法证件、调取账簿资料、询问及现场调查取证等涉及税收执法主体的工作；

（2）以税务机关名义进行的管理及执法程序中的其他事项；

（3）涉及国家秘密的事项；

（4）法律明确规定必须由税务机关履行的事项。

3. 涉税专业服务应由具备资质的社会组织承担，参与涉税专业服务工作的社会组织应当符合以下条件：

（1）依法成立并独立承担民事责任；

（2）具有履行专业服务所必需的专业技术能力；

（3）具有地税机关认可的资质等级；

（4）具有良好的执业质量和信誉，近3年内没有行政处罚和行业协会惩戒等不良记录；

（5）地税机关需要的其他条件。

（三）组织与实施

1. 涉税专业服务事项需经各级地税机关局长办公会研究确定，法规、征管科技、纳税服务、税务稽查、规划财务、督察内审等部门参加会议。具体包括：

（1）研究制定涉税专业服务工作制度办法；

（2）审议批准涉税专业服务项目；

（3）研究确定涉税专业服务工作中的其他重要事项。

2. 地税机关有关部门在涉税专业服务管理中分别承担以下职责：

（1）税收征管、纳税服务、税务稽查等部门提出涉税专业服务工作需求；对社会组织服务过程进行业务指导与过程管控，对其提供的服务质量进行验收与评价；

（2）法规部门负责委托方案的合法性审查；

（3）规划财务部门根据立项及需求，实施涉税专业服务的采购工作，可组织开展特定预算年度涉税专业服务绩效评价；

（4）督察内审部门负责对涉税专业服务过程进行监督。

3. 地税机关有关部门根据工作需要提出申请，经主管局长审核后，提请局长办公会研究批准，启动涉税专业服务工作。

4. 涉税专业服务工作开展前应进行可行性分析，主要包括：服务事项、必要性、外包效果、风险评估预案及预算等。

5. 涉税专业服务的程序按照政府采购等有关规定执行，由地税机关与有关社会组织签订书面合同或协议。

涉税专业服务工作所需经费由各地纳入年度预算管理，按照有关财务制度的规定执行。

6. 合同或协议的主要内容包括但不限于：项目名称、服务内容、服务范围、服务数量、技术指标要求、工作成果交付、合同价款及付款方式、保密条款、双方的权利和义务、违约罚则等条款。

7. 地税机关相关业务部门应当根据合同或协议对承接涉税专业服务业务的社会组织制定的工作方案进行确认。

8. 地税机关应按照法律法规规定及合同或协议的约定，指导受托的社会组织在受托范围内开展工作。受托方应对工作结果的真实性、完整性、合法性、有效性向税务机关负责。

9. 涉税专业服务工作的社会组织有以下情况之一的，地税机关原则上不得委托其承担具体涉税业务：

（1）与本次涉税专业服务涉及税收管理对象有利害关系，可能影响公正实施的；

（2）承担涉税专业服务的具体工作人员与本次涉税专业服务涉及税收管理对象有利害关系，可能影响公正实施的；

（3）连续3年为同一税收管理对象实施涉税专业服务；

（4）其他可能影响业务正常开展的情况。

10. 地税机关有关部门按照合同或协议，根据承接涉税专业服务业务的社会组织提交的资料，对下列事项进行审定，并视情况作为税收管理的参考依据。

（1）涉税专业服务业务目标是否实现；

（2）交付件是否符合合同或协议要求；

（3）交付件内容是否清楚、完整；

（4）依据是否合法、充分；

（5）评价是否恰当；

（6）其他需要复核的事项。

11. 地税机关在工作结束后应对承接涉税专业服务业务的社会组织及其工作成果做出评价，评价结果纳入社会组织的信用信息。

（四）保密

1. 涉税专业服务工作应当严格遵守《中华人民共和国保守国家秘密法》，地税机关不得将涉及国家秘密的业务进行委托。

2. 地税机关应与承接涉税专业服务业务的社会组织签订《保密协议》，载明其在涉税专业服务工作中对所知悉的税务管理对象的商业秘密、个人隐私及税务管理对象提供的涉及商业秘密的资料等所承担的保密义务。

3. 涉税专业服务工作完成后，对于过程中形成的全部纸质材料和电子资料的原件及复制件，地税机关应当按照保密协议的约定，要求承接涉税专业服务业务的社会组织及其执业人员及时移交地税机关。

4. 地税机关应当按照档案管理规定对社会组织参与涉税专业服务工作的外包合同或协议、工作底稿、专项报告等有关材料立卷归档，保管期限与相应的主案卷管理期限一致。

（五）监督及责任

1. 承接涉税专业服务业务的社会组织有下列情形之一的,地税机关应当终止合同或协议,并追究其违约责任：

（1）违反涉税专业服务合同或协议,无法按照地税机关要求开展工作的;(2)与涉及税务管理对象串通舞弊的;

（2）隐瞒重要事项未向地税机关报告的;

（3）违反工作纪律以及保密规定的;

（4）擅自使用涉税专业服务业务结果的;

（5）违反涉税专业服务合同或协议,损害地税机关或者服务对象的合法利益、造成严重后果的;

（6）以地税机关或地税机关工作人员名义从事与该专业服务业务无关活动的;

（7）主动退出或丧失执业资格的;

（8）不履行涉税专业服务合同或协议规定的其他义务的。

2. 地税机关及其工作人员在涉税专业服务工作中,有违规违纪行为的,按照有关规定处理。

四、公布全文失效废止和部分条款失效废止的税收规范性文件目录

2016 年 9 月,江苏省地方税务局根据国家税务总局关于开展税收规范性文件清理工作的有关要求,对 2015 年 12 月 31 日前制定出台的税收规范性文件进行了清理,并公布了《全文失效废止的税收规范性文件目录》和《部分条款失效废止的税收规范性文件目录》。

表 11 - 2　全文失效废止的税收规范性文件目录

序号	标题	发文日期	文号
1	江苏省地方税务局转发《国家税务总局关于加强涉税行政事业性收费项目发票管理的通知》的通知	1997 年 9 月 8 日	苏地税发〔1997〕142 号
2	江苏省地方税务局关于转发《国家税务总局关于电子缴税完税凭证有关问题的通知》的通知	2003 年 5 月 12 日	苏地税发〔2003〕100 号
3	江苏省地方税务局转发《国家税务总局关于开展对纳税人欠税予以告知工作的通知》的通知	2004 年 1 月 14 日	苏地税发〔2004〕8 号
4	江苏省地方税务局转发《国家税务总局关于城镇土地使用税部分行政审批项目取消后加强后续管理工作的通知》的通知	2004 年 10 月 12 日	苏地税函〔2004〕207 号

序号	标题	发文日期	文号
5	江苏省地方税务局关于江苏联通县级分公司营业税缴纳及接受税务检查等问题的通知	2004 年 12 月 31 日	苏地税函〔2004〕260 号
6	江苏省地方税务局转发《国家税务总局关于规范未达增值税营业税起征点的个体工商户税收征收管理的通知》的通知	2005 年 11 月 29 日	苏地税函〔2005〕234 号
7	江苏省地方税务局转发《国家税务总局关于实行定期定额征收的个体工商户购置和使用税控收款机有关问题的通知》的通知	2006 年 1 月 11 日	苏地税发〔2006〕4 号
8	江苏省地方税务局转发《关于印发〈军人新旧残疾等级套改办法〉的通知》的通知	2006 年 2 月 28 日	苏地税发〔2006〕34 号
9	江苏省地方税务局关于印发《个人所得税全员全额管理实施方案补充意见》的通知	2006 年 6 月 23 日	苏地税发〔2006〕109 号
10	江苏省地方税务局关于印发《江苏省企业研究开发费用税前加计扣除管理办法(试行)》的通知	2009 年 1 月 15 日	苏地税发〔2009〕6 号
11	关于印发《江苏省地方税务局关于企业所得税优惠政策管理意见(试行)》的通知	2009 年 3 月 3 日	苏地税发〔2009〕32 号
12	江苏省地方税务局转发《国家税务总局关于实施高新技术企业所得税优惠有关问题的通知》的通知	2009 年 5 月 20 日	苏地税函〔2009〕131 号
13	关于印发《企业所得税后续管理工作规程》的通知	2009 年 8 月 28 日	苏地税发〔2009〕69 号
14	江苏省国家税务局、省地方税务局、省科学技术厅、省经济和信息化委员会关于印发《企业研究开发费用税前加计扣除操作规程(试行)》的通知	2010 年 6 月 22 日	苏地税规〔2010〕5 号
15	江苏省地方税务局关于土地增值税预征率的公告	2013 年 12 月 31 日	苏地税规〔2013〕5 号
16	江苏省地方税务局关于电子发票应用试点若干事项的公告	2014 年 1 月 22 日	苏地税规〔2014〕4 号
17	江苏省地方税务局关于涉税管理事项及提交资料的公告	2015 年 1 月 27 号	苏地税规〔2015〕1 号

表 11-3　部分条款失效废止的税收规范性文件目录

序号	标题	发文日期	文号	废止条款
1	江苏省地方税务局关于营业税若干征税问题的补充通知（一）	1995 年 1 月 10 日	苏地税发〔1995〕005 号	第一条、第二条、第三条、第五条、第六条、第七条、第八条废止
2	江苏省地方税务局关于资源税征税问题的补充通知	1995 年 5 月 15 日	苏地税发〔1995〕090 号	第一条、第二条、第三条、第四条、第五条第（一）项征税规定、第六条废止
3	江苏省地方税务局关于营业税若干征税问题的补充通知（二）	1996 年 5 月 2 日	苏地税发〔1996〕074 号	第一条、第二条、第三条、第四条、第六条、第七条、第十一条、第十二条废止
4	关于宁沪高速公路（江苏段）车辆通行费使用发票及税款征收有关问题的通知	1996 年 9 月 4 日	苏地税发〔1996〕120 号	与发票相关的规定失效
5	关于部分非金属矿产品原矿恢复征收资源税的通知	1996 年 10 月 31 日	苏地税发〔1996〕139 号	第五、八、九条失效
6	江苏省地方税务局转发《国家税务总局关于非电信部门开办电话咨询业务适用税目问题的批复》的通知	1997 年 2 月 4 日	苏地税发〔1997〕030 号	第二款失效
7	江苏省地方税务局关于我省建筑安装企业进沪经营税收管理问题的通知	1997 年 2 月 20 日	苏地税发〔1997〕039 号	附表式样失效
8	江苏省地方税务局关于营业税若干征税问题的补充通知（三）	1998 年 5 月 18 日	苏地税发〔1998〕046 号	第一条,第三条第（一）项,第四条第（三）项,第五条按"邮电通信业"税目征税的规定,第八条,第九条,第十一条,第十三条,第十四条第（一）项、第十五条废止
9	江苏省地方税务局关于对纳税人利用房产、设备承包租赁经营收取承包金征税问题的批复	1999 年 5 月 5 日	苏地税函〔1999〕126 号	营业税部分涉及有形动产租赁的相关条款失效
10	江苏省地方税务局关于营业税若干征税问题的补充通知（四）	1999 年 6 月 21 日	苏地税发〔1999〕078 号	第一条、第二条、第四条、第六条、第七条、第九条、第十一条废止
11	关于江阴长江公路大桥及广靖、锡澄高速公路车辆通行费税收管理问题的通知	1999 年 9 月 29 日	苏地税函〔1999〕258 号	与发票相关的规定失效
12	江苏省地方税务局关于印发《房地产业营业税征收管理暂行办法》的通知	1999 年 11 月 8 日	苏地税发〔1999〕131 号	第三条第（十五）项,第六条第（一）项、第十一条废止
13	江苏省地方税务局转发《国家税务总局关于律师事务所从业人员取得收入征收个人所得税有关业务问题的通知》的通知	2000 年 11 月 8 日	苏地税发〔2000〕119 号	第二条废止

序号	标题	发文日期	文号	废止条款
14	江苏省地方税务局关于营业税若干征税问题的补充通知(五)	2001年7月6日	苏地税发〔2001〕72号	第一条、第二条、第三条、第四条、第五条、第六条、第九条第二款废止
15	江苏省地方税务局关于延期缴纳税款的实施意见	2002年9月30日	苏地税发〔2002〕154号	第三条、第五条第(一)项废止
16	江苏省地方税务局关于中国石油化工股份有限公司江苏石油分公司地方税纳税问题的通知	2002年12月9日	苏地税发〔2002〕204号	第一条,第二条第(一)项、第(二)项营业税内容、第(四)项中"车船使用税"的相关内容,附件4失效废止
17	江苏省地方税务局关于转发《国家税务总局关于贯彻〈中华人民共和国税收征收管理法〉及其实施细则若干具体问题的通知》的通知	2003年5月21日	苏地税发〔2003〕107号	第一条、第二条废止
18	江苏省地方税务局关于进一步加强印花税征收管理的通知	2004年3月29日	苏地税函〔2004〕52号	第二条第一款、第二款,第三条第(二)项失效废止
19	江苏省地方税务局贯彻《省委、省政府关于进一步加快民营经济发展的若干意见》的实施意见	2004年10月14日	苏地税发〔2004〕192号	第二条第一、二、三、五、六款,第三条第一、三款失效废止
20	江苏省地方税务局转发《国家税务总局关于进一步加强税收征管工作的若干意见》的通知	2004年10月18日	苏地税发〔2004〕198号	第三条、第四条废止
21	江苏省地方税务局关于中石化壳牌(江苏)石油销售有限公司地方税纳税问题的通知	2004年12月13日	苏地税发〔2004〕233号	有关城市房地产税、车船使用牌照税等内容失效废止
22	江苏省地方税务局 财政厅 建设厅转发《国家税务总局 财政部 建设部关于加强房地产税收管理的通知》的通知	2005年6月1日	苏地税发〔2005〕105号	第一条第(二)项关于转让房屋免税年限的规定失效;第三条失效废止
23	江苏省地方税务局江苏省国家税务局关于贯彻执行生产企业出口货物实行免抵退税办法后城市维护建设税和教育费附加征收政策的通知	2005年8月8日	苏地税发〔2005〕151号	第一条中关于申报缴纳期限内容失效废止
24	江苏省地方税务局贯彻《省委、省政府〈关于加快发展现代服务业的实施纲要〉〈关于加快现代服务业发展的若干政策〉》的实施意见	2005年8月22日	苏地税发〔2005〕156号	第二条第(一)项、第(二)项、第(四)项、第(六)项中有关营业税的内容废止;有关技术转让、研发费用等内容废止

序号	标题	发文日期	文号	废止条款
25	江苏省地方税务局转发《国家税务局总局关于进一步明确房屋附属设备和配套设施计征房产税有关问题的通知》的通知	2006年1月19日	苏地税发〔2006〕19号	第二条失效废止
26	江苏省财政厅 江苏省地方税务局转发《国家税务总局关于实施房地产一体化管理若干具体问题的通知》的通知	2006年5月8日	苏地税发〔2006〕86号	第一条第二款有关委托契税征收机关代开房屋销售发票并代征相关地方税收规定失效
27	关于印发《江苏省国家税务局、江苏省地方税务局联合办理税务登记管理办法(试行)》的通知	2006年8月10日	苏地税发〔2006〕160号	第十条中关于验证的内容、第十一条废止
28	江苏省地方税务局贯彻《省政府关于加快文化事业和产业发展若干经济政策的通知》的实施意见	2006年10月16日	苏地税发〔2006〕209号	第二条第(一)项、第(二)项中营业税政策、第(五)项中营业税政策、第(七)项、第(九)项中"经税务机关审核后,纳税人缴纳企业所得税时,在年度应纳税所得额10%以内的部分,可在计算应纳税所得额时予以扣除"、第(十一)项失效废止。
29	江苏省地方税务局关于印发《江苏省地方税务局建筑业、房地产业营业税管理暂行办法》的通知	2006年12月6日	苏地税发〔2006〕244号	建筑业项目管理内容废止
30	江苏省地方税务局转发《国家税务总局关于税务机关实施税收保全措施有关问题的通知》的通知	2007年3月19日	苏地税发〔2007〕35号	附件中"诉讼期"内容废止
31	江苏省地方税务局转发《国家税务总局关于房地产开发企业土地增值税清算管理有关问题的通知》的通知	2007年5月25日	苏地税发〔2007〕75号	第二条失效
32	江苏省地方税务局关于转发《国家税务总局关于中央和国务院各部门机关服务中心恢复征税的通知》的通知	2007年9月3日	苏地税发〔2007〕145号	企业所得税相关政策失效废止。
33	关于营业税若干政策问题的通知	2008年12月17日	苏地税函〔2008〕376号	第三条废止
34	关于认真落实税收优惠政策扶持中小企业发展的通知	2009年1月12日	苏地税发〔2009〕3号	第三条第(七)项、第(九)项,第五条第(十六)项中有关营业税内容废止

序号	标题	发文日期	文号	废止条款
35	转发《国家税务总局关于印发〈房地产开发经营业务企业所得税处理办法〉的通知》的通知	2009年4月28日	苏地税发〔2009〕53号	第三条第一款失效废止
36	关于进一步加强土地增值税清算工作的通知	2009年5月6日	苏地税函〔2009〕120号	第二条失效
37	关于实施税务行政审批制度改革有关问题的通知	2009年7月7日	苏地税函〔2009〕176号	第三条第二款、第四条第一款中"货物运输业代开票中介机构认定"部分、第四条第三款中"货物运输业自开票纳税人认定及年审"部分废止。
38	关于印发《非正常户管理办法（试行）》的通知	2009年8月28日	苏地税发〔2009〕70号	第八条中关于税收管理员的内容废止
39	江苏省地方税务局关于核定征收企业所得税若干问题的通知	2009年12月21日	苏地税函〔2009〕283号	第二条废止
40	关于明确营业税若干征税问题的公告	2010年9月7日	苏地税规〔2010〕7号	第二条、第三条、第五条、第六条废止
41	关于办理技术转让税收优惠有关问题的公告	2010年11月26日	苏地税规〔2010〕9号	有关营业税的内容废止
42	关于办理资产损失所得税前扣除有关事项的公告	2011年5月17日	苏地税规〔2011〕2号	第二条废止
43	关于发布《江苏省地方税务局营业税纳税申报办法》的公告	2011年12月23日	苏地税规〔2011〕14号	第七条废止。
44	江苏省地方税务局关于土地增值税有关业务问题的公告	2012年8月20日	苏地税规〔2012〕1号	第一条、第二条、第四条第（一）项、第五条第（二）项和第（三）项废止
45	江苏省地方税务局关于明确若干税款征收标准的公告	2013年5月31日	苏地税规〔2013〕2号	第四条、第六条第一款、第七条废止
46	江苏省地方税务局关于公布2015年度税收规范性文件清理结果的公告	2015年12月7号	苏地税规〔2015〕6号	附件1、附件2失效废止

第十二章 2016年江苏省国家税务局
单独发布的法规政策

一、办税事项全省通办

为贯彻落实中共中央办公厅、国务院办公厅《深化国税、地税征管体制改革方案》,深入开展"便民办税春风行动",方便纳税人办税,减轻办税负担,优化纳税服务,江苏省国家税务局于2016年4月发布《关于办税事项全省通办的公告》,宣布在全省范围内推行办税事项全省通办(以下简称"全省通办"),自2016年5月1日起在常州、镇江、淮安、盐城四个地区试行,自2016年6月1日起在全省施行。具体内容包括:

(一)全省通办是指江苏省国家税务局服务范围内的纳税人,可以在江苏省范围内选择任何一个本公告列名的国税机关办理相关办税事项。

(二)江苏省国家税务局作为全省通办业务的主管国税机关,授权经公告的国税机关(详见表12-1)依法代为办理本公告设定的办税事项。最新的授权国税机关包括:

表12-1　江苏省国家税务局授权办理全省通办业务的国税机关(最新)

序号	名称	序号	名称	序号	名称
1	南京市玄武区国家税务局	14	南京市溧水区国家税务局	27	徐州市铜山区国家税务局
2	南京市秦淮区国家税务局	15	南京市高淳区国家税务局	28	徐州市睢宁县国家税务局
3	南京市建邺区国家税务局	16	无锡市国家税务局	29	徐州市新沂市国家税务局
4	南京市鼓楼区国家税务局	17	无锡市高新区国家税务局	30	徐州市邳州市国家税务局
5	南京市浦口区国家税务局	18	无锡市锡山区国家税务局	31	常州市国家税务局
6	南京市栖霞区国家税务局	19	无锡市惠山区国家税务局	32	常州市武进区国家税务局
7	南京市雨花台区国家税务局	20	无锡市江阴市国家税务局	33	常州市金坛区国家税务局
8	南京市江宁区国家税务局	21	无锡市宜兴市国家税务局	34	常州市溧阳区国家税务局
9	南京市江宁经济开发区国家税务局	22	徐州市国家税务局	35	苏州市国家税务局
10	南京市化学工业园区国家税务局	23	徐州市开发区国家税务局	36	苏州市高新区国家税务局
11	南京市高新区局国家税务局	24	徐州市贾汪区国家税务局	37	苏州市吴中区国家税务局
12	南京市经济开发区国家税务局	25	徐州市丰县国家税务局	38	苏州市相城区国家税务局
13	南京市六合区国家税务局	26	徐州市沛县国家税务局	39	苏州市常熟市国家税务局

续表

序号	名称	序号	名称	序号	名称
40	苏州市张家港市国家税务局	59	淮安市涟水县国税局	78	扬州市江都区国家税务局
41	苏州市昆山市国家税务局	60	淮安市洪泽县国税局	79	镇江市国家税务局
42	苏州市吴江区国家税务局	61	淮安市盱眙县国税局	80	镇江市丹徒区国家税务局
43	苏州市太仓市国家税务局	62	淮安市金湖县国税局	81	镇江市丹阳市国家税务局
44	南通市国家税务局	63	盐城市国家税务局	82	镇江市扬中市国家税务局
45	南通市海安县国家税务局	64	盐城市盐都区国家税务局	83	镇江市句容市国家税务局
46	南通市如东县国家税务局	65	盐城市响水县国家税务局	84	泰州市国家税务局
47	南通市启东市国家税务局	66	盐城市滨海县国家税务局	85	泰州市兴化市国家税务局
48	南通市如皋市国家税务局	67	盐城市阜宁县国家税务局	86	泰州市靖江市国家税务局
49	南通市通州区国家税务局	68	盐城市射阳县国家税务局	87	泰州市泰兴市国家税务局
50	南通市海门市国家税务局	69	盐城市建湖县国家税务局	88	泰州市姜堰区国家税务局
51	连云港市国家税务局	70	盐城市东台市国家税务局	89	宿迁市国家税务局
52	连云港市赣榆区国家税务局	71	盐城市大丰区国家税务局	90	宿迁市宿豫区国家税务局
53	连云港市灌云县国家税务局	72	扬州市经济开发区国家税务局	91	宿迁市沭阳县国家税务局
54	连云港市东海县国家税务局	73	扬州市广陵区国家税务局	92	宿迁市泗阳县国家税务局
55	连云港市灌南县国家税务局	74	扬州市邗江区国家税务局	93	宿迁市泗洪县国家税务局
56	淮安市国家税务局	75	扬州市宝应县国家税务局	94	张家港保税区国家税务局
57	淮安市淮安区国税局	76	扬州市仪征市国家税务局	95	苏州工业园区国家税务局
58	淮安市淮阴区国税局	77	扬州市高邮市国家税务局		

（三）全省通办的办税事项的范围包括：税务登记办理、税务认定、纳税申报受理、税收优惠备案、出口退（免）税申报受理、其他涉税申报受理、税收证明出具、发票真伪鉴别、发放涉税表证单书、纳税咨询等 10 大类 121 个办税事项（详见表 12-2）。随着相关工作的推进和客观形势的发展需要，江苏省国家税务局对这些办税事项进行动态调整，目前实行最新的全省通办的办税事项详见表 12-3。

表 12 - 2　2016 年江苏省国家税务局全省通办事项目录及说明

序号	目录	具体内容
1	税务登记办理	1. 变更登记 事项说明:仅变更①财务负责人②办税人员③核算方式。
2	税务认定	2. 出口退(免)税备案 3. 出口退(免)税备案变更 事项说明:变更"退(免)税方法"暂不受理。 4. 集团公司成员企业备案
3	纳税申报受理	5. 增值税一般纳税人(小规模纳税人)申报 6. 消费税纳税申报 7. 所得税季(月)度申报 8. 所得税汇算清缴(年度申报) 9. 储蓄存款利息所得个人所得税的申报 10. 文化事业建设费申报 11. 废弃电器电子产品处理基金申报 12. 财务报表报送 纳税申报受理事项说明:① 仅受理正常申报(补充申报、逾期申报等暂不受理);② 如有税款,仅受理签订了三方协议的纳税人。
4	税收优惠备案	(一)增值税税收优惠备案(47 项) 13. 自产农产品增值税优惠 14. 避孕药品和用具增值税优惠 15. 古旧图书增值税优惠 16. 其他个人销售自己使用过的物品增值税优惠 17. 农民专业合作社增值税优惠 18. 种子、种苗、农药、农机等农业生产资料增值税优惠 19. 粮食及政府储备食用植物油增值税优惠 20. 军队、军工系统部分货物增值税优惠 21. 黄金、钻石交易增值税免税优惠 22. 血站增值税优惠 23. 医疗卫生机构增值税优惠 24. 铁路货车修理增值税优惠 25. 图书批发、零售环节增值税优惠 26. 残疾人用品增值税优惠 27. 残疾人提供加工修理配劳务增值税优惠 28. 农村电网维护费增值税优惠 29. 抗艾滋病药品增值税优惠 30. 蔬菜、鲜活肉蛋产品增值税优惠 31. 农村饮水安全工程增值税优惠 32. 熊猫普制金币增值税优惠 33. 国际货物运输代理服务增值税优惠 34. 世界银行贷款粮食流通项目增值税优惠 35. 邮政服务增值税优惠 36. 撤销金融机构清算增值税优惠 37. 文化事业单位转制增值税优惠 38. 跨境应税服务增值税优惠 39. 滴灌带和滴灌管产品增值税优惠

续表

序号	目录	具体内容
4	税收优惠备案	40. 有机肥产品增值税优惠 41. 饲料产品增值税优惠 42. 个人转让著作权增值税优惠 43. 航空公司提供飞机播洒农药服务增值税优惠 44. 技术转让、技术开发增值税优惠 45. 合同能源管理项目增值税优惠 46. 离岸服务外包业务增值税优惠 47. 台湾航运公司从事海峡两岸海上直航业务增值税优惠 48. 台湾航空公司从事海峡两岸空中直航业务增值税优惠 49. 美国 ABS 船级社增值税优惠 50. 电影产业增值税优惠 51. 增值税税控系统专用设备和技术维护费用优惠 52. 金融资产管理公司免征增值税 53. 拍卖行拍卖免税货物增值税优惠 54. 随军家属就业增值税优惠 55. 自主择业军队转业干部就业增值税优惠 56. 生产销售的国产支线飞机增值税 57. 污水处理费免征增值税 58. 残疾人登记的个体工商户提供应税服务免征增值税 59. 承担收储任务的国有粮食购销企业免税优惠 (二) 消费税税收优惠备案(10 项) 60. 航空煤油暂缓征收消费税 61. 对用外购或委托加工收回的已税汽油生产的乙醇汽油免税,用自产汽油生产的乙醇汽油,按照生产乙醇汽油所耗用的汽油数量申报纳税 62. 利用废弃的动物油和植物油为原料生产的纯生物柴油免征消费税 63. 成品油生产企业在生产成品油过程中,作为燃料、动力及原料消耗掉的自产成品油,免征消费税 64. 以回收的废矿物油为原料生产的润滑油、基础油、汽油、柴油等工业油料免征消费税 65. 列入国家税务总局定点直供计划的石脑油、燃料油免征消费税 66. 生产企业自产石脑油、燃料油用于生产乙烯、芳烃类化工产品的,按实际耗用数量暂免征收消费税 67. 节能环保电池免税 68. 节能环保涂料免税 69. 石脑油 燃料油生产乙烯 芳烃类化工产品消费税退税资格备案 (三) 企业所得税税收优惠备案(39 项) 70. 债券利息收入免征企业所得税 71. 符合条件的居民企业之间股息、红利等权益性投资收益及在中华人民共和国境内设立机构、场所的非居民企业从居民企业取得与该机构、场所有实际联系的股息、红利等权益性投资收益免征企业所得税 72. 符合条件的非营利组织的收入免征企业所得税 73. 中国清洁发展机制基金取得的收入免征企业所得税 74. 证券投资基金相关收入暂不征收企业所得税 75. 期货保证金、保险保障基金有关收入暂免征收企业所得税 76. 综合利用资源生产产品取得的收入在计算应纳税所得额时减计收入 77. 金融、保险等机构取得的涉农贷款利息收入、保费收入在计算应纳税所得额时减计收入

序号	目录	具体内容
4	税收优惠备案	78. 取得的中国铁路建设债券利息收入减半征收企业所得税
		79. 开发新技术、新产品、新工艺发生的研究开发费用加计扣除
		80. 安置残疾人员及国家鼓励安置的其他就业人员所支付的工资加计扣除
		81. 从事国家重点扶持的公共基础设施项目投资经营的所得定期减免征收企业所得税
		82. 从事符合条件的环境保护、节能节水项目的所得定期减免征收企业所得税
		83. 符合条件的技术转让所得减免征收企业所得税
		84. 实施清洁发展机制项目的所得定期减免征收企业所得税
		85. 符合条件的节能服务公司实施合同能源管理项目的所得定期减免征收企业所得税
		86. 创业投资企业按投资额的一定比例抵扣应纳税所得额
		87. 内地居民企业连续持有 H 股满 12 个月取得的股息红利所得免征企业所得税
		88. 国家需要重点扶持的高新技术企业减按 15％的税率征收企业所得税。
		89. 经营性文化事业单位转为企业的免征企业所得税
		90. 动漫企业自主开发、生产动漫产品定期减免征收企业所得税
		91. 技术先进型服务企业减按 15％的税率征收企业所得税
		92. 退役士兵就业等促进就业企业限额减征企业所得税
		93. 集成电路生产企业定期减免征收企业所得税
		94. 集成电路线宽小于 0.25 微米或投资额超过 80 亿元的集成电路生产企业减按 15％税率征收企业所得税
		95. 新办集成电路设计企业和符合条件的软件企业定期减免征收企业所得税
		96. 国家规划布局内重点软件企业和集成电路设计企业可减按 10％的税率征收企业所得税
		97. 生产和装配伤残人员专门用品企业免征企业所得税
		98. 购置用于环境保护、节能节水、安全生产等专用设备的投资额按一定比例实行税额抵免
		99. 有限合伙制创业投资企业法人合伙人按投资额的一定比例抵扣应纳税所得额
		100. 电网企业电网新建项目所得优惠
		101. 设在西部地区的鼓励类产业企业
		102. 港口码头中外合资经营企业享受"五免五减半"过渡期税收优惠企业
		103. 受灾地区企业取得的救灾和灾后恢复重建款项等收入
		104. 受灾地区损失严重企业免征企业所得税
		105. 受灾地区的促进就业企业限额减征企业所得税
		106. 非居民企业享受税收协定待遇备案
		107. 农、林、牧、渔业项目的所得减免企业所得税
		108. 支持和促进就业
5	出口退（免）税申报受理	109. 放弃适用增值税零税率声明备案
		110. 出口货物劳务服务放弃免税权声明备案
		111. 出口货物劳务服务放弃退（免）税声明备案
6	其他涉税申报受理	112. 存款账户账号报告
		说明:仅受理存款账户账号报告,不受理三方协议的签订及变更。
		113. 财会制度及核算软件备案报告

续表

序号	目录	具体内容
7	税收证明出具	114. 丢失增值税(货物运输业增值税)专用发票已报税证明单 115. 完税凭证开具、换开、重开 116. 正在接受非义务教育的学生身份证明 117. 出口已使用过的设备折旧情况确认表 118. 关于作废出口退(免)税证明的申请
8	发票真伪鉴别	119. 发票真伪鉴别 事项说明:① 经其他国税部门已作出鉴定证明的普通发票,不予受理;② 仅对发票本身真伪进行鉴别,对发票票面所记载信息的真实性不进行鉴别。
9	发放涉税表证单书	120. 发放办理各种涉税事项所需的各类表格、文书资料
10	纳税咨询	121. 办税服务厅现场咨询

表 12 - 3 现行最新的江苏省国家税务局全省通办事项目录及说明

序号	目录	具体内容
1	税务登记办理	1. 变更登记 事项说明:仅变更 ① 财务负责人 ② 办税人员 ③ 核算方式。
2	税务认定	2. 增值税一般纳税人资格登记 3. 增值税一般纳税人选择简易办法计算缴纳增值税 4. 增值税即征即退资格备案 5. 出口退(免)税备案 6. 出口退(免)税备案变更 事项说明:变更"退(免)税方法"暂不受理。 7. 集团公司具有免抵退税资格成员企业备案
3	纳税申报受理	8. 增值税一般纳税人(小规模纳税人)申报 9. 消费税纳税申报 10. 所得税季(月)度申报 11. 所得税汇算清缴(年度申报) 12. 储蓄存款利息所得个人所得税的申报 13. 文化事业建设费申报 14. 废弃电器电子产品处理基金申报 15. 财务报表报送 纳税申报受理事项说明:① 仅受理正常申报(补充申报、逾期申报等暂不受理);② 如有税款,仅受理签订了三方协议的纳税人。
4	税收优惠备案	16. 增值税税收优惠备案 17. 消费税税收优惠备案 18. 企业所得税税收优惠备案 事项说明:《关于软件和集成电路产业企业所得税优惠政策有关问题的通知》(财税〔2016〕49 号)所涉及的优惠备案事项暂不受理。
5	出口退(免)税申报受理	19. 放弃适用增值税零税率声明备案 20. 出口货物劳务服务放弃免税权声明备案 21. 出口货物劳务服务放弃退(免)税声明备案

续表

序号	目录	具体内容
6	其他涉税申报受理	22. 存款账户账号报告 事项说明：仅受理存款账户账号报告，不受理三方协议的签订及变更。 23. 财会制度及核算软件备案报告
7	税收证明出具	24. 丢失增值税专用发票已报税证明单 25. 完税凭证开具、换开、重开 事项说明：车购税完税凭证开具、换开、重开暂不受理。 26. 正在接受非义务教育的学生身份证明 27. 出口已使用过的设备折旧情况确认表 28. 关于作废出口退（免）税证明的申请
8	发放涉税表证单书	29. 发放办理各种涉税事项所需的各类表格、文书资料
9	纳税咨询	30. 办税服务厅现场咨询

注：纳税人的上述办税事项可全省通办，办理相关事项时，办理流程、所报送的资料等要求与原办理方式一致。

（四）纳税人可以在全省范围内自由选择上列国税机关的办税服务厅办理全省通办办税事项。承办全省通办业务的国税机关应设置"江苏省国家税务局全省通办"专门窗口。全省通办办税事项办理中需要使用国税机关印章的，加盖由江苏省国家税务局统一编号的"江苏省国家税务局全省通办业务专用章"。

图 13-1　江苏省国家税务局全省通办印章式样

注：高 3 cm，宽 4 cm。

（五）全省通办的纳税人其办税人员应当在属地国税机关依据《江苏省国家税务局关于实行办税人员实名办税的公告》（江苏省国家税务局公告 2015 年第 4 号）办理实名信息采集手续，在跨区办税时，出示有效身份证件，受理国税机关按照规定的流程进行身份核实。

（六）纳税人在办理全省通办相关办税事项过程中，应当依法履行相应的税收义务，受理国税机关应当依法维护纳税人的合法权益。纳税人存在相关涉税违法行为，依法应当进行行政处理的，一般由属地国税机关依法办理。

（七）纳税人需要进一步了解全省通办涉税事宜的，可拨打 12366 纳税服务热线、当地国税机关办税服务特服电话或到办税服务厅现场咨询，也可登录江苏国税电子税务局（网址：http://etax.jsgs.gov.cn）或扫描国税机关提供的二维码进行查询。

二、营改增试点发票票种

2016 年 4 月，江苏省国家税务局发布《关于营改增试点发票票种的公告》（〔2016〕第 3 号），宣布自2016年5月1日起,江苏省全面推开建筑业、房地产业、金融业、生活服务业营业税改征增值税(以下称营改增)试点。为适应营改增试点纳税人的经营需要,有序衔接营改增试点发票管理,就营改增试点发票票种的票种目录、票种使用以及票种样式做出规定:

1. 票种目录

表12-4 营改增试点发票票种

票种代码	发票名称	基本联次	类型	规格(mm)	开具方式
1140	增值税专用发票	3	机打	241×140	增值税发票管理新系统
1170	增值税专用发票	6	机打	241×140	
26020	增值税普通发票	2	机打	241×140	
26050	增值税普通发票	5	机打	241×140	
50000	增值税电子普通发票	1	机打	241×140	
2809	通用机打卷式发票	1	机打	127×57	收款机
2810	通用机打卷式发票	1	机打	127×76	
2811	通用机打卷式发票	1	机打	127×82	
2907	通用定额发票(0.5)	1	定额	90×45	定额
2901	通用定额发票(1元)	2	定额	175×70	
2905	通用定额发票(5元)	2	定额	175×70	
2902	通用定额发票(10元)	2	定额	175×70	
2906	通用定额发票(20元)	2	定额	175×70	
2903	通用定额发票(50元)	2	定额	175×70	
2904	通用定额发票(100元)	2	定额	175×70	
2801	通用机打发票	3	机打	190×101.6	江苏国税电子税务局
2802	通用机打发票	3	机打	210×139.7	
2814	通用机打发票	2	机打	82×101.6	企业自有系统
	定额门票	1	定额	———	

2. 票种使用

(1) 增值税专用发票。适用于增值税一般纳税人。

(2) 增值税普通发票。适用于增值税一般纳税人以及月不含税销售额超过3万元或季不含税销售额超过9万元的小规模纳税人。月不含税销售额不超过3万元或季不含税销售额不超过9万元的小规模纳税人要求使用增值税发票管理新系统的,也可领用。

(3) 增值税电子普通发票。适用于增值税一般纳税人以及月不含税销售额超过3万元或季不含税销售额超过9万元的小规模纳税人。月不含税销售额不超过3万元或季不含税销售额不超过9万元的小规模纳税人要求使用增值税发票管理新系统的,也可领用。

(4) 通用机打卷式发票。适用于收款机具备开具国税卷式发票条件的纳税人。

(5) 通用定额发票。适用于所有纳税人。

（6）通用机打发票。适用于月不含税销售额不超过 3 万元或季不含税销售额不超过 9 万元的小规模纳税人和收取过路（过桥）费的纳税人。

（7）定额门票。适用于所有使用门票的单位。

3. 票种样式（略）

三、调整 2016 年部分纳税申报期

根据《国家税务局关于全面推开营业税改征增值税试点有关税收征收管理事项的公告》（国家税务总局（2016）23 号公告）第一条有关纳税申报期调整的要求，为保障全面推开营业税改征增值税（以下简称营改增）试点工作顺利实施，江苏省国家税务局于 2016 年 4 月 29 日发布《关于调整 2016 年部分纳税申报期的公告》，将相关纳税申报期调整如下：

（一）2016 年 5 月 1 日新纳入营改增试点范围的纳税人，2016 年 6 月份增值税纳税申报期延长至 2016 年 6 月 27 日。

（二）江苏省国家税务局征管的企业所得税纳税人，2015 年度企业所得税汇算清缴时间延长至 2016 年 6 月 30 日。

（三）实行按季申报的原营业税纳税人，2016 年 7 月申报期内，向主管国税机关申报税款所属期为 5、6 月份的增值税。

四、公布全文有效、部分条款失效或废止、全文失效或废止税收规范性文件目录

根据国家税务总局关于做好税收规范性文件清理工作的有关要求，江苏省国家税务局对税收规范性文件进行了清理。清理结果于 2016 年 9 月 28 日江苏省国家税务局 2016 年度第 18 次局办公会议审议通过，并于 2016 年 9 月 30 日发布了《江苏省国家税务局全文有效的税收规范性文件目录》、《江苏省国家税务局部分条款失效或废止的税收规范性文件目录》和《江苏省国家税务局全文失效或废止的税收规范性文件目录》。其中前两项具体见表 12－5、12－6，全文失效或废止的税收规范性文件涉及 1986 年 9 月至 2016 年 4 月期间发布的文件共计 525 项，限于篇幅不再赘述。

表 12－5　江苏省国家税务局全文有效的税收规范性文件目录

序号	标题	发文日期	文号
1	江苏省国家税务局转发《国家税务总局关于被盗、丢失增值税专用发票的处理意见的通知》的通知	1995 年 6 月 6 日	苏国税发〔1995〕344 号
2	江苏省国家税务局转发《国家税务总局关于平销行为征收增值税问题的通知》的通知	1997 年 12 月 23 日	苏国税发〔1997〕607 号
3	江苏省国家税务局关于农村电网维护费增值税问题的补充通知	1998 年 6 月 10 日	苏国税发〔1998〕296 号
4	江苏省国家税务局关于蔬菜防虫网征免增值税的批复	1998 年 12 月 7 日	苏国税发〔1998〕591 号

序号	标题	发文日期	文号
5	江苏省国家税务局关于印发《江苏省国家税务局关于加强增值税防伪税控系统专用设备安全管理的规定(试行)》的通知	2000 年 7 月 17 日	苏国税发[2000]332 号
6	江苏省国家税务局关于贯彻落实《成品油零售加油站增值税征收管理办法》的通知	2002 年 5 月 14 日	苏国税发[2002]082 号
7	江苏省国家税务局关于补充下发《成品油零售加油站增值税征收管理办法》的函	2002 年 6 月 4 日	苏国税函[2002]196 号
8	江苏省国家税务局关于明确变型拖拉机增值税适用税目的通知	2003 年 4 月 28 日	苏国税发[2003]082 号
9	江苏省国家税务局关于雕塑产品征税问题的批复	2003 年 6 月 18 日	苏国税函[2003]227 号
10	江苏省国家税务局转发《国家税务总局关于认真做好增值税专用发票发售、填开管理等有关问题的通知》的通知	2003 年 7 月 21 日	苏国税函[2003]259 号
11	江苏省国家税务局转发《国家税务总局关于出口货物专用税票电子信息审核有关问题的通知》的通知	2004 年 2 月 18 日	苏国税函[2004]52 号
12	江苏省国家税务局转发《国家税务总局关于使用增值税专用发票认证信息审核出口退税的紧急通知》的通知	2004 年 3 月 30 日	苏国税函[2004]122 号
13	江苏省国家税务局关于转发《国家税务总局 中国人民银行 财政部 关于现金退税问题的紧急通知》的通知	2004 年 5 月 31 日	苏国税发[2004]100 号
14	江苏省国家税务局转发《国家税务总局关于取消防伪税控企业资格认定的通知》的通知	2004 年 8 月 16 日	苏国税函[2004]283 号
15	江苏省国家税务局转发《国家税务总局关于取消为纳税人提供增值税专用发票开票服务的中介机构资格审批后有关问题的通知》的通知	2004 年 8 月 17 日	苏国税函[2004]284 号
16	江苏省国家税务局转发《国家税务总局关于建立增值税失控发票快速反应机制的通知的通知》	2004 年 10 月 9 日	苏国税发[2004]203 号
17	江苏省国家税务局转发《国家税务总局关于印发增值税纳税评估部分方法及行业纳税评估指标的通知》的通知	2005 年 1 月 6 日	苏国税函[2006]005 号
18	江苏省国家税务局转发《国家税务总局关于停止执行〈金银首饰购货(加工)管理证明单〉使用规定的批复》的通知	2005 年 3 月 29 日	苏国税函[2005]104 号

序号	标题	发文日期	文号
19	江苏省国家税务局转发《国家税务总局关于印发〈增值税一般纳税人纳税申报"一窗式"管理操作规程〉的通知》的通知	2005 年 6 月 6 日	苏国税发〔2005〕091 号
20	江苏省国家税务局转发《国家税务总局关于加强机动车辆税收管理有关问题的通知》的通知	2005 年 6 月 15 日	苏国税发〔2005〕101 号
21	江苏省国家税务局关于企业经审批的免抵税额属于增值税应纳税额的批复	2005 年 9 月 7 日	苏国税函〔2005〕309 号
22	江苏省国家税务局转发《国家税务总局关于印发〈汽油、柴油消费税管理办法（试行）〉的通知》的通知	2005 年 9 月 13 日	苏国税发〔2005〕188 号
23	江苏省国家税务局转发《国家税务总局 外交部关于驻外使领馆工作人员离任回国进境自用车辆缴纳车辆购置税有关问题的通知》的通知	2005 年 11 月 30 日	苏国税发〔2005〕250 号
24	江苏省国家税务局关于转发《国家税务总局关于取消出口货物退（免）税清算的通知》的通知	2005 年 12 月 27 日	苏国税函〔2005〕437 号
25	江苏省国家税务局转发《国家税务总局关于消费者丢失机动车销售发票处理问题的批复》的通知	2006 年 4 月 11 日	苏国税函〔2006〕145 号
26	江苏省国家税务局关于我省增值税防伪税控开票系统最高开票限额行政许可工作中有关问题的补充通知	2006 年 8 月 7 日	苏国税函〔2006〕289 号
27	江苏省国家税务局关于江苏省电力公司射阳供电公司提取低压电网维护费问题的批复	2006 年 8 月 21 日	苏国税函〔2006〕303 号
28	江苏省国家税务局关于转发国家税务总局《车辆购置税价格信息管理办法（试行）》的通知	2006 年 8 月 21 日	苏国税发〔2006〕166 号
29	江苏省国税局关于取消有关外商投资企业所得税政策文件的通知	2008 年 2 月 29 日	苏国税发〔2008〕032 号
30	江苏省国家税务局转发《国家税务总局关于印发〈增值税专用发票审核检查操作规程（试行）〉的通知》的通知	2008 年 4 月 29 日	苏国税发〔2008〕047 号
31	江苏省国家税务局转发《国家税务总局关于发布已失效或废止有关增值税规范性文件清单的通知》的通知	2009 年 2 月 18 日	苏国税发〔2009〕30 号

序号	标题	发文日期	文号
32	江苏省国家税务局转发《国家税务总局关于调整增值税一般纳税人纳税申报"一窗式"管理操作规程有关事项的通知》的通知	2009年4月13日	苏国税函〔2009〕106号
33	江苏省国家税务局转发《国家税务总局关于转发〈国家发展改革委关于降低增值税专用发票和防伪税控系统技术维护价格的通知〉的通知》的通知	2009年7月27日	苏国税函〔2009〕232号
34	江苏省国家税务局江苏地方税务局关于明确检查发票违法行为奖励标准的通知	2009年10月22日	苏国税发〔2009〕196号
35	江苏省国家税务局转发《国家税务总局关于调整增值税扣税凭证抵扣期限有关问题的通知》的通知	2009年12月21日	苏国税函〔2009〕354号
36	江苏省国家税务局转发《国家税务局关于印发〈税务稽查工作规程〉的通知》的通知	2010年1月13日	苏国税发〔2010〕011号
37	江苏省国家税务局关于我省饲料产品检验机构调整和名称变更的通知	2010年3月25日	苏国税函〔2010〕074号
38	江苏省国家税务局转发《国家税务总局关于印发〈增值税一般纳税人纳税辅导期管理办法〉的通知》的通知	2010年5月4日	苏国税发〔2010〕083号
39	江苏省国家税务局转发《国家税务总局关于贯彻落实〈税收规范性文件制定管理办法〉的通知》的通知	2010年6月17日	苏国税发〔2010〕101号
40	江苏省国家税务局 江苏省地方税务局转发《国家税务总局关于跨地区经营建筑企业所得税征收管理问题的通知》的通知	2010年6月18日	苏国税发〔2010〕108号
41	江苏省国家税务局转发《国家税务总局关于跨境贸易人民币结算试点企业评审以及出口货物退（免）税有关事项的通知》的通知	2010年8月2日	苏国税函〔2010〕249号
42	江苏省国家税务局关于调整金融机构开展个人实物黄金交易预征率等问题的公告	2010年9月6日	江苏省国家税务局公告2010年第2号
43	江苏省国家税务局关于印发中国工商银行股份有限公司等企业所属江苏二级以下分支机构名单的公告	2011年1月18日	江苏省国家税务局公告2011年第1号
44	关于免费下载使用"出口货物退（免）税申报系统"的公告	2011年9月21日	江苏省国家税务局公告2011年第2号
45	江苏省国家税务局关于我省国税系统营改增试点后发票票种的公告	2012年8月24日	江苏省国家税务局公告2012年第3号

续表

序号	标题	发文日期	文号
46	江苏省国家税务局关于启用新版《车辆购置税完税证明》的公告	2013 年 5 月 8 日	江苏省国家税务局公告 2013 年第 1 号
47	江苏省国家税务局关于税收检查和纳税服务有关事项的公告	2013 年 12 月 20 日	江苏省国家税务局公告 2013 年第 4 号
48	江苏省国家税务局关于发布 2014 年第一批全文废止部分条款失效或废止的税收规范性文件目录的公告	2014 年 4 月 30 日	江苏省国家税务局公告 2014 年第 3 号
49	江苏省国家税务局关于发布 2014 年第二批全文失效或废止 部分条款失效或废止的税收规范性文件目录的公告	2014 年 6 月 27 日	江苏省国家税务局公告 2014 年第 7 号
50	江苏省国家税务局江苏省财政厅关于扩大农产品增值税进项税额核定扣除试点行业范围的公告	2014 年 11 月 25 日	江苏省国家税务局公告 2014 年第 12 号
51	江苏省国家税务局关于发布第一批税务行政处罚权力清单和权力运行流程图的公告	2015 年 3 月 16 日	江苏省国家税务局公告 2015 年第 1 号
52	江苏省国家税务局关于发布《江苏省国税系统重大税务案件审理实施办法》的公告	2015 年 3 月 31 日	江苏省国家税务局公告 2015 年第 2 号
53	江苏省国家税务局关于推行出口退（免）税无纸化申报的公告	2015 年 4 月 30 日	江苏省国家税务局公告 2015 年第 3 号
54	江苏省国家税务局关于实行办税人员实名办税的公告	2015 年 11 月 26 日	江苏省国家税务局公告 2015 年第 4 号
55	江苏省国家税务局关于修订《规范税务行政处罚裁量权实施办法》的公告	2015 年 12 月 2 日	江苏省国家税务局公告 2015 年第 5 号
56	江苏省国家税务局关于免费开放出口退（免)税申报系统接口的公告	2015 年 12 月 25 日	江苏省国家税务局公告 2015 年第 6 号
57	江苏省国家税务局关于公布税务行政许可事项目录的公告	2015 年 12 月 25 日	江苏省国家税务局公告 2015 年第 7 号
58	江苏省国家税务局 江苏省地方税务局 关于进一步规范企业所得税核定征收工作的公告	2016 年 3 月 14 日	江苏省国家税务局江苏省地方税务局公告 2016 年第 1 号
59	江苏省国家税务局关于营改增试点发票票种的公告	2016 年 4 月 18 日	江苏省国家税务局公告 2016 年第 3 号
60	江苏省国家税务局　江苏省地方税务局关于修订《税务行政处罚自由裁量基准》的公告	2016 年 4 月 26 日	江苏省国家税务局江苏省地方税务局公告 2016 年第 4 号
61	江苏省国家税务局关于调整 2016 年部分纳税申报期的公告	2016 年 4 月 29 日	江苏省国家税务局公告 2016 年第 5 号

表 12 - 6   江苏省国家税务局部分条款失效或废止的税收规范性文件目录

序号	标题	发文日期	文号	失效或废止条款	备注
1	江苏省国家税务局关于购销增值税应税货物有关发票管理问题的批复	1997年4月23日	苏国税发〔1997〕210号		江苏省国家税务局公告2014年第7号对第二条废止。
2	江苏省国家税务局关于进一步加强增值税征收管理的通知	1997年9月2日	苏国税发〔1997〕435号	第四条废止	江苏省国家税务局公告2011年第3号对第二条、第四条"要严格执行国家税务总局关于由税务机关为小规模纳税人代开增值税专用发票的通知规定,只能开6％征6％,坚决制止和杜绝开17％征6％的做法"废止。
3	江苏省国家税务局转发《国家税务总局关于拍卖行取得的拍卖收入征收增值税营业税有关问题的通知》的通知	1999年4月5日	苏国税发〔1999〕141号	第二条废止	
4	江苏省国家税务局关于印发《江苏省国家税务局关于税收违法案件公告的规定》的通知	1999年4月22日	苏国税发〔1999〕175号	第八条"重大或特大的税务违法案件公告,由省国家税务局局长或分管局长审批"废止。	
5	江苏省国家税务局转发《国家税务总局关于国有粮食购销企业开具粮食销售发票有关问题的通知》的通知	1999年7月28日	苏国税明电〔1999〕24号	第三条废止	
6	江苏省国家税务局关于印发《江苏省增值税防伪税控系统管理办法实施细则(试行)》的通知	2000年1月25日	苏国税发〔2000〕072号		江苏省国家税务局公告2014年第3号对第三十二条"防伪税控企业逾期未报税,经催报仍不报的,主管国税机关应立即派专人进行实地查处"废止。

序号	标题	发文日期	文号	失效或废止条款	备注
7	江苏省国家税务局关于转发《国家税务总局关于加强出口货物退税专用税票电子信息管理工作的通知》的紧急通知	2000 年 7 月 11 日	苏国税发〔2000〕325 号		江苏省国家税务局公告 2011 年第 3 号对第五条废止。
8	江苏省国家税务局转发《国家税务总局关于印发〈国家税务总局关于推行增值税防伪税控系统的通告〉的通知》的通知	2000 年 12 月 7 日	苏国税函发〔2000〕85 号		江苏省国家税务局公告 2014 第 7 号对第一条失效。
9	江苏省国家税务局关于印发《江苏省国家税务局关于推广应用增值税防伪税控主机共享服务系统有关问题的通告》的通知	2003 年 6 月 17 日	苏国税函〔2003〕223 号		江苏省国家税务局公告 2011 年第 3 号对第二、三、六条废止。
10	江苏省国家税务局转发《国家税务总局关于进一步做好增值税纳税申报"一窗式"管理工作的通知》的通知	2003 年 9 月 16 日	苏国税函〔2003〕350 号		江苏省国家税务局公告 2014 年第 7 号对第一条、第三条失效。
11	江苏省国家税务局关于明确软件产品和集成电路产品有关增值税问题的通知	2003 年 12 月 4 日	苏国税发〔2003〕241 号		江苏省国家税务局公告 2011 年第 3 号对第四条、第六条、第八条至第十条废止。
12	江苏省国家税务局关于进一步做好金税工程运行管理工作的通知	2004 年 6 月 4 日	苏国税发〔2004〕104 号	第三条"三、要认真贯彻落实《江苏省国税系统目标管理考核办法》，加大对金税工程工作的考核力度。各地要严格按照总局确定的金税工程六项指标进行考核，努力实现纳税人报税率、存根联采集率和抵扣联认证率"三个百分之百"和一般纳税人档案信息漏采率、抵扣联重号率和报表差错率为零。对违反操作规程和管理工作失职而影响金税工程运行质量的，应按有关规定严肃处理。"废止。	

序号	标题	发文日期	文号	失效或废止条款	备注
13	江苏省国家税务局转发《国家税务总局关于取消金银首饰消费税纳税人认定行政审批后有关问题的通知》的通知	2004年7月15日	苏国税函〔2004〕242号		江苏省国家税务局公告2014年第7号对第1条、第2条废止。
14	江苏省国家税务局转发《国家税务总局关于增值税专用发票和其他抵扣凭证审核检查有关问题的补充通知》的通知	2005年2月7日	苏国税发〔2005〕17号		江苏省国家税务局公告2014年第7号对第四条、第五条、第六条废止。
15	江苏省国家税务局关于进一步加强我省供电企业增值税征收管理有关问题的通知	2005年10月17日	苏国税函〔2005〕345号	第一条" 一、部网和省网均属于独立核算的供电企业，实行在供电环节预征、由独立核算的供电企业统一结算的办法缴纳增值税。电力产品的预征、结算仍按苏国税函〔2004〕287号文件的规定执行。"废止。	江苏省国家税务局公告2014年第7号对第四条第二款失效。
16	江苏省国家税务局转发《国家税务总局关于修订〈增值税专用发票使用规定〉的通知》的通知	2006年12月14日	苏国税发〔2006〕253号	第四、九条废止。	江苏省国家税务局公告2014年第7号对第一条、第二条失效。
17	江苏省国家税务局关于印发《江苏省〈个体工商户税收定期定额征收管理办法〉实施办法》的通知	2007年2月1日	苏国税发〔2007〕27号		江苏省国家税务局公告2014年第3号对第三条废止。
18	江苏省国家税务局关于印发《江苏省国家税务局增值税汇总申报纳税企业征收管理办法（试行）》的通知	2007年7月8日	苏国税发〔2007〕128号		江苏省国家税务局公告2014年第3号对第七条、第二十条第一款第3项废止；江苏省国家税务局公告2014年第7号对第二十一条、第二十二条失效。

序号	标题	发文日期	文号	失效或废止条款	备注
19	江苏省国家税务局转发《国家税务总局关于下放增值税专用发票最高开票限额审批权限的通知》的通知	2007年9月22日	苏国税函〔2007〕349号		江苏省国家税务局公告2014年第7号对第二条第三项废止。
20	江苏省国家税务局关于全省卷烟工业企业重组合并有关增值税、消费税和企业所得税问题的通知	2007年12月17日	苏国税函〔2007〕444号	第四条第4项废止。	江苏省国家税务局公告2014年第7号对第四条第2项废止。
21	江苏省国家税务局关于调整我省油气田企业存续公司增值税征收方式的通知	2008年4月24日	苏国税函〔2008〕173号	第二条中"存续公司在外省提供生产性劳务,应按财税字〔2000〕32号和国税发〔2000〕195号文件的规定办理"、第四条废止。	
22	江苏省国家税务局关于规范增值税专用发票发售管理工作的通知	2008年5月27日	苏国税函〔2008〕230号		江苏省国家税务局公告2011年第3号对第三、四条废止。
23	江苏省国家税务局转发《国家税务总局关于企业所得税若干税务事项衔接问题的通知》的通知	2009年3月27日	苏国税函〔2009〕085号		江苏省国家税务局公告2014年第3号对第四条废止。
24	江苏省国家税务局转发《国家税务总局关于印发〈房地产开发经营业务企业所得税处理办法〉的通知》的通知	2009年4月27日	苏国税发〔2009〕079号		江苏省国家税务局公告2014年第3号对第四条第四款废止,江苏省国家税务局公告2014年第7号对第一条第(二)款第3项中的"《房地产开发企业预提费用明细表》(附件五)"废止;第四条第(一)款中的"预提的出包工程,自开发产品完工之日起超过2年仍未支付的,预提的出包工程款全额计入应纳税所得额;以后实际支付时可按规定税前扣除。"废止。

序号	标题	发文日期	文号	失效或废止条款	备注
24	江苏省国家税务局转发《国家税务总局关于印发〈房地产开发经营业务企业所得税处理办法〉的通知》的通知	2009年4月27日	苏国税发〔2009〕079号		第四条第（三）款中的"除政府相关文件对报批报建费用、物业完善费用有明文期限外，预提期限最长不得超过3年；超过3年未上交的，计入当期应纳税所得额，以后年度实际支付时准予在税前扣除。"废止。
25	江苏省国家税务局转发《国家税务总局关于企业所得税核定征收若干问题的通知》的通知	2009年10月11日	苏国税函〔2009〕290号	第三条中"鉴定工作结束后，年度内对征收方式不再调整"废止；第四条"应由纳税人提出书面申请"废止；第五条第一款废止；第五条第二款第2条"增值税出口退税分类等级管理的A类和B类纳税人"第3条"纳税信用等级评定为A级的纳税人"废止；第六条废止；第七条废止。	江苏省国家税务局公告2014年第3号第四条"年度结束以后对以后年度确需核定征收的，基层国税机关实地调查并提出鉴定意见后报县级国税机关复核合议"中的"实地调查并"废止。
26	江苏省国家税务局转发《国家税务总局关于明确〈增值税一般纳税人资格认定管理办法〉若干条款处理意见的通知》的通知	2010年5月4日	苏国税函〔2010〕187号	第二条、第四条第一款废止。	江苏省国家税务局公告2011年第3号对第四条第二款中"使用一般纳税人的《增值税纳税申报表》"失效。
27	江苏省国家税务局关于印发《江苏省国税机关代开增值税专用发票管理办法（试行）》的通知	2010年5月24日	苏国税发〔2010〕091号		江苏省国家税务局公告2011年第3号对第二十六条中"对纳税人单笔……有效措施。"废止。

序号	标题	发文日期	文号	失效或废止条款	备注
28	江苏省国家税务局关于代开普通发票的公告	2010年9月7日	江苏省国家税务局公告2010年第3号		江苏省国家税务局公告2014年第3号对第二条第一款第5项"各省辖市国家税务局可以根据实际情况确定具体代开金额较大的标准（下同）和核实程序、方法、内容等"废止。
29	江苏省国家税务局关于发布现行有效全文失效或废止部分条款失效或废止的税收规范性文件目录的公告	2011年10月25日	江苏省国家税务局公告2011年第3号	"现行有效的税收规范性文件目录"废止。	
30	江苏省国家税务局关于在部分行业试行农产品增值税进项税额核定扣除办法有关问题的公告	2012年7月25日	江苏省国家税务局公告2012年第1号		江苏省国家税务局公告2014年第3号对第五条第二款、第四条第三款废止。
31	江苏省国家税务局关于促进新技术新产品发展的税收优惠政策公告	2012年8月29日	江苏省国家税务局公告2012年第5号	第三条中"分别"、"免征"、"先征后退"字样失效；第四、五、六、七、八条废止。	
32	江苏省国家税务局关于全面实施税收职责清单的公告	2014年6月25日	江苏省国家税务局公告2014年第6号	第五条第一款废止。	

五、修订《江苏省国税系统重大税务案件审理实施办法》

为进一步强化依法治税，推进科学民主决策，提高税收执法质量，保护纳税人合法权益，防范税收执法风险，强化税收执法监督制约机制，规范重大税务案件审理工作，进一步规范江苏省全省国税系统重大税务案件审理工作，根据《重大税务案件审理办法》（国家税务总局令第34号）规定，2016年11月30日江苏省国家税务局发布关于修订《江苏省国税系统重大税务案件审理实施办法》的公告，宣布自公告发布之日起实施下述内容：

（一）适用范围及原则

1. 省及省以下各级国家税务局开展重大税务案件审理工作适用本办法。

2. 重大税务案件审理应当遵循合法、合理、公平、公正、效率的原则，实现社会、法律相统一的执法效果。

3. 参与重大税务案件审理的人员应当严格遵守国家保密规定和工作纪律，依法为纳税人、扣缴义务人的商业秘密和个人隐私保密。

（二）审理机构和职责

1. 县级（含）以上国家税务局设立重大税务案件审理委员会（以下简称审理委员会），负责重大税务案件审理工作。

审理委员会由主任、副主任和成员单位组成，实行主任负责制。审理委员会主任由国税局局长担任，副主任由分管政策法规工作的局领导担任。审理委员会成员单位包括政策法规、税政业务、纳税服务、征管科技、大企业税收管理、税务稽查、督察内审部门。

审理委员会下设办公室，办公室设在政策法规部门，办公室主任由政策法规部门负责人兼任。

2. 审理委员会工作职责：

（1）制定审理委员会的议事规则等制度；

（2）指导监督下级国家税务局重大税务案件审理工作；

（3）负责审理本级审理委员会办公室报送的案件。

3. 审理委员会办公室是审理委员会日常办事机构，工作职责如下：

（1）审核提请审理的重大税务案件材料；

（2）向审理委员会成员单位分送书面审理所需的案件材料；

（3）汇总审理委员会成员单位以书面形式出具的审理意见，提出初审意见；

（4）负责审理委员会会议相关事务，并做好案件审理记录；

（5）制作审理会议纪要和审理意见书；

（6）监督《重大税务案件审理意见书》的执行；

（7）向审理委员会报告《重大税务案件审理意见书》的执行结果；

（8）办理重大税务案件审理工作的有关统计、报告和资料归档等日常事务；

（9）承办审理委员会交办的其他工作。

4. 审理委员会成员单位根据职责分工，参加案件审理。稽查局负责向审理委员会办公室提交重大税务案件证据材料、拟作税务处理处罚意见等相关资料；当事人要求听证的，由稽查局组织听证。稽查局对其提交的案件材料的真实性、合法性、准确性负责。

审理委员会成员单位按照业务职责，根据审理委员会办公室提供的案件资料进行审理并提出书面意见。

5. 参与重大税务案件审理的人员与案件当事人有下列关系之一的，应当回避：

（1）夫妻关系；

（2）直系血亲关系；

（3）三代以内旁系血亲关系；

（4）近姻亲关系；

（5）其他可能影响公正执法的利害关系。

重大税务案件审理参与人员的回避，由其所在部门的负责人决定；审理委员会成员单位负责人的回避,由审理委员会主任或其授权的副主任决定。

(三) 审理范围

1. 重大税务案件包括:

(1) 重大税务处理和处罚案件,具体标准由江苏省国家税务局根据各地经济发展、税收规模、案件查处等情况确定,并根据情况变化适时调整(具体标准见表 12-7);

表 12-7　江苏省国税系统重大处理、处罚案件审理标准

单　　位	补税案件标准	处罚案件标准	备注
省局	500 万	250 万	
南京、苏州市局	200 万	100 万	
县(区)局	30 万	15 万	
无锡、徐州、常州、南通、扬州、泰州市局	100 万	50 万	
县(区)局	20 万	10 万	
连云港、盐城、宿迁市局及苏州工业园区局	50 万	25 万	
县(区)局	10 万	5 万	
淮安市局	150 万	50 万	市局统一审理
镇江市局	50 万	25 万	市局统一审理

说明:1. 上述标准是《江苏省国税系统重大税务案件审理实施办法》第十条第(一)项重大税务处理和处罚案件的标准;2. 重大税务案件审理实行分级审理制度,达到上述处理或处罚标准的案件,由稽查局提请本单位的审理委员会负责审理。

(2) 根据重大税收违法案件督办管理暂行办法督办的案件;

(3) 应司法、监察机关要求出具认定意见的案件;

(4) 拟移送公安机关处理的案件;

(5) 审理委员会成员单位认为案情重大、复杂,需要审理的案件;

(6) 其他需要审理委员会审理的案件。

2. 对于应司法、监察机关要求出具认定意见的案件经审理委员会审理后,应当将拟处理意见报上一级国税机关审理委员会备案。备案 5 日后可以作出决定。

3. 重大税务案件审理实行分级审理制度,各级审理委员会负责审理本单位稽查局提请的符合本办法的重大税务案件。

(四) 提请和受理

1. 对达到重大税务案件审理标准的,稽查局应当在内部审理程序终结后 5 日内,提请审理委员会审理。

稽查局应当在每季度终了后 5 日内将稽查案件审理情况备案表送审理委员会办公室备案。

2. 需要报审理委员会审理的案件,稽查局应填写《重大税务案件审理提请书》,并将所有与案件有关的材料一并报送审理委员会办公室,包括:

（1）案件来源材料；

（2）立案审批表；

（3）检查过程中使用的执法文书；

（4）稽查报告（包括被调查对象的基本情况、检查情况、案件基本事实、检查人员拟处理意见）；

（5）听证材料；

（6）稽查局的内部审理报告（包括审理查明事实、争议问题焦点、拟处理意见）；

（7）相关证据材料。

《重大税务案件审理提请书》应当写明拟处理意见及依据，所认定的案件事实应当标明证据指向。

证据材料应当制作证据目录，并将证据目录所列全部证据材料完整移交，不能当场移交的应当注明存放地点。

3. 审理委员会办公室在收到提请审理的案件材料后，应及时进行登记，并与稽查局办理交接手续，共同填写《重大税务案件审理交接单》，注明接收部门和收到日期，并由接收人签名。

对于证据目录中列举的不能当场移交的证据材料，必要时，接收人在签收前可以到证据存放地点现场查验。

4. 审理委员会办公室收到提请审理的案件材料后，应当在 5 日内进行审核。

根据审核结果，审理委员会办公室提出处理意见，报审理委员会主任或其授权的副主任批准：

（1）提请审理的案件属于本办法规定的审理范围，提交了规定的材料的，建议受理；

（2）提请审理的案件属于本办法规定的审理范围，但未按照规定提交相关材料的，建议补正材料；

（3）提请审理的案件不属于本办法规定的审理范围的，建议不予受理。

（五）审理程序

1. 一般规定

（1）重大税务案件应当自批准受理之日起 30 日内作出审理决定，但下列时间不计入审理期限：

第一、补充调查的时间；

第二、书面请示上级税务机关或征求有权机关意见的时间。

不能在规定期限内作出审理决定的，经审理委员会主任或其授权的副主任批准，可以适当延长，但延长期限最多不超过 15 日。

（2）审理委员会审理重大税务案件，应当重点审查：

第一、案件事实是否清楚；

第二、证据是否充分、确凿；

第三、执法程序是否合法；

第四、适用法律是否正确；

第五、案件定性是否准确；

第六、拟处理意见是否合法适当。

（3）审理委员会成员单位应当认真履行职责，根据本办法第十八条的规定提出审理意见，所出具的审理意见应当详细阐述理由、列明法律依据。

审理委员会成员单位审理案件，可以到审理委员会办公室或证据存放地查阅案卷材料，向稽查局了解案件有关情况。

（4）重大税务案件审理采取书面审理和会议审理相结合的方式。

2. 书面审理

（1）审理委员会办公室自批准受理重大税务案件之日起5日内，将重大税务案件审理提请书及必要的案件材料分送审理委员会成员单位。

（2）审理委员会成员单位自收到审理委员会办公室分送的案件材料之日起10日内，提出书面审理意见，经部门负责人签字并加盖部门公章，送审理委员会办公室。

（3）审理委员会成员单位认为案件事实不清、证据不足，需要补充调查的，应当在书面审理意见中列明需要补充调查的问题并说明理由。

审理委员会办公室应当召集提请补充调查的成员单位和稽查局进行协调，确需补充调查的，由审理委员会办公室报审理委员会主任或其授权的副主任批准，将案件材料退回稽查局补充调查。

（4）补充调查不应超过30日，有特殊情况的，经稽查局局长批准可以适当延长，但延长期限最多不超过30日。

稽查局完成补充调查后，应当按照本办法第十四条、第十五条的规定重新提交案件材料、办理交接手续。

稽查局不能在规定期限内完成补充调查的，或者补充调查后仍然事实不清、证据不足的，由审理委员会办公室报请审理委员会主任或其授权的副主任批准，终止审理。

（5）审理委员会成员单位认为案件事实清楚、证据确凿，但法律依据不明确或者需要处理的相关事项超出本机关权限的，按规定程序请示上级税务机关或者征求有权机关意见。

（6）审理委员会成员单位书面审理意见一致，或者经审理委员会办公室协调后达成一致意见的，由审理委员会办公室起草审理意见书，报审理委员会主任批准。

3. 会议审理

（1）审理委员会成员单位书面审理意见存在较大分歧，经审理委员会办公室协调仍不能达成一致意见的，由审理委员会办公室向审理委员会主任或其授权的副主任报告，提请审理委员会会议审理。

（2）审理委员会办公室提请会议审理的报告，应当说明成员单位意见分歧、审理委员会办公室协调情况和初审意见。

审理委员会办公室应当提前3日将会议审理时间和地点通知审理委员会主任、副主任和成员单位，并分送案件材料。

（3）成员单位应当派员参加会议，三分之二以上成员单位到会方可开会。审理委员会办公室以及其他与案件相关的成员单位应当出席会议。

案件调查人员、案件初审人员、审理委员会办公室承办人员应当列席会议。必要时，审理委员会可要求调查对象所在地主管税务机关参加会议。

（4）审理委员会会议由审理委员会主任或其授权的副主任主持。首先由稽查局汇报案情及拟处理意见。审理委员会办公室汇报初审意见后，各成员单位发表意见并陈述理由。

审理委员会办公室应当做好会议记录。

（5）经审理委员会会议审理，根据不同情况，作出以下处理：

第一、案件事实清楚、证据确凿、程序合法、法律依据明确的，依法确定审理意见；

第二、案件事实不清、证据不足的，由稽查局对案件重新调查；

第三、案件执法程序违法的，由稽查局对案件重新处理；

第四、案件适用法律依据不明确，或者需要处理的有关事项超出本机关权限的，按规定程序请示上级税务机关或征求有权机关的意见。

（6）审理委员会办公室根据会议审理情况制作审理纪要和审理意见书。

审理纪要由审理委员会主任或其授权的副主任签发。会议参加人员有保留意见或者特殊声明的，应当在审理纪要中载明。

审理意见书由审理委员会主任签发。

（六）执行和监督

1. 稽查局应当按照重大税务案件审理意见书制作税务处理处罚决定等相关文书，加盖稽查局印章后送达执行。

文书送达后5日内，由稽查局将相关文书送审理委员会办公室备案。案件执行结束后5日内，由稽查局将执行结果送审理委员会办公室备案。

2. 重大税务案件审理程序终结后，审理委员会办公室应当将相关证据材料退回稽查局。

3. 审理委员会办公室应当加强重大税务案件审理案卷的归档管理，按照受理案件的顺序统一编号，做到一案一卷、资料齐全、卷面整洁、装订整齐。

需要归档的重大税务案件审理案卷包括税务稽查报告、税务稽查审理报告以及本办法涉及的有关文书。

4. 各级国家税务局督察内审部门应当加强对重大税务案件审理工作的监督。

5. 各级国家税务局应当于每年1月20日之前，将本辖区上年度重大税务案件审理工作开展情况和重大税务案件审理统计表报送上级国税机关。

（七）附则

1. 各级国家税务局办理的其他案件，参照本办法执行。

2. 各级国家税务局在重大税务案件审理工作中可以使用重大税务案件审理专用章。

3. 本办法中5日以下的规定指工作日，不包括法定节假日。

4. 按照国家税务总局的规划和要求，省局应当积极推动重大税务案件审理信息化建设。

5. 各级国家税务局应当加大对重大税务案件审理工作的基础投入，保障审理人员和经费，配备办案所需的录音录像、文字处理、通讯等设备，推进重大税务案件审理规范化建设。

六、实行办税人员实名办税

为优化纳税服务，促进税法遵从，加快社会诚信体系建设，根据《中华人民共和国税收征收管理法》及其实施细则、《中华人民共和国发票管理办法》及其实施细则等规定,江苏省国家税务局决定自 2016 年 1 月 1 日期在办税人员办理相关涉税事项时实行实名办税。具体内容包括:

(一) 在江苏省行政区域范围内,办税人员在国税机关办理相关涉税事项时,实行实名办税。办税人员包括办理涉税事项的法定代表人(负责人、业主)、财务负责人、办税员、税务代理人和经授权的其他人员。

(二) 实名办税是指办税人员在国税机关办理相关涉税事项前,国税机关首先对其身份信息进行采集、核实和确认。

(三) 江苏省各级国税机关依法采集、使用和管理办税人员的身份信息,并承担信息保密义务。

(四) 办税人员身份信息包括:姓名、身份证件号码、身份证件影印件、电话号码、人像信息等。国税机关在采集办税人员的身份信息时,以下证件的原件为有效身份证件:

1. 居民身份证、临时居民身份证;

2. 中国人民解放军军人身份证件、中国人民武装警察身份证件;

3. 港澳居民来往内地通行证、台湾居民来往大陆通行证;

4. 外国公民护照。

(五) 办税人员首次在国税机关办理涉税事项时,须提供以下信息资料,国税机关核实后采集其身份信息。纳税人的办税人员为多人的,国税机关分别采集其身份信息。

1. 办税人员是法定代表人、负责人、业主的,需出示本人身份证件原件;

2. 办税人员是财务负责人、办税员或被授权的其他人员的,需出示本人身份证件原件、授权方的办税授权委托书原件;

3. 办税人员是税务代理人的,需出示本人身份证件原件、税务代理合同(协议)原件。

(六) 办税人员办理以下涉税事项时须实名办理:

1. 未实行"三证合一、一照一码"的纳税人办理税务登记设立、变更、注销的;

2. 实行"三证合一、一照一码"的纳税人首次办理国税业务及办理登记信息变更的;

3. 办理发票种类核定与调整、发票领用、发票代开、申请使用经营地发票、发票真伪鉴别等发票类业务的;

4. 开具清税证明、完税证明、中国税收居民身份证明等税收证明的;

5. 未在国税机关办理税务登记,因临时经营需要代开发票的;

6. 开通网上办税功能、查询变更密码及数据信息维护的。

(七) 办税人员办理本公告第六条所列涉税事项时,应在国税机关进行身份信息核实、确认后方可办理。身份信息未通过核实、确认的办税人员,国税机关先行采集其身份信息,经核实、确认后方可办理。

(八) 办税人员暂无法提供授权单位的办税授权委托书原件或税务代理合同(协议)原件的,可持本人身份证件原件经国税机关采集、核实和确认身份信息后办理当日涉税事项。

(九) 办税人员发生变化或办税人员的电话号码等信息发生变更的,应及时向国税机关办理变更手续。

(十) 属于下列类型的纳税人,须法定代表人(负责人、业主)本人到国税机关采集身份信息。

1. 被国税机关列为重点监控的高税收遵从风险的；
2. 被国税机关确定为具有税收严重、较重失信行为的；
3. 有重大税收违法行为受到法律追究的。

（十一）本公告施行前已在国税机关办理登记的纳税人，办税人员需办理本公告第（六）条规定涉税事项的，应在本公告施行之日起六个月内到所在地国税机关完成身份信息的采集。

纳税人符合本公告第（十）条规定情形的，其法定代表人（负责人、业主）应在国税机关告知后，及时进行身份信息的采集。

（十二）国税机关在采集、核实和确认办税人员的身份信息时，办税人员应提供有效证件和真实身份信息，并予以配合。

办税人员拒绝出示有效证件，拒绝提供其证件上所记载的身份信息，冒用他人证件，或者使用伪造、变造的证件，以及公告第十条规定的法定代表人（负责人、业主）本人经告知未到国税机关采集身份信息的，国税机关暂停为其办理本公告第六条规定的涉税事项。

（十三）纳税人首次在国税机关办理涉税事项时，须签署诚信纳税承诺。

征　管　篇

第十三章　江苏省深化国税、地税征管体制改革

根据国家税务总局相关要求,江苏省国税局、地税局从 2015 年下半年开始启动在全省全面、深入地推进国地税合作工作。2016 年,江苏省的深化国税、地税征管体制改革工作得以向纵深发展,采取了一系列措施,也取得了一定的成效。

一、《深化国税、地税征管体制改革方案》在江苏省的总体落实情况

（一）江苏省国税部门的总体落实情况

2015 年 10 月,中央深化改革领导小组审议通过《深化国税、地税征管体制改革方案》(以下简称《方案》),《方案》明确江苏是全国综合改革试点省份之一。按照上级部署要求,全省国税系统扎实推进综合改革试点工作。

1. 迅速掀起学习贯彻《方案》的热潮

2015 年 11 月,中央《方案》下发之后,省局党组第一时间带头学习研读,通过视频会、年度工作会、局长轮训班、专题学习研讨会等多种形式,在系统上下迅速掀起了学习贯彻《方案》的热潮。通过深入学习领会,全体国税干部准确把握深化征管体制改革的目标方向、主要任务。广大国税干部一致认为,贯彻《方案》是当前首要政治任务,是推进我省国税系统税收现代化的重要战略机遇。

2. 精心编制落实《方案》的时间表和路线图

《方案》下发之后,国家税务总局对《方案》试点工作提出了明确要求,省委书记罗志军,常务副省长李云峰先后批示,要求我们按改革方案做好贯彻落实,并尽快出台和完善实施方案。省国税和省地税结合江苏税收征管工作实际联合制定了《江苏省深化国税、地税征管体制改革实施方案》。根据实施方案,江苏国税建立了包含 6 大类 38 项 160 个改革事项的综合改革试点总台账,制定了全面落实《方案》的时间表和路线图。目前,系统上下按照时间表和路线图,挂图作战,扭住关键、精准发力、严明责任、狠抓落实。

3. 《方案》综合试点工作取得积极进展

试点之后,江苏国税已完成总台账设定的具体工作任务 120 项,占比 75%,正在实施 25 项,占比 16%,即将实施 15 项,占比 9%,综合试点工作进展非常顺利,深化征管体制改革呈现多赢的良好局面。

（1）改革更加方便纳税人

《方案》要求"推进办税便利化改革",为此,江苏省国家税务局以纳税人为中心,采取多项举措,着力解决纳税人的"痛点":一是进一步简化办税程序。取消 157 个实地调查事项和46 个审批事项;对增值税小规模纳税人实行按季申报,年简并申报 360 多万户次;大幅度减

少了发票领用频次。二是推行涉税事项全省通办。全省通办于 2016 年 5 月 1 日起实施，通办事项达 10 大类、121 个事项。三是全面推行实名制办税。实名办税让依法诚信纳税人办税"零障碍"，纳税人身份证件将成为办税的"一卡通"。四是大力推进非接触式服务。以推广应用江苏国税电子税务局为契机，通过互联网、移动 APP、服务热线等七个办税渠道为纳税人提供全方位服务。截至 2016 年 4 月，网上办税的单位纳税人有 162.7 万户，占全部单位纳税人的 99％，纳税人足不出户可以完成的纳税事项达到 85％。

（2）改革更加规范税务人

《方案》要求"加强事中事后管理"，江苏省国税部门"以敬民之心，行简政之道"，从三个方面重点突破：一是保证守法经营的纳税人"免受打扰"。建立"科学的抽查机制"，坚守检查"双限"底线，即检查比例不超过 2％、一个纳税人一年不超过一次。二是确保国税干部规范执法"不任性"。全面实行"检查谁数据说了算，谁检查机制说了算，查什么模板说了算"，从根本上铲除随意执法、任性执法的土壤。三是维护国家税收"不失法度"。基于税收大数据的精确制导，虚开增值税发票、出口骗税、虚假申报等税收风险防控能力显著增强，防范税收流失的征管能力大幅提升。在经济下行压力加大的情况下，确保税收收入稳定增长，2016 年一季度，累计组织国税收入 1598.8 亿元，同比增长 7.1％。

（3）改革更加助力营改增

营改增之后，江苏国税服务的纳税人将达到 331 万户，预计 2017 年这个数字将上升到 400 万，2020 年将突破 600 万户。以现有的 19000 多名税务干部，继续依赖"人盯户"的"人海战术"，继续以"人均管户"粗放式思维治理税收，已经举步维艰、难以为继。根据党中央全面深化改革的总要求，江苏省国税局抢抓机遇，下好深化税收征管体制改革"先手棋"，率先建立了以纳税人自主申报为基础，风险管理为导向，分级分类管理为重点，互联网＋智慧江苏国税为依托的现代税收征管新格局，形成了对无风险纳税人不打扰，对低风险纳税人予以提醒，对高风险的纳税人重点监管的现代税收征管机制，打破了束缚征管生产力发展的体制障碍，为营改增在江苏顺利实施打开了巨大的空间，创造了更加优越的征管环境。

全面落实《方案》是江苏国税的"一号工程"。通过持续深化税收管理改革，破除了属地固定管户制度，建立了"一个进口＋一个出口"的最简征纳互动模式，构建了"一体化"的纳税服务和"一条龙"风险管理，初步建立了现代化税收征管新格局，为落实"一号工程"创造了得天独厚的条件。

（二）江苏省地税部门的总体落实情况

《江苏省深化国税、地税征管体制改革实施方案》明确了江苏省深化征管体制改革的工作安排、时间表和路线图，同时，江苏省国税局、江苏省地税局结合各自业务范围和职责分工，分别制定了落实改革方案的实施意见及具体工作措施。2016 年江苏省地税系统有序组织实施的改革事项主要涉及三个方面：

1. 服务纳税人方面

一是推行统一纳税服务规范，努力在全省范围内实现国税、地税服务一个标准、征管一个流程、执法一把尺子，让纳税人享有更规范、更一致的服务。二是大力推行办税便利化改革，年内实现同城通办和主要涉税事项全省通办。三是在原有便民服务基础上，大力推行"互联网＋税务"方式，实现网上审批、互联网缴税、无纸化办税。四是进一步简化、简并纳税人申报缴税次数和报表资料,对小微企业和长期不经营企业实施简并征期,实施纳税人涉税信息国税、地税一次采集、共享共用。五是建立促进诚信纳税机制,开展税银互助、联合惩戒等信用管理措施,发挥纳税信用在社会信用体系中的基础性作用。

2. 强化税收征管方面

一是优化事前服务与加强事中事后管理并举。江苏省地税部门形成了纳税服务、风险监控、风险应对的税源管理新体系,除少数几个行政许可事项外,全面取消了事前审批、审核、调查、核实,实现当场办结。纳税人自主申报后,将备案管理、发票管理、申报管理、减免税管理、税种管理等事中事后事项全部纳入风险管理。二是实施税源管理事项清单制,确保清单外事项还权还责于纳税人,清单内事项管住、管好。三是对纳税人实施分类分级管理。将企业按规模和行业区分为重点税源和一般税源,以省、市局为主集中开展风险分析,区分不同风险等级分别采取风险提示、约谈评估、税务稽查等方式进行差别化应对。四是初步建立自然人税收管理体系。对自然人按收入和资产,结合行业、投资者情况等进行分类管理,努力加强征管,提高自行申报比率。五是推进信息系统建设。积极发挥税收大数据优势,提高征管效能,服务经济社会管理和宏观决策。

3. 税收共治方面

一是结合全面推进"营改增"试点,强化国税、地税一体化协同管理。二是以"三证合一、一照一码"改革为契机,扩大与有关部门合作的范围和领域,实现信息共享、管理互助、信用互认。三是推进落实《江苏省地方税收保障办法》,建立统一规范的信息交换平台和信息共享机制,保障国税、地税部门及时获取第三方涉税信息,解决征纳双方信息不对称问题。

(三)推进江苏省国地税合作的情况

我国自 1994 年起分设国税局、地税局两套税务机构,20 多年来,国地税双方工作取得了显著成效。根据国家税务总局相关要求,江苏省省国税局、江苏省地税局从 2015 年下半年开始,在全省全面、深入地推进国地税合作工作。2016 年在推进江苏省国地税合作方面取得的成效主要包括:

一是优化纳税服务。采取国地税互设窗口、共建办税服务厅、共驻政务服务中心等方式,联合为纳税人提供办税服务。通过设置国地税通办业务窗口,实行审批事项一窗受理、内部流转、限时办结、窗口出件,大大节约了纳税人办税时间。

二是提高征管效能。联合开展税务登记,真正实现"一表申请、一窗收件、一份档案、核发一照"。联合制定委托代征工作制度,联合开发委托代征系统,形成对个体税源的联合定额、联合征收、联合管理。

三是规范税收执法。建立国地税共管重点税源企业库,联合开展进户检查和协同开展案件协查。联合发布的《税务行政处罚自由裁量基准》,对裁量基准、处罚程序、联合办税相关事宜的处罚等问题进行明确,做到同城同事同罚。

四是深化信息共享。2011 年 9 月,省国税局、地税局签署国地税战略合作框架协议并开通全省国地税数据交换平台。2015 年 8 月,该平台实现数据准实时全面交换,双方可每日按需查询获取信息。

实践证明,推行国地税合作,有利于发挥各自的比较优势,通过双方资源共享、服务联合、征管互助和执法协同,更好地履行各自法定职责,实现国税、地税、纳税人三方共赢。后期,江苏省国地税合作的主要方向是将在深化前期合作的基础上,做好省级层面的顶层设计,鼓励基层开拓创新,以建设国地税合作县级示范区为契机,发挥江苏优势,打造品牌形象。

二、大力推动综合试点工作,实现"50个到位"

作为中央《深化国税、地税征管体制改革方案》全国首批综合改革试点单位,江苏省国税局认真落实总局的决策部署,紧紧抓住这一难得的历史机遇,充分发挥改革的先发优势,统筹处理好深改、营改增两大任务,以及征管规范2.0、数字人事等多项总局试点工作,2016年中,160项综合改革试点的细分事项完成进度逾90%,实现了50个到位。

一是落实营改增税制转换实现2个到位。即全省80万户营改增试点纳税人顺利完成税制转换工作,营改增后国税征管体系平稳运行。出台《江苏省国地税互相委托代征税(费)实施办法》,全方位国地税相互委托代征机制全面建立,91%的国税机关受托代征地方税收达13亿元,实现了纳税人"进一家门、缴两家税"到位。

二是优化纳税服务实现10个到位。即232个纳税服务流程全面规范统一。94个专业的纳税服务机构——第一税务分局职能配置整齐规范。"省局实体化集中管理+市、县局终端扁平化运作"的现代纳税服务体制健全完善。实体办税、网上办税、移动办税、电话办税、自助办税等线上线下各类办税服务资源全面整合、一体运行。O2O发票服务、物流配送、申报申请数据智能化服务、简易处罚在线处理、提醒咨询等产品在线订制等便民办税春风行动各项创新举措全面落实。10大类121项主要办税事项全省通办全面实施,161个全省通办窗口投入运行。办税服务实名制全面实施,90万纳税人完成实名验证。"互联网+江苏国税税务金融街"签约14家银行、线上发放贷款131亿元、惠及4万余户纳税人。27个省政府部门共同参与的《江苏省税收失信行为管理办法》由省政府发布实施。纳税人合法权益维护机制贯穿税收管理全过程到位。

三是转变征管方式实现12个到位。即按照《全国税收征管规范(2.0试点版)》确立的154项具体改革措施全面落地。以风险管理为导向、以征管法等程序法为依据,系统完备、规范统一的172个事中事后管理流程全面运行。省局主要承担数据情报管理、税收风险分析、风险应对任务管理、大企业和跨境税源风险应对等重要管理事项;市、县国税机关精简行政管理职责,主要承担直接面向纳税人提供纳税服务、实施风险应对的职责。除第一税务分局外,594个税务分局、稽查局统一转型为专业化风险应对机构。"省局一级数据管理、一级分析识别、一级任务管理,省、市、县三级分类应对"的纵向风险管理运行机制和"风险管理领导小组统一指挥、综合部门统筹管理、专业部门分工协作"的横向风险管理运行机制运行顺畅。省、市、县三级纳税服务、风险管理、法制事务和监控评价4大类390个岗位岗责体系全面建立。实现属地固定管户制到非固定管户制、无差别管理到差别化管理的"两个转变","双随机"要求全面落实。以风险分析识别为主,7类14项非分析识别任务为补充的多层次风险应对任务综合管理体系健全完善。建立省级大企业风险应对专业化团队,全面落实总局千户集团风险分析试点工作要求。专门组建跨境税源风险分析团队和反避税中心,打造江苏国际税收升级版。税务稽查省市两级管理、定向稽查等深化税务稽查改革主要举措全面落实。健全完善以实名验证、实时监控、快速响应、严厉打击等为主要举措的全天候、多层次打虚防骗风险防控机制,虚开发票、骗取出口退税蔓延势头得到有效遏制到位。

四是推进依法治税实现 5 个到位。即推行正列举式的税收执法权力清单和责任清单，取消所有省以下国税机关自行制定的审批、调查、核查事项。推广运用《税收风险应对工作模板——纳税评估》和《税收风险应对法律指引——纳税评估》，从风险应对任务管理、应对准备、应对检查、应对处理等方面对执法活动进行全程规范。全面实施《江苏省税务行政处罚自由裁量基准》，税务行政处罚自由裁量基准规范统一。建立江苏省国地税公职律师制度。建立省局为主、省市两级分工负责的督察内审体系到位。

五是深化国税地税合作实现 4 个到位。即将总局国地税合作规范 2.0 细化为 60 项重点合作事项，全面贯彻落实。大力推动服务深度融合，全省共建办税服务厅 28 个，互设窗口的办税服务厅 41 个，共同进驻政务服务中心 75 个。全面推进执法适度整合，联合开展征管基础管理、企业所得税核定征收管理、遵从风险管理、非居民企业管理、税务稽查等联合执法活动。持续推动信息高度聚合，建立健全国地税涉税信息共享机制到位。

六是加强信息技术应用实现 8 个到位。即涵盖税收业务、行政管理、制度创新和技术升级四项主题应用的"互联网＋智慧江苏国税"行动方案第一期 102 项工作任务已全面完成。总局"互联网＋税务"——电子税务局示范项目建设全面实施，基于金税三期，应用云技术建设的江苏国税电子税务局已全面运行，系统功能达 423 项，覆盖 85％的纳税服务事项，累计使用达 335 多万户次。落实总局"互联网＋税务"——大数据综合平台创新试点项目，建立集数据嗅探、数据采集、数据存储、数据清洗、数据加工、智能分析于一体的，全方位支撑纳税服务、风险管理、行政管理全过程的数据情报综合管理平台，目前平台数据集中存储量达 270 多亿条，实现各类结构化数据和非结构化数据一体化处理，年加工处理数据达 40 多亿条。充分体现综合改革试点、征管规范 2.0 试点、"互联网＋税务"行动计划等税收现代化新要求，金税三期优化版部署上线的各项准备工作全面就绪。以数据仓库技术为支撑，建立省局为中心，300 名数据情报专业化人才为主力，省、市、县分级负责，一体化、专业化数据情报管理体系。以 712 项各类风险分析识别模型、指标、项目、"画像"为核心，持续健全省局风险分析识别库。全面推广增值税发票管理新系统，已推行 108.15 万户，实现系统用户全覆盖。全面推广运用覆盖税收征管全过程，具有 119 个分析主题、218 个分析项、304 个关注点的《税收数据应用指引》到位。

七是构建社会共治格局实现 3 个到位。即与财政、海关、银行、公安等部门协作配合，依托省政府公共信息平台、江浙沪甬税收信息情报交换机制等，健全完善保障税务部门及时获取第三方涉税信息的信息共享机制。与省委组织部联合举办经济财税高级研修班；以"三证合一"改革为契机，建立健全跨部门税收合作机制，与工商、质监部门建立了信息共享、管理互助、信用互认合作机制；与省高院合作建立"点对点"司法查询平台；与公安部门建立分层次、多方式的公安与税务执法合作机制，公安部门派驻税务机关机构 35 个；与教育部门合作，"税法进校园"工作取得积极进展。推进社会组织承接税收服务有序推进，与社会组织的主管部门达成在全省国税工作领域发挥社会组织作用的共识，与 120 个省级行业协会、商会建立税收服务战略合作机制工作已全面启动；与邮政部门签订《战略合作框架协议》，"税邮共建便民服务窗口"、税邮寄递、"护税邮路"等税邮合作模式已在全系统广泛复制到位。

八是建立现代组织体系实现 6 个到位。即落实党建工作各项要求，全系统 164 支党员先锋突击队正活跃在营改增全面试点最前沿。建设省局智慧型、创新型、效能型、廉洁型、法治型、服务型的司令部，在夺取营改增试点、深化国税地税征管体制改革综合试点等重大任务的全面胜利中,省局司令部发挥了战斗堡垒作用。开展纪检监察统派结合管理,深度落实党风廉政建设主体责任和监督责任。将内控制度和要求嵌入到税收征管和行政管理软件中,健全完善流程规范、纠错及时、核查到位、问责有力的内控体系。总局"数字人事"试点工作全面实施,数字人事2.0版软件在全省国税系统正式上线运行,实现在"数字人事"信息系统中纳税服务、纳税评估、税务稽查三个序列的自动取数、痕迹化管理到位。人力资源配置进一步向征管一线倾斜,全系统直接从事纳税服务和税收执法的人员占总数的比例达80.3%。

三、江苏国税服务供侧结构性改革"十个只减不增"及成效

2015年10月13日,中央全面深化改革领导小组第十七次会议审议通过《深化国税、地税征管体制改革方案》,明确江苏为全国深化国税、地税征管体制改革4个综合试点省份之一。降低制度性交易成本,是我国降成本、推进供给侧结构性改革"组合拳"的第一招。江苏省国家税务局全面落实中央《深化国税、地税征管体制改革方案》,不断简政放权、降本减负,围绕减轻税收负担和办税负担两方面,努力实现纳税人"十个只减不增",让江苏省企业获得创新创业、轻装前行的一系列改革红利。

2016年以来,根据中央深化国税、地税征管体制改革要求,江苏国税坚持"50个到位",持续释放改革红利,真心实意简政放权,千方百计降低成本,精准发挥税收职能,在助推江苏供给侧结构性改革方面取得重大进展,实现了"十个只减不增"。

一是纳税人税收负担只减不增。截至2016年11月全省累计落实各项税收优惠超过3000亿元。

二是事前管理事项只减不增。在全国率先推行税收执法权力清单和责任清单,为大众创业、万众创新营造宽松的市场环境。

三是纳税人往返税务机关次数只减不增。纳税人到国税机关办税只找一个机构、进一个门、到一个窗口、上一个网、打一个电话。

四是纳税人办税等待时间只减不增。推行免填单和实名制,"简事快速办","繁事集中办",新办企业生产经营原来涉及10多个事项,耗时一个月,现在3个工作日即可全部办结。

五是办税成本只减不增。办税服务"零收费",网上办税"零距离",江苏国税电子税务局实现在线功能460项,线上办税已达全部业务总量的90%。仅在线开具《外管证》、认证发票两项业务即可为企业降低办税成本过亿元。

六是涉税制度性交易成本只减不增。推行税收检查"三个一",一户纳税人一年各类检查不超过一次,截至目前,减少税收检查8.3万户次。通过推送风险提示提醒信息,帮助纳税人自我修正,降低企业税收遵从成本数亿元。

七是税务机关线下办税流量只减不增。江苏国税电子税务局持续稳居百度等互联网搜索引擎排名第一位,日均浏览量超80万户次,成为纳税服务的主阵地。

八是税务机关到户检查户次、比例、频率只减不增。打破"属地管户"制度,坚守税收检查"双限"底线,确保年度风险抽查比例不超过2%,做到"居敬行简"。

九是税收流失缺口只减不增。运用最先进的大数据应用和数据仓库技术,实施风险分析精准制导,在税收检查减少7万户次的情况下,减少税收流失的成效超过200亿元,较改革前提升了73.1%。

十是虚开骗税等重大税收违法行为只减不增。在风险管理框架内,建立起实名验证、实时监控、快速响应、严厉打击等为主要举措的全天候、多层次的防控机制,仅5、6两个月,全省通过模型监控就扫描识别涉嫌虚开增值税专用发票纳税人2163户,其中有403户纳税人在虚开当天即被发现,虚开骗税的蔓延势头得到有效遏制。

四、国地联合办税基本实现全覆盖

江苏省作为全国首批国地税征管体制改革4个综合试点省份之一,江苏省国地税两部门协同推进,在纳税服务、信息共享、联合执法等方面务实合作见真功,创新服务显成效。

一是联合共建全职能办税服务厅。截至2016年11月,江苏全省国地税联合共建全职能办税服务厅已有28个,另有41个全职能办税服务厅互设了国地税办税窗口,全职能办税服务厅共同进驻政务服务中心75个,国地税联合办税已基本实现全省范围的全覆盖。双方还积极探讨国地税网上办税应用系统整合方案,力争为纳税人创造更加方便快捷的网上联合办税途径。全省已有一半以上地区实现了数字证书的互认,近50万户纳税人可以通过一张数字证书在国税、地税网上办税厅办理纳税申报和涉税申请业务。

二是通过数据共享提高征管效率。早在2011年9月,江苏省国税局、地税局即签署国地税战略合作框架协议,建立起国内首个省级国地税数据交换平台。2015年8月,该平台实现登记认定、申报征收等九大类数据的实时全面交换,双方可每日按需查询获取信息。截至2016年6月,国税地税双向交换信息已超过40多亿条。尤其是,国地税征管信息的共享对于江苏省营改增工作的开展奠定了重要的技术基础。营改增实施前,江苏国税部门就已共享地税征管信息27亿条,营改增纳税人分地区、分行业的明细清册顺利导入国税局征管数据库,避免了层层造册移交,大大减轻了基层税务机关负担,也为税控发行、发票发放、征管过渡衔接等关键环节的准确测算提供了可靠依据。

三是通过共享涉税信息,江苏省国地税局建立了9个欠税风险分析指标,推送2批欠税追征任务,涉及296户,欠税金额9.63亿元。已完成欠税追征33户,追缴欠税入库2.38亿元;开展非正常户比对、漏征漏管清理45万户次;开展税种认定信息、申报征收数据比对,纠正纳税人申报38万户次,补缴税款25.7亿元;开展联合注销检查、评估、稽查,取得补缴税款成效43亿元。

四是江苏省国地税局拟将进一步完善数据交换目录,逐步实现纳税人财务报表报送的一次采集、共享共用,避免纳税人多头报送、重复报送,最大限度提高信息利用效率。

五是协同执法实现三方共赢。2016年,江苏省国税局、地税局首次联合与一家大企业签订了税收遵从备忘录。税企双方围绕税收遵从合作做出具体安排,包括税务机关为企业提供税务风险测评服务,提出风险防控建议;积极响应企业诉求,协助企业进行税收风险识别分析和防控等;企业健全税务风险内控体系,定期开展自查和评价,并及时向税务机关报告组织结构重大变化。

六是联合开展税务风险提醒专项服务。2016年前10个月中,江苏省国地税局针对房地产、电力等11个重点行业的735户大企业,联合开展了税务风险提醒专项服务工作。双方共同制定工作方案,确定风险管理年度合作计划,并组建了由113名业务骨干组成的风险联合分析团队,以千户集团试点企业在苏成员单位中的重点税源企业为对象,开展为期近1个月的税收风险深度分析工作。截至2016年4月底,便发现涉税风险点197条,联合对

107 户企业集团 474 户成员企业开展大企业风险管理，增加税款 1.3 亿余元。

七是统一税务行政处罚裁量权基准。针对国税、地税机关的税务行政处罚裁量办法和基准之间存在差异，往往造成"同事不同罚"的情况，江苏省国地税局共同制定并发布了《税务行政处罚自由裁量基准》，统一税务行政处罚裁量权基准，实现了对涉税处罚"一把尺"裁量。双方税务稽查部门还共享涉税违法线索，国税部门已向地税移交网络版普通发票专项整治涉税违法线索 419 户 838 条信息，并将 322 户重点税源企业列为联合稽查对象，全部实行联合进户检查，截至 2016 年 11 月便查补税款共计 7793.6 万元。

五、江苏省部分地级市深化国税、地税征管体制改革的主要做法

（一）南京市

1. 出台《税务行政处罚自由裁量基准操作标准》，行政处罚实现"一把尺子"

2016 年 4 月，南京市国地税共同出台《税务行政处罚自由裁量基准操作标准》，行政处罚实现"一把尺子"，确保行政处罚公开、公平和公正，切实保护纳税人合法权益。

一是保证行政相对人陈述申辩的权利。对行政相对人在陈述申辩中提出的事实、理由及有关证据，认真审查判断，情况属实的予以采纳；对于符合条件的，执行首犯不罚、减轻处罚、不予处罚条款。

二是严格执行案件集体审议制度。对于不予行政处罚、减轻行政处罚和重大税务行政处罚案件，通过局务会、重大税务案件审理委员会，或者分管领导、业务科室及相关人员集体审议决定，形成书面合议记录。法规部门将定期对以上案件进行检查，杜绝未审先罚、未审不罚、未审少罚的情况发生。

三是定期开展行政处罚案卷评查。重点对执法行为程序是否正确，执法行为所认定的事实是否清楚，证据是否充分，执法文书使用、送达是否符合法定要求进行检查。同时借鉴其他执法部门公布的文书，对文书描述提出细致要求，积极推广说理式文书应用，加大案卷评查频率，发现问题及时整改。

2. "三个升级"深化个体税收联合征管

2016 年以来，随着"营改增"和"三证合一、一照一码"工作的持续推进，江苏省南京地税局和国税局强化协作，有效提升了个体税收征管水平。

一是整合流程，服务升级。在原有的个体联合办证"一窗式"、个体联合征收"一站式"、个体合署办公"一厅式"的基础上，国地税双方互派人员，共同进驻政务服务中心，整合优化国地税个体涉税事项流程，联合开展登记、注销等个体涉税业务事项，实现"一窗受理，资料共享"，减少纳税人办税时间，提高办税效率。

二是加强培训，能力升级。在委托街道代征税款的同时，与 17 个工贸市场全部建立了联合委托代征关系。双方共同组织定期培训，每月以例会形式强化代征人员的税收业务、操作技能的辅导，充分发挥代征人员在联合征管中的作用，提高纳税服务水平。

三是信息共享，管理升级。国地税双方积极组织调研落实个体联合征管各项制度，国地税及时传递定额、定额调整以及停复业纳税人信息，做到国地税同步定额、同步定额调整以及同步停复业；全面落实国地税信息交换制度，共同清理漏征漏管户，对个体工商户国税的月征收税款按月进行交换、比对，通过国税月征收税款情况来核实地税应征收税款，对漏征

户进行催报催缴,并把其纳入重点监控对象,国地税联合管理、共同监督。

(二)无锡市

1. 加强联动确保"营改增"平稳落地

为确保 2016 年 5 月 1 日"营改增"平稳落地,无锡市国地税纳税服务部门加强联动,积极做好试点纳税人的政策宣传、信息告知、纳税辅导等工作。

一是宣传政策营造氛围。充分利用网站、12366 纳税服务热线、微信平台、智慧地税 APP 等渠道,及时发布"营改增"政策和相关信息,让纳税人了解改革内容,营造良好的舆论环境;在网站 2013 年开设的"营改增"专栏基础上,完善栏目设置,更新宣传内容,已发布"营改增"相关信息 18 条,微信平台推送"营改增"专题 2 期。

二是发布公告协助引导。将省国地税局部署的《关于开展营改增纳税人信息核实确认工作的公告》本地化,增加无锡国税办税服务厅具体信息,再通过地税网站、短信平台、办税服务厅、微信平台、智慧地税 APP 发布,有效协助引导"营改增"纳税人及时到国税部门进行信息采集确认。

三是热线互转方便咨询。在省地税局支持下,通过改造 12366 系统实现国地税双方相互转接咨询电话,方便纳税人咨询,及时解答"疑难杂症",打通政策落地"最后一公里",对接好纳税人的"最后一公分"。

四是收集热点响应诉求。通过 12366 热线、办税服务厅等渠道及时收集纳税人关心的"营改增"典型问题,汇总答复供纳税人和一线咨询人员参考。对于疑难问题统一归集、上报给相关部门,为后续工作提供来自纳税人的第一手信息。

2. 联合办理注销税务登记送"便民清风"

为更好地促进企业商事制度改革,提升企业业务办理的便捷性,无锡国地税联合办理注销业务给企业吹来一股"便民清风"。对于已领取"一照一码"营业执照的企业申请注销,现在只需向国税或者地税中的一方提出清税申报,通过内部流转,受理税务机关根据双方清税结果向纳税人统一出具《清税证明》,即可完成全部注销流程。

一是国地联动,确保系统对接。国地税联席会议前期经过多次讨论确定了联合注销事项,并积极完善各自系统,确保国、地税系统之间实现信息的无缝对接。目前国税已顺利将 65 户单位的联合注销任务传递给地税联合办理岗。

二是精打细磨,明确操作规范。在省局规范的基础上,无锡地税进一步细化操作流程及办理要求,目前已办结了其中 52 户单位的注销任务。同时,对于存在不符合注销规范的各类系统提示,及时通知纳税人,争取在受理窗口实现一窗式办结,实现企业注销受理的高效性。

三是跟踪反馈,做好政策宣传。充分利用晨会、午会在第一时间学习新业务、新流程,将实际操作中发现的问题向省局反馈,并做好台帐,及时关注后续流程。同时,对前来办理注销业务的纳税人做好宣传告知工作,使"便民清风"以最快的速度惠及更多的企业。

(三)常州市

1. "四轮驱动"积极探索税收合作新模式

2016 年以来,江苏省常州市国税、地税局充分发挥合作精神,自觉强化大局意识,克服本位思想,聚焦纳税人"痛点""堵点"和"难点"问题,通过"项目化管理"整合各方资源,突破合作瓶颈,积极尝试探索服务一体化、管理一体化、执法一体化的税收合作新模式,有力地推动了征管体制改革落地生根,形成了良好的社会效应。

形成共识是前提。常州市国地税部门税收合作由来已久,在"税收共治、融合惠民"的共同理念下,注重以纳税人需求为导向,将文件精神、工作导向与实际工作相互融合衔接,通过项目化管理方式,明确各层级、各部门的工作职责,合理细化时间表、路线图,明确工作任务、工作目标,确保了国地税合作事项的落地生根。在实践工作中,广大税务干部充分认识到思想重视了、组织到位了,才能确保每项任务有人抓、不落空、见实效,从而进一步放大国地税合作 1+1>2 的工作效应。

制度保障是支撑。国地税深入合作是征收、管理、风险应对的全方位合作。健全的机制是推进国地税合作不断深化的根本保障。常州市国地税部门在税收合作上,建立了联席会议、专题研讨、督查落实、绩效考评等一系列机制。通过项目化管理的方式,对 21 个国地税重点合作项目逐个签订责任书,明确责任内容,同时还将其纳入绩效考核,定期督查督办,以制度的形式将其固定下来,保证合作的务实性、有效性。通过制度建设,国地税深化合作的措施得到落实保障,有效避免了人浮于事、只有形式没有内容的状况。

征纳便利是方向。国地税深化合作事项最终落实的基准点是纳税人。常州市国地税部门在开展税收协合作过程中,从最大限度规范税务人和最大限度便利纳税人两个方面入手,主动换位思考,从纳税人角度来认识分析纳税人的需求以及当前税务管理所需要解决的问题和采取的征管措施,通过合作事项项目化管理方式,合理配置征收、管理及风险应对工作的各项资源运用,不断创新纳税人服务及管理的手段,在联合办税、信用评价、委托代征、联合稽查、联合调查、定额核定等方面整合资源、简化流程,将一切便利留给纳税人,减少对纳税人的干扰,通过税务干部的"辛苦度"换来纳税人的"幸福度",以此提升"获得感"。

协调配合是关键。自 2004 年开始,常州市国地税部门每年召开一次联席会议,将工作的协调配合和沟通衔接做到实处。2016 年在推出国地税合作项目化管理之后,针对税收征管中出现的新情况、新问题及个性差异问题,相关部门及时召开联席会议进行工作小结、交流和讲评,协调征管工作矛盾、研究确定解决措施,有效减少扯皮推诿现象,确保了合作项目有力有序、高效便捷地推进。

2. 以全面落实"营改增"方案为契机,召开国地税合作联席会议

常州市国税局、地税局以全面落实"营改增"方案为契机,召开国地税合作联席会议,充分利用此前打下的合作基础,研究深化国地税合作事项,进一步加强沟通、密切协作,合力攻克"营改增"急事、难事、大事,推动合作再上新台阶。

按照国家税务总局关于把"营改增"作为推进国税、地税征管体制改革"主战场"和检验国地税合作成效"试金石"的要求,常州国、地税局双方联合制定了《常州市国地税合作项目管理办法》,对国地税落实"营改增"合作事项实施项目化、精细化、流程化管理,将国地税合作分解为纳税服务、征收管理、税务稽查、信息共享和其他事项五个方面 21 个具体项目展开合作,并签订《2016 年常州市国地税合作项目责任书》,以项目责任书为纽带,把宏观、抽象的国地税合作工作转化为具体、有形、可操作的项目,每份项目责任书的内容包括合作项目名称、具体负责部门、双方分管领导及项目组成员、项目合作背景及预期成效、合作事项时间

节点。这一系列措施,理顺了职责划分,确定了合作流程,强化了制度保障,激发了国地税干部职工参与国地税合作的积极性,双方同心协力,众志成城,融入常州特色,形成国地税合作的好气势、好态势、好趋势。

之后,常州国地税双方进一步扩展国地税合作的深度和广度,在税收执法、税收管理、纳税服务、税务稽查、信息共享、税收宣传等方面,创造出更多更好的国地税合作"常州样本",为全面落实"营改增"和深入开展"便民办税春风行动"注入新的元素。

3. 进一步深化国地税合作实施方案

2016年8月,常州市贯彻国地税合作规范新要求,出台进一步深化国地税合作实施方案,升级微信公众号功能,联合推进移动互联办税,发挥移动互联办税操作便捷、技术成熟、成本较低的优势,建设国税、地税统一的移动互联办税服务应用系统,缓解实体办税厅办税压力,为纳税人提供优质便利的服务,提升纳税人满意度。纳税人登陆常州国地税一方微信公众号,可以直接点击跳转至另一方系统,通过微信公众号可以实现资讯、互动、办税、查询、维权五项功能。在此次升级过程中,常州地税力求实现服务上更好贴近纳税人的改革目标,借助本单位智慧平台建设的契机,全面升级优化微信公众号,大力打造"指尖上的微服务"。目前地税微信公众号设置了"微办税"、"微查询"、"微互动"三大模块,在实现上述移动互联办税功能基础上,还实现了微信预约、办税厅导图、"微课堂"、纳税人沙龙等扩展功能,以功能丰富、栏目齐全、贴近纳税人所需的特点,成为纳税人办税的好帮手。

(四)泰州市

泰州国地税全面推动办税服务厅合并工程,让纳税人"轻松办税"。2016年3月,泰州地税局办税服务人员正式进驻国税局办税服务厅,为广大纳税人提供国地税联合办税服务,目前该服务涉及税务登记、税务认定、申报纳税、证明办理等四大类10余小项涉税事项,标志着泰州国地税办税服务厅合并工程已正式启动。

为全面贯彻落实《中央全面深化改革领导小组深化国地税征管体制改革方案》以及《国家税务局地方税务局合作工作规范》,泰州国地税以"深化国地税收合作、共创最优服务环境"为共同目标,以"办税服务深度融合"为突破口,全面推动全市范围内国地税办税服务厅合并工程。预计,泰州市区国地税局主办税服务厅将于3月底前实现合并,届时将开通20余窗口为纳税人提供服务,覆盖国地税全部涉税事项。国地税办税服务厅的合并,进一步整合了纳税服务资源,对税务机关来说纳税服务成本大大降低,实现了一套班子办理两家事;对纳税人来说无须区分国地税事项,直接"走进一个厅、取得一个号、来到一个窗、办结两家事",打破了机构壁垒,让纳税人"轻松办税"。

泰州各县(区)的主办税服务厅以及其他辅助办税服务厅将根据国地税现有的办税资源进行搬迁合并,或者选择第三地合并办税,此项工作预计将在6月底前完成。今后,在合并办税服务厅的基础上,国地税还将共同推进"简政放权"工程,实施"全区域通办"、"容缺受理"等一系列服务创新,让广大纳税人更加方便、更加满意。

此外,江苏省泰州地税局还同时积极落实国家税务总局关于国地税合作"服务深度融合、执法适度整合、信息高度聚合"要求,联合国税部门创新建立"泰州市国地税联合稽查虚拟分局",构建起国地税稽查机构联合选案、联合检查、联合协同审理、联合执行、联合惩戒的"五联合"稽查工作模式。联合选案,建立共同管辖户纳税人分类名录库,按制度要求制订

《国地税联合稽查虚拟分局年度检查方案》,按照上级工作规程和要求联合开展随机抽取选案;联合检查,国地税稽查人员统一对被查对象实施检查,同步案头分析、同步进户检查、同步调查取证,共同研究解决检查过程中的疑难问题;联合协同审理,双方审理人员共同研讨案情、达成共识,审理结束后将《税务稽查结论》、《税务处理决定书》、《税务行政处罚决定书》等法律文书副本相互抄送;联合执行,在执行环节双方及时通报案件执行进度,联合协商采取稽查欠税管理措施,促使税款及时足额入库;联合惩戒,国地税联合稽查虚拟分局与市发改委、文明办等社会信用体系建设牵头部门联合,实施税收违法"黑名单"制度,纳入泰州市社会信用体系建设,实现"一处失信、处处受限"。

"五联合"稽查工作模式建立以来,国地税联合稽查虚拟分局共计对16户企业实施了检查。一方面,通过国地税合作高度整合稽查资源,双方突出专业优势分工协作,统一执法尺度、减少税收流失,降低征税成本、放大打击效用;另一方面,避免了纳税人为迎接多头检查、重复检查而在国地税之间来回奔波,将办税成本和对生产经营的影响降到最低,切实方便纳税人。

(五) 苏州市

苏州国地税互设窗口提升"营改增"便利度。针对纳税人的需求,苏州市国税局将窗口开设到苏州地税局的办税服务厅,办理发票领用、发票代开以及发票数量调整等纳税人急需的业务。这使得"营改增"全面推开以后,原营业税纳税人都可以继续到熟悉的地税机关办理涉税事宜,获得国税局办税厅无差别的服务。

"营改增"之后,城建税、教育费附加与主税种分属国地税两个税务机关征管,为避免"纳税人两边跑、税务两边征",互设窗口成为国地税"营改增"合作的重要一步。此前,苏州地税已在市国税办税厅设立了专门的服务窗口,主要开展个人发票代开、地方税费征收等通办业务。截至2016年4月底,苏州市国地税部门编制已联合采集企业三类人员(法人、财务负责人、办税员)身份信息25228人次,征收个人所得税、地方税费附加311.6万元。"营改增"全面扩围后,原营业税纳税人可以选择在熟悉的地税局或国税局办税厅办理涉税事宜。取一个号,可以同时办理国、地税两家的涉税事宜,尤其是极大的提高了苏州的"营改增"企业纳税的便利度。

苏州国地税双方集中了人力、物力,建设成科技含量更高、服务功能更全的联合窗口:硬件上集成认证机、打印机、扫描枪、高拍仪等国地税现代化设备,软件上融合国税 Ctais 2.0系统、影像系统、金税工程系统、地税 MIS、POS 缴税系统、税库银横向联网系统,成为集国地税所长的纳税服务"综合体"。在办税厅还设立纳税人权益保护岗,集中受理针对国税、地税的各类投诉、申诉,积极引导纳税人依法行使行政复议权。苏州国地税双方还在行政服务中心共同派驻窗口,与工商、财政、公安、司法等部门组成便民服务流水线,提供登记注册、税收征管、法律救济等"一条龙"服务。通过国地税共建窗口,实现纳税人"进一家门,到一个窗,办两家事"。

无缝衔接的办税体验,源自深厚的合作基础。苏州国地税部门制定实施了"互联网+税务"行动计划,充分发挥"智慧苏州国税"非接触式服务和"掌上税务"地税移动办税信息技术优势,实现了信息的共享共融,为"营改增"顺利全面推行提供了扎实基础。苏州在全省第一个实现国、地税影像系统共享,从重复、分别办税转变为在地税影像系统内完成条码采集和影像扫描后,同步传输到国、地税各自征管系统,首次实现国、地税税务登记"一次受理、一次办结。"

在"营改增"全面推行合作过程中,苏州国地税部门整合了办税流程中的差异和矛盾,从纳税人需求角度出发,节约征纳双方办税成本,采用"前台一家受理、后台分别处理、限时办结反馈"的服务模式,减少纸质资料报送,合并重复审批流程,规定限时办理期限,已累计节省纳税人办税时间 2 万余小时。

(六) 镇江市

2016 年 5 月 18 日,由镇江地税局倡导成立的全国首家纳税人维权组织召开第三次会员代表大会,审议决定将名称由"镇江市地方税收纳税人权益维护协会"变更为"镇江市纳税人税收权益维护协会"。这一决定标志着纳税人维权协会由过去的地税机关主导变为国地税双方共建,维权服务范围从过去的地方税收工作扩大至整个税收领域。

由国地税双方共建纳税人维权组织的做法,顺应国家税收征管体制改革的新要求。镇江国地税开展联合维权契合了深化国地税合作的方向,是积极有益的探索实践。更名后的纳税人维权协会将坚持"为纳税人维权,帮纳税人解难,让纳税人更有尊严"的办会宗旨不变,坚持公平、公开、公正的准第三方定位不变,坚持不收任何费用的公益性质不变,将更好地发挥协会服务员、联络员、调研员的角色,进一步健全协会组织,在镇江各辖市区建立相应的联合维权组织;开展"税收联系你我他,维权服务进万家"活动,走进各行业协会商会征求意见建议,为税务机关转职能、强作风、优服务建言献策;建立国地税联合维权论坛,深化实践探索和理论研究,继续为维权工作发展探路。

(七) 宿迁市

为确保"营改增"全面改革于 2016 年 5 月 1 日如期落地,江苏省宿迁国税局、江苏省宿迁地税局齐心合作,严格按照相关要求,统一步调、统一部署,明确职责、倒排工期、细化举措,科学缜密地做好各项准备工作。

一是联合助推改革进入实施"快车道"。第一时间组织召开国地税联席会议,即"营改增"改革试点专题会,共同研究确定国地税数据接收、发票管理、委托代征等方面的事项,确保数据准确交接、征管有序衔接、业务无缝对接。认真领悟"营改增"的精神和意义,统一改革思想,动员国地税干部职工积极拥护改革、参与改革、推进改革,助推"营改增"改革进入实施快车道,全力决胜"营改增"改革最后一役。加强部门间的配合、沟通,建立国地税"营改增"联络通讯录,细分任务、责任到岗、责任到人,做到"四个统一",即统一时间节奏、统一工作流程、统一操作标准、统一质量控制。目前,已召开国地税联席会议 12 场次,合力解决了多个改革中的热点、难点问题,展现了国地税"兄弟齐心、其利断金"的风采。

二是全面开展营业税"四清"专项活动。组织开展营业税"四清"专项活动,准确统计现有"营改增"户数并登记造册,理顺工作关系,做好移交准备,加强"营改增"前的营业税征管,做到户数清、税款清。一是清查项目。组织开展建筑、房地产业营业税税源专项清查活动,对全市 2408 户房地产企业、4595 户建安企业进行全面清查,组织入库营业税税款 8244.25 万元。二是清算税款。加大对营业税当期税源监控并及时组织入库,加强风险管理,严格控制缓征税款,原则上不再办理营业税缓征税款事项。今年以来,共对 676 户纳税人进行中高等风险应对,累计清算查补入库营业税 9829.45 万元。三是清缴欠税。加大对纳税人特别是房地产企业的欠税清缴力度,组织纳税人采取限期缴纳、分期缴纳等方式主动清缴欠税,对未按规定缴纳欠税的纳税人,依法进行追缴。截至 3 月 29 日,共清缴营业税欠税 9058 万元。四是清理发票。制定《发票专项清理方案》,对全市 1.7 万户营业税纳税人的发票领、用、存情况进行逐户清理,并将发票发售方式由按季改为按月,严格监控发票开具情况。实施《营改增后发票过渡期管理办法》,明确营业税发票与增值税发票衔接时间为三个月,帮助纳税人更好适应改革。

三是未雨绸缪开展政策效应评估调研。自 2012 年新一轮"营改增"实施以来,宿迁国地税就联合开展了政策效应评估调研工作,坚持未雨绸缪、提前谋划,通过交换相关数据和资料、关注国务院领导讲话、加强与省局的联系沟通、及时了解掌握"营改增"改革的一手数据和最新动向,认真做好评估调研工作,为改革献计献策,并提前做好改革应对准备。针对 2016 年 1 月份李克强总理组织召开座谈会,研究全面推开"营改增"释放的信号,宿迁国地税立即成立专家调研组,重点从营业税现状、改革对地方财力影响及对策建议等方面撰写了《关于"营改增"对宿迁地方财税收入影响分析的报告》。"营改增"改革时间"落地"后,国地税坚持不断线、打连发、呈递进,持续深入开展"营改增"政策分析和效应评估。宿迁国地税共联合撰写了多篇关于"营改增"的专题调研报告,为后期决策提供了有价值的参考依据。

四是联合宣传辅导扩大改革知晓度。提前在全市各级政务服务中心国地联合办税区设置"营改增"政策咨询专用窗口,对纳税人的问题进行现场解答。加大对窗口人员"营改增"政策和业务操作培训的力度,要求窗口服务人员对"营改增"纳税人进行事前提醒,先后联合举办了 6 期"营改增"政策专题辅导。并借助电视广播、宿迁日报、宿迁晚报、地税网站、12366 服务热线、微博微信等新老媒体,联合加强"营改增"改革政策宣传,对税负变动、发票管理、纳税申报、二手房办理等纳税人高度关注的问题及时进行公开回应,为改革顺利推进营造良好的舆论环境。继续做好营业税税收优惠政策落实,凡"营改增"之前在营业税税收优惠政策有效期内,坚持不折不扣地落实。联合做好"三证合一、一照一码"登记号码的同步升级工作,积极配合、协助国税部门应对改革前期申报纳税等工作。近期,宿迁国地税还计划通过联合召开新闻发布会、联合开展税收宣传月等方式进行"营改增"专题宣传,让纳税人及时了解、熟悉"营改增"政策。

(八) 淮安市

淮安国地税深化合作推进委托代征工作。2016 年 6 月 15 日江苏省淮安地税局和淮安市国税局签订委托代征协议,双方按照"服务深度融合、执法适度整合、信息高度聚合"的合作指导方针,在创新办税模式,整合服务资源,加强服务联合,扩大委托代征范围等方面进行了积极的探索和大胆的尝试,实施了零散税源代征"一站式"服务、地税办税服务厅"一机双系统"等举措,确保了"营改增"期间征收开票的平稳衔接。

淮安国地税委托代征协议的签订深化了合作,形成了国地税联合办税"一站式"服务的新模式。根据协议内容,淮安国地税开放系统端口、增设国地税联合办税窗口、共同派员进驻、互相委托代征,打造纳税服务"一站式"窗口,提高了代开发票效率,减少了办税等待时间,同时完善了征收开票系统,有效规避了涉税风险。针对纳税人临时应税行为,在开票时只征收部分税款,后期征收难度大、成本高,容易形成征管漏洞,造成税款流失的现象,该协议明确提出进一步完善征收系统,采用一台电脑运行两套系统的办法,建立国地税联合征管模式,实行"先税后票",有效堵塞了征管漏洞,防范了涉税风险。此外,协议还对双方的纳税服务质量标准进行了统一,在集中开展业务培训的同时,对办税人员工作作风、服务态度等方面同时提出了要求,改善了便民服务设施,提高了纳税人满意度。

国地税合作取得较大成效,截止到2016年6月底,淮安市国地税合作窗口累计代征地方税费共计433.8万元,累计开出增值税发票6464份。委托代征加强了国税部门代开发票涉及地方税费的征收管理,深化了国地税合作渠道,有效防止了零星分散地方税收流失,为今后国地税更广泛的合作创造了条件。

第十四章　江苏省涉外税收的征收管理

一、江苏省国际反避税的相关工作

作为我国国际税收以及反避税领域管理实践的排头兵，江苏省在 2016 年的国际税收反避税领域也继续深入开展了一系列的工作，取得了一定的成绩。突出表现就是于 2016 年 8 初，江苏省国家税务局再次发布《2016—2018 年度国际税收遵从管理规划》，相比 2014 年版的国际税收遵从管理规划，2016 年国际税收遵从管理规划更为简明扼要地提出了 14 条建议和观点。主要包括：

一是提出跨境税收风险控制应纳入公司治理和内部控制，并建议跨国纳税人：(1) 将跨境交易税收风险控制纳入公司治理和内部控制，董事会应制定税务风险管理策略，统筹内部各层级、各部门共同做好风险防范；(2) 涉及集团内的关联交易定价、跨境业务重组、离岸架构设计等重大事项，应经董事会审议集体讨论决策；(3) 企业可以委托中介机构提供专业服务，但并不因此改变企业对涉税行为法律责任和后果的承担。

二是再次重申了中国地域特殊因素对价值创造的贡献，例如优良的公共设施、巨大的中国市场、高附加值劳务及相应的成本节约等。规划特别提醒存在收入、资产、高附加值劳务、利润来源于中国，但留在中国的利润及税收占比较低的跨国企业；以及集团来源于中国市场的销售和利润占比高，而留在中国成员企业的利润和税收占比低的跨国企业，这两种"一高一低"的情况，将具有较大的国际税收管理风险。

三是提出企业职能风险承担与利润分配应一致。规划列举了多年以来跨国公司对在华子公司职能定位上存在的任意性、不真实性、滞后性等问题，并相应的建议跨国公司：(1) 认真审视在华成员企业在经营活动中实际履行的职能和承担的风险，据实做出企业职能和风险的准确定位，不能主观做出与实质不符的定位；(2) 动态审视在华子公司经营活动的变化，伴随集团业务的发展或重组，在华子公司的职能风险可能已经发生变化，增加了研发或营销职能，不能固守旧制，仍定位为"两头在外"的契约制造商，人为给予低成本加成回报，应根据实际情况调整企业定位和利润归属；(3) 职能风险的调整应考虑相应补偿，如在华子公司前期承担了大量研发或营销活动，在即将进入后续收益期时，集团将该职能剥离到其他关联企业，则该职能调整应按独立交易原则加以审视，考虑对前期职能承担的补偿。

四是要求对无形资产本地化研发和受托研发给予合理回报。提醒跨国纳税人：(1) 本土化研发或受托研发即使是在总部总体决策指导下，仍有具体决策、风险承担、资产使用、重要人员投入等特征，在价值创造中发挥特定作用。总部决策应获取应有利润，但不应忽视本地化或受托研发对无形资产价值的贡献，更不能仅靠法律形式人为将超额利润归集到集团内某一公司，特别是位于低税地的公司；(2) 受托研发不是一般性集团内劳务，不能仅按低成本加成率予以回报，要结合研发人员投入、研发成果利用以及研发中的成本节约等因素，对受托研发活动给予充分补偿；(3) 仅拥有无形资产的法律所有权或仅提供资金，未承担相关风险、履行相应职能的企业,只能按独立交易原则获取与之相应的补偿,不能享有无形资产的超额回报。

五是重视业务重组经济实质。并提醒跨国纳税人:(1)业务重组应基于合理商业目的,不应以获取税收利益为唯一目的或主要目的,如人为设置中间架构、增加交易环节等;(2)业务重组应有公司内部完整决策程序和过程资料相佐证,包括董事会决议、内部备忘录、重组评估报告、重组合同、补充协议、收付款凭证、与相关交易方的沟通记录等相关资料;(3)业务重组应有实质性的功能、风险或资产转移,合同形式与实际执行相符,重组后的各方利润归属应与新的资产、职能和风险配置格局相一致。

六是提出要基于价值贡献适用适当的转让定价方法。根据近年来转让定价调查和APA实践以及与部分跨国公司形成的共识,建议跨国纳税人调整思维定势,根据实际情况尝试基于集团全球价值链分析的转让定价方法,具体可分为三个步骤:(1)充分占有信息;(2)依据占有的信息,分析集团价值链的整体营运及获利情况,梳理价值链上各项职能的承担者和履行情况,识别价值创造的核心要素;(3)按照已确定的某个或某组核心要素指标(如资产、销售、费用、成本等),将价值链上的总利润在各职能及其承担者之间进行分配,确保利润分配结果与价值链上各方的职能和风险承担相匹配。

七是建议避免激进的税收筹划。

八是建议避免出现被列为高风险的几种错配,具体包括:(1)集团利润趋势与中国成员企业利润趋势不一致;(2)集团社会形象和税收贡献不一致;(3)价值贡献和利润分配不一致;(4)高新技术企业定位与税收表现不一致;(5)经营规模变化与经营效益变化不一致;(6)投入与产出不一致。

九是要求提高同期资料准备质量,并提醒:(1)密切关注即将出台的同期资料新规;(2)同期资料准备质量将作为企业风险等级评定的重要依据;(3)中介机构应发挥专业技能,帮助企业提高同期资料质量;(4)跨国公司总部应按照税收透明度原则、BEPS报告相关指引以及中国税收征管法的要求,加强对跨国关联交易的风险控制,提高在华成员企业同期资料质量,帮助中国成员企业向税务机关披露全球架构、全球定价原则等信息。

十要重视申报、备案类法律义务的遵从。从国际税收的角度提醒跨国纳税人:(1)及时履行申报、备案义务;(2)申报、备案的信息和数据应真实完整反映企业经营情况;(3)申报、备案的遵从情况影响企业风险等级评定。

十一、充分认识《多边税收征管互助公约》、CRS和FATCA实施对企业的影响,多种工具齐头并进。

十二、树立全球价值链布局中的国际税收遵从意识。提醒跨国纳税人,特别是"走出去"企业,在全球价值链布局中树立国际税收遵从意识。

十三、增强税企沟通和信息透明度。建议跨国纳税人:(1)主动加强与税务机关的沟通;(2)对拒绝沟通、不履行资料提供义务的纳税人,税务机关可通过跨国税收情报交换或第三方渠道,获取和查证相关信息,视情节轻重依法采取行政处罚、核定征收等措施;(3)特别要提醒的是,在税收检查中依照法定程序要求企业提供证据,企业依法应当提供而拒不提供,在诉讼程序中提供的证据,中国法院一般不予采纳。

十四、建议关注江苏国税跨境税源管理举措。从2016年起,随着国际税收改革进入后BEPS时代以及国地税征管体制改革进入实施阶段,江苏省国税局将进一步转变观念与方式,提升技术手段,推动业务创新,提高对跨国纳税人监管水平:(1)开展大数据分析,整合企业申报信息、商业数据库信息以及外管、商务等第三方信息,运用数据仓库技术开展风险筛查,监控跨国企业利润水平变动,结合企业内控情况、沟通意识、信息透明度、同期资料准备质量等,确定风险等级,聚焦高风险企业开展风险应对;(2)强化反避税调查,抓住职能承担、价值链定位、经济实质与税收贡献相匹配的核心,对转让定价、资本弱化、受控外国公司、利用无形资产或金融工具转移利润等跨境避税行为加大调查力度;(3)建立高层沟通渠道,省局将加强与跨国公司集团总部的直接沟通,传递跨境税源管理案件的观点及处理意见,使集团总部参与信息披露和税企对话,解决信息不对称和决策环节多、耗时长、应对效果不佳的问题;(4)积极实践国际税改成果,重点关注中国特殊因素的利润贡献、无形资产本土化的利润回报、价值贡献分配法的适用、协定滥用、人为规避常设机构等热点、难点问题,回应纳税人关切,丰富中国观点维护国家税收权益。

二、发布"走出去"企业(个人)涉税风险提示

为了积极响应我国推进国际产能合作、"一带一路"走出去战略,更好地助力江苏企业"走出去",2016年4月13日,江苏省国税局、地税局携手江苏省发展与改革委员会、国家开发银行江苏省分行、中信保江苏公司等五部门联合举办"江苏省推进国际产能合作走出去企业政策对接会"。这是首次融合税收、金融、保险和法律政策支持与服务的多领域会议,是首次辐射全省十三个地市的全覆盖会议,是首次涵盖了已经"走出去"和有"走出去"意愿企业在内的多层次会议。会上,江苏省国税局、江苏省地税局相关领导分别介绍了"走出去"企业面临的国际税收形势、税务机关对"走出去"企业和个人管理服务,就企业和个人如何在境外投资经营过程中进行全球税收筹划和提升税收遵从度提出建议,强调税务机关立足于提高走出去企业国际竞争力,创新征管服务方式、加强税企沟通、做好咨询服务,解决信息不对称的问题,帮助企业用好税收优惠政策,立足全球价值链来合理布局战略规划。同时希望与省发改委、国家开发银行、中信保等部门联继续加强合作,共同搭建平台,支持和服务企业"走出去"。

此外,江苏省国、地税局国际税收部门业务骨干通过案例就涉外税收政策进行了解读,就常见涉税风险点对纳税人予以提醒,现场发放了300多份《税务机关提醒"走出去"企业、个人应关注的十二个问题》宣传手册,对走出去企业和个人关心的税收抵免、出口退税 4、税收协定、税收争议解决等问题进行了政策解释和风险提醒。会议期间还开展了税企沟通,对企业"走出去"过程中遇到的问题困难以及税收服务管理方面的意见建议,国地税部门进行了答疑讲解。本次政策对接会获得了与会企业代表的充分肯定,认为是宣讲及时、专业且实用,增进了企业对现有税收政策的理解,增强了企业"走出去"的信心,更好地维护企业的合法税收权益,促进企业"走出去"蹄疾步稳、行稳致远。

正是这次会议后,2016年4月19日,江苏省国税局、地税局正式联合发布"走出去"企业(个人)涉税风险提示,重点就我国税法中相关的涉税风险进行提示。具体内容包括:

(一)"走出去"企业境外所得税收抵免

为了消除国际重复征税,促进本国企业"走出去",积极开拓国际市场,增强企业国际竞争力,我国税法规定对企业的境外所得实施税收抵免。对此,税务机关提醒:我国采取的是

限额抵免法,已在境外缴纳的所得税税额,可以从当期应纳税额中抵免;抵免额超出我国税法计算出税额的部分,可以在以后五个年度内进行抵补。

(二)"走出去"企业出口退税政策

我国出口退税的范围包括出口货物、对外提供加工修理修配劳务以及"营改增"后的出口应税服务。"走出去"企业如从事上述业务均可按规定享受出口退税。对此,税务机关提醒:

1. 对属于增值税一般纳税人的生产企业,开展对外承包工程业务而出口的货物,无论是自产货物还是非自产货物,均统一实行增值税免抵退税办法。

2. 对属于增值税一般纳税人的生产企业,出口外购货物,凡用于对外援助、境外投资的,视同自产货物,实行增值税免抵退税办法。

3. 对具有生产能力的企业,所从事的对外承包工程、对外援助、境外投资,实行增值税免退税办法。

4. 2015年5月1日起,江苏已试点实施了出口退税无纸化申报。

(三)"走出去"企业税收协定待遇

税收协定又称避免双重征税协定,执行顺序高于国内法,但国内法有更优惠规定的,适用孰优原则。对外签订的避免双重征税协定(安排)一览表详见国家税务总局网站。对此,税务机关提醒:当"走出去"企业到境外与中国签署并执行税收协定(安排)的国家(地区)从事经营活动时,企业方向对方国家(地区)税务局提供《中国税收居民身份证明》,申请享受税收协定(安排)规定的相关待遇。

(四)"走出去"企业税收居民身份证明管理

为协助"走出去"企业在境外投资、经营和提供劳务活动中享受我国政府对外签署的税收协定各项待遇,应纳税人要求,开具《中国税收居民证明》。对此,税务机关提醒:纳税人企业所得税由国税部门管辖的,开具中国税收居民身份证明由主管国税税务机关负责;企业所得税由地税部门管辖的,开具中国税收居民身份证明由主管地税税务机关负责。

(五)"走出去"企业报告境外投资和所得信息

符合《国家税务总局关于居民企业报告境外投资和所得信息有关问题的公告》(国家税务总局公告2014年第38号公告)规定的"走出去"企业,应按公告要求向主管税务机关填报《居民企业参股外国企业信息报告表》和《受控外国企业信息报告表》,并按规定附报其他与境外所得相关的资料信息。对此,税务机关提醒:"走出去"企业未按照规定报告境外投资和所得信息,主管税务机关可根据税收征管法及其实施细则以及其他有关法律、法规的规定,按已有信息合理认定相关事实,并据以计算或调整应纳税款。

(六)"走出去"企业遭遇税收争议解决方式

"走出去"的企业若在境外与当地税务机关产生征税争议时,如果投资目的地国家与我国签订了税收协定,除依照经营地所在国的法律进行救济外,还可以以书面形式向国内主管

税务机关申请启动相互协商程序,由双方国的税务当局相互磋商解决企业的税收争议。对此,税务机关提醒:

1. 2013年,税务总局发布了《税收协定相互协商程序实施办法》。我国企业和个人在境外如果应享受而未能享受协定待遇、遭遇税收歧视、遇到其他涉税纠纷,可依此向中国税务机关提出申请与对方国家主管当局启动相互协商程序,争取最大限度地保护"走出去"企业和个人的税收利益。

2. 对于关联企业间转让定价案件,纳税人可以依据《特别纳税调整实施办法(试行)》(国税发〔2009〕2号文件)申请提起主管当局间相互协商。

(七)"走出去"企业关注"受控外国企业"相关政策

中国企业在海外投资实践中,大多会选择借道低税率的中间控股公司间接向投资目的地国或地区进行投资,对于采用中间控股架构投资的"走出去"企业而言,要遵守关于国内关于"受控外国企业"的相关规定,防范被各国税务机关实施反避税调查的调整风险。对此,税务机关提醒:

1. "走出去"企业将大额消极收入产生的利润堆积在境外低税率地区的被投资企业,并出于非合理经营需要对利润不做分配,达到受控外国企业认定条件的,该应分配未分配的利润应计入居民企业的当期收入。

2. 企业要关注国内外关于受控外国企业法规动态,对境外控股公司的经营活动和资金安排做出必要的调整,对不做分配的商业理由要充分记录。

(八)"走出去"企业关联交易要坚持独立交易原则

"走出去"企业通常会与境外关联公司在货物、劳务、特许权使用费、技术转让、股权等方面频繁发生关联交易,由此取得的跨国所得在不同税收管辖权国家间的分配将会影响到各相关国的税收权益,企业在跨境经营过程中涉及转让定价的风险显著增加。对此,税务机关提醒:

1. 对集团各个法律实体真实的功能、风险、资产进行梳理和定位,确定目前使用的关联交易定价方式是否符合母国和投资国的税法按规定,在必要时可以考虑申请预约定价安排来降低双重征税风险。

2. "走出去"企业要重视关联申报,如实按期申报,按规定提供同期资料,建立合理的关联交易定价原则。

(九)对外派人员境外所得按规定履行扣缴义务

中国境内企业派遣到境外任职人员取得的境外任职的工资薪金所得,且该工资薪金为境内企业支付的,境内企业可能存在未按规定扣缴个人所得税的风险。对此,税务机关提醒:外派人员取得的境外工资薪金所得中,境内派出单位支付或负担的部分负有代扣代缴的义务;境外单位支付的部分,外派人员负有自行申报义务。但是,为方便外派人员申报税款,税务机关允许外派人员委托其中国境内派出机构办理纳税申报。

（十）外派人员取得境外两处以上所得应自行申报

企业外派人员取得来源于境外两处以上所得时，如在工资薪金之外，取得劳务报酬、股息、利息等其他收入，外派人员由于不知晓相关政策，存在未按规定自行申报的风险。对此，税务机关提醒：境内派出单位应加强对外派人员税法宣传，外派人员在境外任职期间取得非工资薪金所得，且该所得并非由境内派出单位支付的，应在年度终了后30日内向其境内派出单位所在地的主管地税机关办理自行申报纳税。如若所得来源国与中国的纳税年度不一致，年度终了后30日内申报纳税有困难的，经主管税务机关批准后，可在所得来源国的纳税年度终了、结清税款后30日内申报纳税。

（十一）个人境外所得税收抵免管理

居民个人在境外取得收入时，居民国和来源国在各自行使税收管辖权时，会造成对同一笔收入的重复征税。对此，税务机关提醒：纳税人在中国境外取得的所得，准予其在中国应纳税额中扣除已在境外缴纳的个人所得税税额，在计算时，应区分不同国家或地区和不同应税项目，依照税法规定的费用扣除标准和税率计算；同一国家或地区内不同应税项目的应纳税额之和，为该国家或地区的扣除限额。其超过抵免限额的部分，可以在以后5个年度内，在该国家或地区扣除限额的余额中补扣。

（十二）境外企业实施股权激励计划，居民个人行权时应扣缴个人所得税

企业为了自身发展及留住人才实行股权激励，持有股票期权、认购权的人员，在行权时的实际购买价（行权价）低于购买日（行权日）公开市场价的差额，对该笔行权所得，公司存在未按规定扣缴个人所得税的潜在风险。对此，税务机关提醒："走出去"企业应建立股权激励台账，记载授权对象、授权数额、授权时间、施权价、行权时间、行权条件、行权数量、行权时每股市价等信息。对于个人行权时取得的收益应及时扣缴个人所得税。

三、提示纳税人跨境业务涉税申报事项

2016年2月下旬，江苏省地方税务局为规范纳税人跨境业务涉及的纳税申报等相关工作，减少纳税人的涉税风险，根据《中华人民共和国税收征管法》及其实施细则、《中华人民共和国企业所得税法》及其实施条例、《中华人民共和国个人所得税法》及实施条例、《特别纳税调整实施办法（试行）》等法律、法规和相关规定，对相关事宜做出了专项提示，主要包括：

（一）对外支付的扣缴义务

根据《中华人民共和国企业所得税法》第三十七条和第四十条以及《非居民企业所得税税源扣缴管理暂行办法》（国税发〔2009〕3号）规定，居民企业向非居民企业支付股息红利等权益性投资收益和利息、租金、特许权使用费所得、转让财产所得及其他所得的，需作为法定扣缴义务人，在每次支付或到期应支付时代扣企业所得税，并自代扣之日起七日内到其企业所得税主管税务机关缴入国库。未履行扣缴义务不缴或者少缴已扣税款，或者应扣未扣税款，税务机关将按照征管法及实施细则有关规定处理。

（二）关联业务往来的申报义务

根据《中华人民共和国企业所得税法》第四十三条、第四十四条、《特别纳税调整实施办法(试行)》第十一条和《国家税务总局关于印发〈中华人民共和国企业关联业务往来报告表〉的通知》(国税发[2008]114 号)规定,实行查账征收的居民企业与境外关联方之间存在业务往来的,需要在报送年度企业所得税纳税申报表时,就其与关联方之间的业务往来附送《中华人民共和国企业年度关联业务往来报告表》。

（三）境外投资所得和信息报告义务

根据《国家税务总局关于居民企业报告境外投资和所得信息有关问题的公告》(2014 年第 38 号)规定,居民企业成立或参股外国企业,或者处置已持有的外国企业股份或有表决权股份,符合以下情形之一的,且按照中国会计制度可确认的,应当在办理企业所得税预缴申报时向主管税务机关填报《居民企业参股外国企业信息报表》:

1. 居民企业直接或间接持有外国企业股份或有表决权股份达到 10％(含)以上;

2. 在总局公告施行之日后,居民企业在被投资外国企业中直接或间接持有的股份或有表决权股份自不足 10％的状态改变为达到或超过 10％的状态;

3. 在总局公告施行之日后,居民企业在被投资外国企业中直接或间接持有的股份或有表决权股份自达到或超过 10％的状态改变为不足 10％的状态。

但是在本公告实施前,企业已按照《国家税务总局公告 2014 年第 38 号》第八条:《国家税务总局关于印发〈中华人民共和国企业关联业务往来报告表〉的通知》(国税发[2008]114 号)的规定填报有关对外投资信息,且未发生变化的,在本公告实施后可不再重复报送。

根据《中华人民共和国企业所得税法》第四十五条、《特别纳税调整实施办法(试行)》(国税发[2009]2 号)第八十四条、《国家税务总局关于居民企业报告境外投资和所得信息有关问题的公告》(2014 年第 38 号)文件的规定,由居民企业或由居民企业和中国居民控制的设立在实际税负明显低于 12.5％的国家(地区)的外国企业,并非出于合理经营需要对利润不作分配或减少分配的,应归属于该居民企业的部分,计入该居民企业的当期收入,并按照所得税法或协定规定进行抵免。该居民企业办理年度企业所得税申报时,需填报《受控外国企业信息报告表》,并附报按照中国会计制度编报的年度独立财务报表。

根据《国家税务总局关于境外注册中资控股企业依据实际管理机构标准认定为居民企业有关问题的通知》(国税发[2009]82 号)、《境外注册中资控股居民企业所得税管理办法(试行)》(2011 年第 45 号公告)和《国家税务总局关于依据实际管理机构标准实施居民企业认定各有关问题的公告》(2014 年第 9 号)文件规定,中国境内企业或企业集团作为主要控股投资者,在中国内地以外国家或地区(含香港、澳门、台湾)注册成立的企业,若其实际管理机构在中国境内,可自行判定并向其中国境内主要投资者登记注册地主管税务机关提出居民企业认定申请,经省级税务机关确认后,自被认定为居民企业的年度起,从中国境内其他居民企业取得的股息、红利等权益性投资收益,符合《中华人民共和国企业所得税法》第二十六条及其实施条例第十七条、第八十三条规定的可以享受免税待遇。

（四）享受税收协定待遇的报告义务

根据《国家税务总局关于发布〈非居民纳税人享受税收协定待遇管理办法〉的公告》（国家税务总局公告 2015 年第 60 号）、《非居民纳税人享受税收协定待遇管理规程（试行）》（税总发〔2015〕128 号）的规定，非居民纳税人符合享受协定待遇条件的，可在纳税申报时，或通过扣缴义务人在扣缴申报时，自行享受协定待遇，并接受税务机关的后续管理。非居民纳税人需享受协定待遇的，应在纳税申报时自行报送或由扣缴义务人在扣缴申报时报送以下报告表和资料：

1.《非居民纳税人税收居民身份信息报告表》；

2.《非居民纳税人享受税收协定待遇情况报告表》；

3. 由协定缔约对方税务主管当局在纳税申报或扣缴申报前一个公历年度开始以后出具的税收居民身份证明；享受税收协定国际运输条款待遇或国际运输协定待遇的企业，可以缔约对方运输主管部门在纳税申报或扣缴申报前一个公历年度开始以后出具的法人证明代替税收居民身份证明；享受国际运输协定待遇的个人，可以缔约对方政府签发的护照复印件代替税收居民身份证明；

4. 与取得相关所得有关的合同、协议、董事会或股东会决议、支付凭证等权属证明资料；

5. 其他税收规范性文件规定非居民纳税人享受特定条款税收协定待遇或国际运输协定待遇应当提交的证明资料；

6. 非居民纳税人可以自行提供能够证明其符合享受协定待遇条件的其他资料。

（五）非居民间接转让境内应税财产的报告义务

根据《国家税务总局关于非居民企业间接转让财产企业所得税若干问题的公告》（国家税务总局公告 2015 年第 7 号）规定，间接转让中国应税财产的交易双方及被间接转让股权的中国居民企业可以向主管税务机关报告股权转让事项，并提交以下资料：

1. 股权转让合同或协议（为外文文本的需同时附送中文译本，下同）；

2. 股权转让前后的企业股权架构图；

3. 境外企业及直接或间接持有中国应税财产的下属企业上两个年度财务、会计报表；

4. 间接转让中国应税财产交易不适用本公告第一条的理由。

间接转让中国应税财产的交易双方和筹划方，以及被间接转让股权的中国居民企业，应按照主管税务机关要求提供以下资料：

① 本公告第九条规定的资料（已提交的除外）；

② 有关间接转让中国应税财产交易整体安排的决策或执行过程信息；

③ 境外企业及直接或间接持有中国应税财产的下属企业在生产经营、人员、账务、财产等方面的信息，以及内外部审计情况；

④ 用以确定境外股权转让价款的资产评估报告及其他作价依据；

⑤ 间接转让中国应税财产交易在境外应缴纳所得税情况；

⑥ 与适用公告第五条和第六条有关的证据信息；

⑦ 其他相关资料。

（六）居民个人所得税的纳税申报义务

根据《中华人民共和国个人所得税法》及实施条例、《个人所得税自行纳税申报办法（试行）》(国税发〔2006〕162号)规定,中国居民个人对源于全球所得均需在中国履行纳税义务。对其从境外取得所得且有扣缴义务人的,需要扣缴义务人办理全员全额明晰申报;没有扣缴义务人的,纳税人需要在纳税年度终了后30日内,向其户籍所在地或经常居住地主管税务机关办理自行申报。纳税人或扣缴义务人未按规定期限办理申报或报送纳税资料的、编造虚假计税依据的,将分别按照税收征管法第六十二条和六十四条规定处理。

数据篇

第十五章 2011—2016 年江苏省地方税收相关数据

一、商品税

表 15-1 2011—2016 年全国财产税收入及其占地方税收收入比重　　单位:亿元、%

项目 ＼ 年份	2011	2012	2013	2014	2015	2016
房产税	1102.39	1372.49	1581.5	1851.64	2050.90	2220.91
契税	2765.73	2874.01	3844.02	4000.7	3898.55	4300.00
车船税	302	393.02	473.96	541.06	613.29	682.68
财产税总计	4170.12	4639.52	5899.48	6393.4	6562.74	7203.59
财产税增长率	15.82%	11.26%	27.16%	8.37%	2.65%	9.76%
地方税收收入	41106.74	47319.08	53890.88	59139.91	—	64691.69
财产税占比	10.14%	9.80%	10.95%	10.81%	—	11.14%

表 15-2 2011—2016 年江苏省房产税及其在总税收收入中占比　　单位:亿元、%

年份	房产税收入	房产税增幅	税收收入	房产税占比
2011	121.39	31.79%	4124.62	2.94%
2012	160.88	32.53%	4782.59	3.36%
2013	192.84	19.87%	5419.49	3.56%
2014	228.73	18.61%	6006.05	3.81%
2015	248.01	8.43%	6610.12	3.75%
2016	256.60	3.5%	6531.83	3.93%

数据来源:江苏省地方税务局:http://www.jsds.gov.cn/.以下未作特殊说明的地方税收数据均源于江苏省地方税务局。

表 15-3 2012—2016 年江苏省 13 市房产税税收收入　　单位:亿元

城市 ＼ 年份	2012	2013	2014	2015	2016
南　京	22.85	24.55	24.15	30.99	33.39
无　锡	21.84	24.81	29.20	31.10	33.06
徐　州	6.75	10.07	11.34	10.70	12.40
常　州	11.41	13.46	15.75	12.26	17.98
苏　州	48.04	55.65	60.86	70.78	71.12

续表

城市＼年份	2012	2013	2014	2015	2016
南　通	10.62	12.34	13.93	15.61	17.80
连云港	4.61	6.27	7.45	14.52	4.49
淮　安	7.85	11.86	19.87	11.16	8.55
盐　城	8.37	11.91	17.46	14.72	15.51
扬　州	5.88	6.65	7.79	9.47	9.70
镇　江	4.80	6.13	7.18	7.74	8.28
泰　州	4.73	5.44	6.22	7.10	7.57
宿　迁	3.13	3.70	7.53	11.87	14.50

表 15－4　2011—2016 年江苏省契税收入及其在总税收收入中占比　　单位:亿元、%

年份	契税收入	契税增幅	税收收入	契税占比
2011	318.23	—	4124.62	7.72%
2012	331.15	4.06%	4782.59	6.92%
2013	383.75	15.88%	5419.49	7.08%
2014	401.69	4.68%	6006.05	6.69%
2015	370.11	−7.86%	6610.12	5.60%①
2016	335.41	−9.38%	6531.83	6.14%

表 15－5　2011—2016 年江苏省车船税收入及其在总税收收入中占比　　单位:亿元

年份	车船税收入	车船税增幅	税收收入	车船税占比
2011	20.17	—	4124.62	0.49%
2012	27.34	35.56%	4782.59	0.57%
2013	32.25	17.96%	5419.49	0.60%
2014	36.91	14.46%	6006.05	0.61%
2015	41.74	13.09%	6610.12	0.63%
2016	47.11	12.87%	6531.83	0.72%

① 江苏省地方税务局：http://www.jsds.gov.cn/

数 据 篇

表 15-6　2011—2016 年江苏省财产税宏观税负　　　　单位:亿元、%

年份	财产税	GDP 总量	财产税收入占 GDP 比重
2011	459.79	49110	0.94%
2012	519.37	54058	0.96%
2013	608.84	59753	1.02%
2014	667.34	65088	1.03%
2015	659.86	70116.4	0.94%
2016	639.12	77388.28	0.83%

表 15-7　2011—2016 年全国财产税宏观税负单位:亿元、%

年份	财产税	GDP 总量	财产税占 GDP 比重
2011	4170.12	484123.5	0.86%
2012	4639.52	534123	0.87%
2013	5899.48	588018.8	1.00%
2014	6393.4	635910.2	1.01%①
2015	6562.74	676708	0.97%
2016	7203.59	744127.2	0.97%

表 15-8　2011—2016 年江苏省财产税的结构占比　　　　单位:%

	2011 年	2012 年	2013 年	2014 年	2015 年	2016 年
房产税占比	26.40	30.98	31.67	34.28	37.58	40.15
契税占比	69.21	63.76	63.03	60.19	56.09	52.48
车船税占比	4.39	5.26	5.30	5.53	6.33	7.37
财产税合计	459.79	519.37	608.84	667.34	659.86	639.12

表 15-9　2011—2016 年江苏省财产税税收增长率　　　　单位:亿元、%

年份	财产税	财产税增长率
2011	459.79	—
2012	519.37	12.96
2013	608.84	17.23
2014	667.34	9.61
2015	659.86	−1.12
2016	639.12	−3.14

① 文章结稿前尚未公布 2016 年全国统计年鉴

表 15-10　2011—2016 年全国财产税税收增长率　　单位:亿元、%

年份	全国财产税	全国财产税增长率
2011	4170.12	15.82
2012	4639.52	11.26
2013	5899.48	27.16
2014	6393.4	8.37
2015	6562.74	2.65
2016	7203.59	9.76%

表 15-11　2011—2016 年江苏省财产税税收增长弹性　　单位:亿元、%

年份	GDP	GDP 增幅	财产税增幅	财产税增长弹性
2011	49110	11	—	—
2012	54058	10.10	12.96	1.2831
2013	59753	9.60	17.23	1.7944
2014	65088	8.70	9.61	1.1045
2015	70116.4	8.50	—1.12	—1.319
2016	77388.3	10.37	—3.14	—3.0279

表 15-12　2011—2016 年全国财产税税收增长弹性　　单位:%

年份	全国 GDP 增长率	全国财产税增长率	财产税增长弹性
2011	9.50	15.82	1.6653
2012	7.70	11.26	1.4623
2013	7.70	27.16	3.5273
2014	7.30	8.37	1.1466
2015	6.90	2.65	0.3841
2016	7.99	9.76	1.2215

表 15-13　2011—2016 年江苏省财产税税收增长边际系数　　单位:亿元

年份	GDP 增加额	财产税增加额	财产税边际系数
2011	7685	—	—
2012	4948	59.5842	1.2%
2013	5695	89.4661	1.6%
2014	5335	58.5031	1.1%
2015	5028.4	—7.4792	—0.15%
2016	7217.9	—20.74	—0.29%

表 15-14　2011—2016 年全国财产税税收增长边际系数　　　　单位:亿元

年份	全国财产税增加额	全国 GDP 增加额	税收边际系数
2011	569.58	75220.5	0.76%
2012	469.4	49999.5	0.94%
2013	1259.96	53895.8	2.34%
2014	493.92	47891.4	1.03%
2015	169.34	40797.8	0.42%
2016	640.85	55075.1	1.16%

表 15-15　2011—2016 年江苏省房地产开发投资额　　　　单位:亿元

年份	房地产开发投资额	增长率
2011	5,573.83	—
2012	6,209.16	11.40%
2013	7,241.45	16.63%
2014	8,240.23	13.79%
2015	8,153.68	−1.05%
2016	8,956.37	9.84%

表 15-16　2011—2016 年江苏省地级市的房地产开发投资额　　　　单位:亿元

城市 ＼ 年份	2011	2012	2013	2014	2015	2016
南　京	871.43	971.96	1,037.71	1,125.49	1,429.02	1845.60
无　锡	877.78	974.37	1,128.91	1,252.22	991.66	1033.62
徐　州	255.12	310.07	380.47	468.88	470.22	549.13
常　州	567.53	597.01	681.39	681.53	508.04	446.70
苏　州	1,199.13	1,263.36	1,414.01	1,764.44	1,864.95	2163.24
南　通	379.96	481.74	596.52	678.92	690.94	584.14
连云港	164.65	162.23	174.07	189.28	205.42	235.41
淮　安	286.49	280.55	312.22	357.66	283.69	321.41
盐　城	214.37	273.41	327.31	379.64	367.68	358.57
扬　州	197.71	235.84	315.91	360.44	378.18	410.18
镇　江	141.47	205.48	296.31	319.05	355.78	448.64
泰　州	228.25	234.48	271.16	285.54	245.57	249.96
宿　迁	189.93	218.64	305.46	377.14	362.53	309.76

数据来源:wind 资讯

表 15-17　2011—2016 年苏南地区房地产开发投资额及房产税收入① 　　单位:亿元

年份	房地产开发投资额	房地产开发投资额增长率	房产税收入	房产税收入增长率
2011	3,657.34	—	—	—
2012	4,012.19	9.70%	108.94	—
2013	4,558.33	13.61%	124.60	14.37%
2014	5,142.73	12.82%	137.14	10.06%
2015	5,149.45	0.13%	152.87	11.47%
2016	5,937.81	15.31%	163.83	7.17%

表 15-18　2011—2016 年苏中地区房地产开发投资额及房产税收入 　　单位:亿元

年份	房地产开发投资额	房地产开发投资额增长率	房产税收入	房产税收入增长率
2011	805.92	—	—	—
2012	952.07	18.13%	21.23	—
2013	1183.58	24.32%	24.43	15.07%
2014	1324.90	11.94%	27.94	14.37%
2015	1314.68	−0.77%	32.17	15.15%
2016	1244.27	−5.36%	35.07	9.01%

表 15-19　2011—2016 年苏北地区房地产开发投资额及房产税税收入 　　单位:亿元

年份	房地产开发投资额	房地产开发投资额增长率	房产税税收入	房产税税收入增长率
2011	1110.56	—	—	—
2012	1244.91	12.10%	29.49	—
2013	1499.54	20.45%	42.49	44.08%
2014	1772.60	18.21%	62.00	45.92%
2015	1689.55	−4.69%	55.56	−10.38%
2016	1774.28	5.01%	55.45	−0.20%

---

① 江苏省各地未公布 2011 年房产税数据,本文中苏南、苏中、苏北房产税收入仅采用 2012 至 2015 年数据。

表 15－20　2011—2016 年江苏省居民价格指数中住房租金价格　　　单位:上年＝100

年份	居民价格指数中住房租金价格	增长率
2011	103.9	—
2012	103.6	3.6%
2013	103.3	3.3%
2014	102.8	2.8%
2015	101.9	1.9%
2016	101.8	1.8%

数据来源:江苏省统计局:http://www.jssb.gov.cn/

表 15－21　2011—2016 年新建住宅与二手住宅房地产价格指数　　　单位:上年＝100

住宅类型	城　市	2011	2012	2013	2014	2015	2016
新建住宅	南　京	101.3	98.5	108.6	104.2	100.2	129.0
	无　锡	102.3	99.2	103.4	100.6	96.4	115.7
	徐　州	103.6	99	106.4	102.6	96.7	103.9
	扬　州	104.2	99.3	103.9	102.4	95.2	103.9
二手住宅	南　京	99.8	96.8	105.4	103.4	100.9	121.6
	无　锡	104.1	100.1	101.9	99.8	96.9	107.9
	徐　州	99.6	97.7	102.2	99.3	96.3	102.0
	扬　州	103	96.9	100.8	100.9	97.9	101.7

表 15－22　2012—2016 年南京、无锡、徐州、扬州四市契税收入　　　单位:亿元

年份	南京	无锡	徐州	扬州
2012	30.06	26.12	25.19	18.78
2013	38.37	29.03	33.07	18.59
2014	46.35	31.76	31.91	14.59
2015	52.47	24.61	27.48	16.53
2016	35.83	24.01	33.33	14.46

表 15－23　2011—2016 年江苏省契税收入及其增幅　　　单位:亿元、%

年份	契税收入	契税增幅
2011	318.23	－2.00
2012	331.15	4.06
2013	383.75	15.88
2014	401.69	4.68
2015	370.11	－7.86
2016	335.41	－9.38%

表 15－24　2011—2016 年江苏省商品房销售面积及其增长率　单位:万平方米、%

年份	商品房销售面积	商品房销售面积增长率
2011	7976.45	−15.91%
2012	9021.52	13.10%
2013	11454.77	26.97%
2014	9846.83	−14.04%
2015	11414.05	15.92%
2016	13962.22	22.30%

表 15－25　2011—2016 年苏南商品房销售面积及契税收入　单位:万平方米、亿元

年份	商品房销售面积	商品房销售面积增长率	契税收入	契税增长率
2011	3630.96	—	—	—
2012	4520.44	24.50%	163.89	—
2013	5474.69	21.11%	180.48	10.12%
2014	4953.54	−9.52%	201.00	11.37%
2015	6045.92	22.05%	169.79	−15.53%
2016	7258.34	20.05%	160.88	−5.25%

表 15－26　2011—2016 年苏中商品房销售面积及契税收入　单位:万平方米、亿元

年份	商品房销售面积	商品房销售面积增长率	契税收入	契税增长率
2011	1698.18	—	—	—
2012	1641.08	−3.36%	56.51	—
2013	2226.15	35.65%	69.57	23.11%
2014	1994.45	−10.41%	65.50	−5.85%
2015	2104.62	5.52%	67.59	3.20%
2016	2630.43	24.98%	66.45	−1.69%

表 15－27　2011—2016 年苏北商品房销售面积及契税收入　单位:万平方米、亿元

年份	商品房销售面积	商品房销售面积增长率	契税收入	契税增长率
2011	2647.31	—	—	—
2012	2860.00	8.03%	112.43	—
2013	3753.93	31.26%	133.67	18.89%
2014	2898.84	−22.78%	135.20	1.14%
2015	3263.50	12.58%	119.52	−11.60%
2016	4073.32	24.81%	108.07	−9.58%

表 15 - 28 2011—2016 年江苏省民用汽车和私人汽车拥有量　　　　　　单位:万辆、%

年份	民用汽车拥有量	民用汽车拥有量增长率	私人汽车拥有量	私人汽车拥有量增长率
2011	675.18	—	528.86	—
2012	802.20	18.81%	646.69	22.28%
2013	944.35	17.72%	780.43	20.68%
2014	1,095.45	16.00%	927.48	18.84%
2015	1,247.86	13.91%	1,076.90	16.11%
2016	1,432.45	14.79%	1,252.21	16.28%

表 15 - 29 2011—2016 年江苏省民用汽车拥有量　　　　　　单位:万辆

年份	苏南	增长率	苏中	增长率	苏北	增长率
2011	419.22	20.56%	112.96	24.34%	153.95	22.45%
2012	492.55	17.49%	137.01	21.29%	181.23	17.72%
2013	575.92	16.93%	166.2	21.31%	209.85	15.79%
2014	666.55	15.74%	195.51	17.64%	239.48	14.12%
2015	749.69	12.47%	225.85	15.52%	269.84	12.68%
2016	731.44	—2.43%	232.23	2.82%	288.54	6.93%

二、所得税

表 15 - 30 2011—2016 年江苏省个人所得税收入与税收收入总额　　　　　　单位:亿元

年份	个人所得税	增幅	税收收入	个人所得税占税收收入的比重
2011	237.74	—	4124.62	5.76%
2012	224.22	—6.03%	4782.59	4.69%
2013	264.88	18.13%	5419.45	4.89%
2014	306.33	15.65%	6006.05	5.10%
2015	360.89	17.81%	6610.12	5.46%
2016	382.37	5.95%	6531.83	5.85%

表 15 - 31　2012—2016 年南京市的税收收入与个人所得税收入　　单位:亿元

年份	个人所得税	税收收入	个人所得税增幅	个人所得税占税收收入的比重
2012	38.7	602.79	—	6.42%
2013	46.28	684.47	19.59%	6.76%
2014	51.29	757.21	10.83%	6.77%
2015	66.67	838.67	29.99%	7.95%
2016	77.27	956.62	15.90%	8.08%

表 15 - 32　2012—2016 年无锡市的税收收入与个人所得税收入　　单位:亿元

年份	个人所得税	税收收入	个人所得税增幅	个人所得税占税收收入的比重
2012	31.6	540.01	—	5.85%
2013	34.44	579.11	8.99%	5.95%
2014	38.44	620.34	11.61%	6.20%
2015	40.9	668.18	6.40%	6.12%
2016	49.51	706.04	21.05%	7.01%

表 15 - 33　2012—2016 年徐州市的税收收入与个人所得税收入　　单位:亿元

年份	个人所得税	税收收入	个人所得税增幅	个人所得税占税收收入的比重
2012	8.41	284.14	—	2.96%
2013	7.58	341.11	−9.87%	2.22%
2014	9.38	386.43	23.75%	2.43%
2015	10.79	429.13	15.03%	2.51%
2016	12.47	390.3	15.57%	3.19%

表 15 - 34　2012—2016 年常州市的税收收入与个人所得税收入　　单位:亿元

年份	个人所得税	税收收入	个人所得税增幅	个人所得税占税收收入的比重
2012	19.9	303.89	—	6.55%
2013	20.89	327.18	4.97%	6.38%
2014	24.25	348.38	16.08%	6.96%
2015	23.19	373.7	−4.37%	6.21%
2016	27.48	383.19	18.50%	7.17%

表 15 - 35　　2012—2016 年苏州市的税收收入与个人所得税收入　　　　单位：亿元

年份	个人所得税	税收收入	个人所得税增幅	个人所得税占税收收入的比重
2012	56.64	1023.88	—	5.53%
2013	64.62	1138.33	14.09%	5.68%
2014	73.44	1244.37	13.65%	5.90%
2015	95.25	1338.61	29.70%	7.12%
2016	105.02	1505.82	10.26%	6.97%

表 15 - 36　　2012—2016 年南通市的税收收入与个人所得税收入　　　　单位：亿元

年份	个人所得税	税收收入	个人所得税增幅	个人所得税占税收收入的比重
2012	19.5	339.51	—	5.74%
2013	28.22	399.89	44.72%	7.06%
2014	41.86	457.34	48.33%	9.15%
2015	45.9	521.08	9.65%	8.81%
2016	32.1	456.77	−30.07%	7.03%

表 15 - 37　　2012—2016 年连云港市的税收收入与个人所得税收入　　　　单位：亿元

年份	个人所得税	税收收入	个人所得税增幅	个人所得税占税收收入的比重
2012	3.7	160.92	—	2.30%
2013	4.25	188.79	14.86%	2.25%
2014	4.9	213.42	15.29%	2.30%
2015	5.5	237.55	12.24%	2.32%
2016	5.47	170.8	−0.55%	3.20%

表 15 - 38　　2012—2016 年淮安市的税收收入与个人所得税收入　　　　单位：亿元

年份	个人所得税	税收收入	个人所得税增幅	个人所得税占税收收入的比重
2012	5.08	180.93	—	2.81%
2013	6.94	221.39	36.61%	3.13%
2014	7.54	251.94	8.65%	2.99%
2015	6.15	284.05	−18.44%	2.17%
2016	6.68	235.15	8.62%	2.84%

表 15 - 39   2012—2016 年盐城市的税收收入与个人所得税收入   单位:亿元

年份	个人所得税	税收收入	个人所得税增幅	个人所得税占税收收入的比重
2012	8.32	251.38	—	3.31%
2013	11.07	302.51	33.05%	3.66%
2014	11.53	341.41	4.16%	3.38%
2015	15.85	384.31	37.47%	4.12%
2016	14	324.67	−11.67%	4.31%

表 15 - 40   2012—2016 年扬州市的税收收入与个人所得税收入   单位:亿元

年份	个人所得税	税收收入	个人所得税增幅	个人所得税占税收收入的比重
2012	6.12	180.61	—	3.39%
2013	12.3	212.75	100.98%	5.78%
2014	10.24	242.22	−16.75%	4.23%
2015	9.21	274.67	−10.06%	3.35%
2016	10.19	267.16	10.64%	3.81%

表 15 - 41   2012—2016 年镇江市的税收收入与个人所得税收入   单位:亿元

年份	个人所得税	税收收入	个人所得税增幅	个人所得税占税收收入的比重
2012	6.99	174.12	—	4.01%
2013	7.15	208.65	2.29%	3.43%
2014	10.35	228.82	44.76%	4.52%
2015	13.9	245.4	34.30%	5.66%
2016	11.64	231.4	−16.26%	5.03%

表 15 - 42   2012—2016 年泰州市的税收收入与个人所得税收入   单位:亿元

年份	个人所得税	税收收入	个人所得税增幅	个人所得税占税收收入的比重
2012	7.13	179.73	—	3.97%
2013	7.1	206.55	−0.42%	3.44%
2014	7.82	225.8	10.14%	3.46%
2015	8.52	256.89	8.95%	3.32%
2016	12.15	257.62	42.61%	4.72%

表 15－43　2012—2016 年宿迁市的税收收入与个人所得税收入　　　　单位:亿元

年份	个人所得税	税收收入	个人所得税增幅	个人所得税占税收收入的比重
2012	5.13	130.07	—	3.94％
2013	6.52	157.98	27.10％	4.13％
2014	6.67	180.69	2.30％	3.69％
2015	6.64	196.95	－0.45％	3.37％
2016	5.96	186.27	－10.24％	3.20％

表 15－44　2011—2016 年江苏省企业所得税收入与税收收入总额　　　　单位:亿元

年份	企业所得税	增幅	税收收入	企业所得税占税收收入的比重
2011	731.17	—	4124.62	17.73％
2012	745.88	2.01％	4782.59	15.60％
2013	763.66	2.38％	5419.45	14.09％
2014	821.04	7.51％	6006.05	13.67％
2015	917.58	11.76％	6610.12	13.88％
2016	978.81	6.67％	6531.83	14.99％

表 15－45　2012—2016 年南京市的税收收入与企业所得税收入　　　　单位:亿元

年份	企业所得税	税收收入	企业所得税增幅	企业所得税占税收收入的比重
2012	93.01	602.79	—	15.43％
2013	100.38	684.47	7.92％	14.67％
2014	107.78	757.21	7.37％	14.23％
2015	126.31	838.67	17.19％	15.06％
2016	141.41	956.62	11.95％	14.78％

表 15－46　2012—2016 年无锡市的税收收入与企业所得税收入　　　　单位:亿元

年份	企业所得税	税收收入	企业所得税增幅	企业所得税占税收收入的比重
2012	88.64	540.01	—	16.41％
2013	88.43	579.11	－0.24％	15.27％
2014	91.74	620.34	3.74％	14.79％
2015	98.81	668.18	7.71％	14.79％
2016	103.65	706.04	4.90％	14.68％

表 15－47　　2012—2016 年徐州市的税收收入与企业所得税收入　　　单位:亿元

年份	企业所得税	税收收入	企业所得税增幅	企业所得税占税收收入的比重
2012	20.01	284.14	4.00%	7.04%
2013	20.81	341.11	5.67%	6.10%
2014	21.99	386.43	18.96%	5.69%
2015	26.16	429.13	4.00%	6.10%
2016	25.93	390.3	−0.88%	6.64%

表 15－48　　2012—2016 年常州市的税收收入与企业所得税收入　　　单位:亿元

年份	企业所得税	税收收入	企业所得税增幅	企业所得税占税收收入的比重
2012	40.67	303.89	—	13.38%
2013	41.38	327.18	1.75%	12.65%
2014	42.11	348.38	1.76%	12.09%
2015	42.57	373.7	1.09%	11.39%
2016	51.3	383.19	20.51%	13.39%

表 15－49　　2012—2016 年苏州市的税收收入与企业所得税收入　　　单位:亿元

年份	企业所得税	税收收入	企业所得税增幅	企业所得税占税收收入的比重
2012	190.02	1023.88	—	18.56%
2013	200.63	1138.33	5.58%	17.62%
2014	219.16	1244.37	9.24%	17.61%
2015	250.86	1338.61	14.46%	18.74%
2016	276.13	1505.82	10.07%	18.34%

表 15－50　　2012—2016 年南通市的税收收入与企业所得税收入　　　单位:亿元

年份	企业所得税	税收收入	企业所得税增幅	企业所得税占税收收入的比重
2012	42.77	339.51	—	12.60%
2013	41.81	399.89	−2.24%	10.46%
2014	44.78	457.34	7.10%	9.79%
2015	58.5	521.08	30.64%	11.23%
2016	51.75	456.77	−11.54%	11.33%

表 15－51　　2012—2016 年连云港市的税收收入与企业所得税收入　　单位:亿元

年份	企业所得税	税收收入	企业所得税增幅	企业所得税占税收收入的比重
2012	13.09	160.92	—	8.13%
2013	13.64	188.79	4.20%	7.22%
2014	14.25	213.42	4.47%	6.68%
2015	15.62	237.55	9.61%	6.58%
2016	18.23	170.8	16.71%	10.67%

表 15－52　　2012—2016 年淮安市的税收收入与企业所得税收入　　单位:亿元

年份	企业所得税	税收收入	企业所得税增幅	企业所得税占税收收入的比重
2012	11.36	180.93	—	6.28%
2013	11.98	221.39	5.46%	5.41%
2014	10.89	251.94	−9.10%	4.32%
2015	11.3	284.05	3.76%	3.98%
2016	12.32	235.15	9.03%	5.24%

表 15－53　　2012—2016 年盐城市的税收收入与企业所得税收入　　单位:亿元

年份	企业所得税	税收收入	企业所得税增幅	企业所得税占税收收入的比重
2012	21.95	251.38	—	8.73%
2013	25.72	302.51	17.18%	8.50%
2014	27.27	341.41	6.03%	7.99%
2015	25.43	384.31	−6.75%	6.62%
2016	22.96	324.67	−9.71%	7.07%

表 15－54　　2012—2016 年扬州市的税收收入与企业所得税收入　　单位:亿元

年份	企业所得税	税收收入	企业所得税增幅	企业所得税占税收收入的比重
2012	19.71	180.61	—	10.91%
2013	22.05	212.75	11.87%	10.36%
2014	25.3	242.22	14.74%	10.45%
2015	25.01	274.67	−1.15%	9.11%
2016	27.85	267.16	11.36%	10.42%

表 15－55　2012—2016 年镇江市的税收收入与企业所得税收入　　　单位:亿元

年份	企业所得税	税收收入	企业所得税增幅	企业所得税占税收收入的比重
2012	20.05	174.12	—	11.52％
2013	19.33	208.65	－3.59％	9.26％
2014	21.31	228.82	10.24％	9.31％
2015	22.54	245.4	5.77％	9.19％
2016	22.16	231.4	－1.69％	9.58％

表 15－56　2012—2016 年泰州市的税收收入与企业所得税收入　　　单位:亿元

年份	企业所得税	税收收入	企业所得税增幅	企业所得税占税收收入的比重
2012	25.46	179.73	—	14.17％
2013	25.01	206.55	－1.77％	12.11％
2014	24.27	225.8	－2.96％	10.75％
2015	24.92	256.89	2.68％	9.70％
2016	24.93	257.62	0.04％	9.68％

表 15－57　2012—2016 年宿迁市的税收收入与企业所得税收入　　　单位:亿元

年份	企业所得税	税收收入	企业所得税增幅	企业所得税占税收收入的比重
2012	16.02	130.07	—	12.32％
2013	17.18	157.98	7.24％	10.87％
2014	17.66	180.69	2.79％	9.77％
2015	16.79	196.95	－4.93％	8.53％
2016	18.15	186.27	8.10％	9.74％

三、财产税

表 15－58　2011—2016 年全国财产税收入及其占地方税收收入比重　　　单位:亿元、％

项目＼年份	2011	2012	2013	2014	2015	2016
房产税	1102.39	1372.49	1581.5	1851.64	2050.90	2220.91
契税	2765.73	2874.01	3844.02	4000.7	3898.55	4300.00
车船税	302	393.02	473.96	541.06	613.29	682.68
财产税总计	4170.12	4639.52	5899.48	6393.4	6562.74	7203.59
财产税增长率	15.82％	11.26％	27.16％	8.37％	2.65％	9.76％
地方税收收入	41106.74	47319.08	53890.88	59139.91	—	64691.69
财产税占比	10.14％	9.80％	10.95％	10.81％	—	11.14％

表 15-59 2011—2016 年江苏省房产税及其在总税收收入中占比 单位:亿元、%

年份	房产税收入	房产税增幅	税收收入	房产税占比
2011	121.39	31.79%	4124.62	2.94%
2012	160.88	32.53%	4782.59	3.36%
2013	192.84	19.87%	5419.49	3.56%
2014	228.73	18.61%	6006.05	3.81%
2015	248.01	8.43%	6610.12	3.75%
2016	256.60	3.5%	6531.83	3.93%

数据来源:江苏省地方税务局:http://www.jsds.gov.cn/. 以下未作特殊说明的地方税收数据均源于江苏省地方税务局。

表 15-60 2012—2016 年江苏省 13 市房产税税收收入 单位:亿元

城市＼年份	2012	2013	2014	2015	2016
南　京	22.85	24.55	24.15	30.99	33.39
无　锡	21.84	24.81	29.20	31.10	33.06
徐　州	6.75	10.07	11.34	10.70	12.40
常　州	11.41	13.46	15.75	12.26	17.98
苏　州	48.04	55.65	60.86	70.78	71.12
南　通	10.62	12.34	13.93	15.61	17.80
连云港	4.61	6.27	7.45	14.52	4.49
淮　安	7.85	11.86	19.87	11.16	8.55
盐　城	8.37	11.91	17.46	14.72	15.51
扬　州	5.88	6.65	7.79	9.47	9.70
镇　江	4.80	6.13	7.18	7.74	8.28
泰　州	4.73	5.44	6.22	7.10	7.57
宿　迁	3.13	3.70	7.53	11.87	14.50

表 15-61 2011—2016 年江苏省契税收入及其在总税收收入中占比 单位:亿元、%

年份	契税收入	契税增幅	税收收入	契税占比
2011	318.23	—	4124.62	7.72%
2012	331.15	4.06%	4782.59	6.92%
2013	383.75	15.88%	5419.49	7.08%
2014	401.69	4.68%	6006.05	6.69%
2015	370.11	−7.86%	6610.12	5.60%①
2016	335.41	−9.38%	6531.83	6.14%

---

① 江苏省地方税务局:http://www.jsds.gov.cn/

表 15－62　2011—2016 年江苏省车船税收入及其在总税收收入中占比　　单位:亿元

年份	车船税收入	车船税增幅	税收收入	车船税占比
2011	20.17	—	4124.62	0.49%
2012	27.34	35.56%	4782.59	0.57%
2013	32.25	17.96%	5419.49	0.60%
2014	36.91	14.46%	6006.05	0.61%
2015	41.74	13.09%	6610.12	0.63%
2016	47.11	12.87%	6531.83	0.72%

表 15－63　2011—2016 年江苏省财产税宏观税负　　单位:亿元、%

年份	财产税	GDP 总量	财产税收入占 GDP 比重
2011	459.79	49110	0.94%
2012	519.37	54058	0.96%
2013	608.84	59753	1.02%
2014	667.34	65088	1.03%
2015	659.86	70116.4	0.94%
2016	639.12	77388.28	0.83%

表 15－64　2011—2016 年全国财产税宏观税负　　单位:亿元、%

年份	财产税	GDP 总量	财产税占 GDP 比重
2011	4170.12	484123.5	0.86%
2012	4639.52	534123	0.87%
2013	5899.48	588018.8	1.00%
2014	6393.4	635910.2	1.01%[①]
2015	6562.74	676708	0.97%
2016	7203.59	744127.2	0.97%

表 15－65　2011—2016 年江苏省财产税的结构占比　　单位:%

项目　　年份	2011	2012	2013	2014	2015	2016
房产税占比	26.40%	30.98%	31.67%	34.28%	37.58%	40.15%
契税占比	69.21%	63.76%	63.03%	60.19%	56.09%	52.48%
车船税占比	4.39%	5.26%	5.30%	5.53%	6.33%	7.37%
财产税合计	459.79	519.37	608.84	667.34	659.86	639.12

①　文章结稿前尚未公布 2016 年全国统计年鉴

表 15－66　2011—2016 年江苏省财产税税收增长率　　　　　单位:亿元、%

年份	财产税	财产税增长率
2011	459.79	—
2012	519.37	12.96
2013	608.84	17.23
2014	667.34	9.61
2015	659.86	−1.12
2016	639.12	−3.14

表 15－67　2011—2016 年全国财产税税收增长率　　　　　单位:亿元、%

年份	全国财产税	全国财产税增长率
2011	4170.12	15.82
2012	4639.52	11.26
2013	5899.48	27.16
2014	6393.4	8.37
2015	6562.74	2.65
2016	7203.59	9.76%

表 15－68　2011—2016 年江苏省财产税税收增长弹性　　　　　单位:亿元、%

年份	GDP	GDP 增幅	财产税增幅	财产税增长弹性
2011	49110	11	—	—
2012	54058	10.10	12.96	1.2831
2013	59753	9.60	17.23	1.7944
2014	65088	8.70	9.61	1.1045
2015	70116.4	8.50	−1.12	−1.319
2016	77388.3	10.37	−3.14	−3.0279

表 15－69　2011—2016 年全国财产税税收增长弹性　　　　　单位:%

年份	全国 GDP 增长率	全国财产税增长率	财产税增长弹性
2011	9.50	15.82	1.6653
2012	7.70	11.26	1.4623
2013	7.70	27.16	3.5273
2014	7.30	8.37	1.1466
2015	6.90	2.65	0.3841
2016	7.99	9.76	1.2215

表 15－70　2011—2016 年江苏省财产税税收增长边际系数　　　　单位:亿元

年份	GDP 增加额	财产税增加额	财产税边际系数
2011	7685	—	—
2012	4948	59.5842	1.2%
2013	5695	89.4661	1.6%
2014	5335	58.5031	1.1%
2015	5028.4	−7.4792	−0.15%
2016	7217.9	−20.74	−0.29%

表 15－71　2011—2016 年全国财产税税收增长边际系数　　　　单位:亿元

年份	全国财产税增加额	全国 GDP 增加额	税收边际系数
2011	569.58	75220.5	0.76%
2012	469.4	49999.5	0.94%
2013	1259.96	53895.8	2.34%
2014	493.92	47891.4	1.03%
2015	169.34	40797.8	0.42%
2016	640.85	55075.1	1.16%

表 15－72　2011—2016 年江苏省发地产开发投资额　　　　单位:亿元

年份	房地产开发投资额	增长率
2011	5,573.83	—
2012	6,209.16	11.40%
2013	7,241.45	16.63%
2014	8,240.23	13.79%
2015	8,153.68	−1.05%
2016	8,956.37	9.84%

表 15－73　2011—2016 年江苏省地级市的房地产开发投资额　　　　单位:亿元

城市＼年份	2011	2012	2013	2014	2015	2016
南　京	871.43	971.96	1,037.71	1,125.49	1,429.02	1845.60
无　锡	877.78	974.37	1,128.91	1,252.22	991.66	1033.62
徐　州	255.12	310.07	380.47	468.88	470.22	549.13
常　州	567.53	597.01	681.39	681.53	508.04	446.70
苏　州	1,199.13	1,263.36	1,414.01	1,764.44	1,864.95	2163.24

续表

年份 城市	2011	2012	2013	2014	2015	2016
南　通	379.96	481.74	596.52	678.92	690.94	584.14
连云港	164.65	162.23	174.07	189.28	205.42	235.41
淮　安	286.49	280.55	312.22	357.66	283.69	321.41
盐　城	214.37	273.41	327.31	379.64	367.68	358.57
扬　州	197.71	235.84	315.91	360.44	378.18	410.18
镇　江	141.47	205.48	296.31	319.05	355.78	448.64
泰　州	228.25	234.48	271.16	285.54	245.57	249.96
宿　迁	189.93	218.64	305.46	377.14	362.53	309.76

数据来源：wind 资讯

表 15-74　2011—2016 年苏南地区房地产开发投资额及房产税收入①　　　　单位：亿元

年份	房地产开发 投资额	房地产开发投 资额增长率	房产税收入	房产税收 入增长率
2011	3,657.34	—	—	—
2012	4,012.19	9.70%	108.94	—
2013	4,558.33	13.61%	124.60	14.37%
2014	5,142.73	12.82%	137.14	10.06%
2015	5,149.45	0.13%	152.87	11.47%
2016	5,937.81	15.31%	163.83	7.17%

表 15-75　2011—2016 年苏中地区房地产开发投资额及房产税收入　　　　单位：亿元

年份	房地产开 发投资额	房地产开发投 资额增长率	房产税收入	房产税收 入增长率
2011	805.92	—	—	—
2012	952.07	18.13%	21.23	—
2013	1183.58	24.32%	24.43	15.07%
2014	1324.90	11.94%	27.94	14.37%
2015	1314.68	−0.77%	32.17	15.15%
2016	1244.27	−5.36%	35.07	9.01%

---

①　江苏省各地未公布 2011 年房产税数据，本文中苏南、苏中、苏北房产税收入仅采用 2012 至 2015 年数据。

表 15 - 76　2011—2016 年苏北地区房地产开发投资额及房产税税收入　　单位:亿元

年份	房地产开发投资额	房地产开发投资额增长率	房产税税收入	房产税税收入增长率
2011	1110.56	—	—	—
2012	1244.91	12.10%	29.49	—
2013	1499.54	20.45%	42.49	44.08%
2014	1772.60	18.21%	62.00	45.92%
2015	1689.55	-4.69%	55.56	-10.38%
2016	1774.28	5.01%	55.45	-0.20%

表 15 - 77　2011—2016 年江苏省居民价格指数中住房租金价格　　单位:上年=100

年份	居民价格指数中住房租金价格	增长率
2011	103.9	—
2012	103.6	3.6%
2013	103.3	3.3%
2014	102.8	2.8%
2015	101.9	1.9%
2016	101.8	1.8%

数据来源:江苏省统计局:http://www.jssb.gov.cn/

表 15 - 78　2011—2016 年新建住宅与二手住宅房地产价格指数　　单位:上年=100

住宅类型	城 市	2011 年	2012 年	2013 年	2014 年	2015 年	2016 年
新建住宅	南 京	101.3	98.5	108.6	104.2	100.2	129.0
	无 锡	102.3	99.2	103.4	100.6	96.4	115.7
	徐 州	103.6	99	106.4	102.6	96.7	103.9
	扬 州	104.2	99.3	103.9	102.4	95.2	103.9
二手住宅	南 京	99.8	96.8	105.4	103.4	100.9	121.6
	无 锡	104.1	100.1	101.9	99.8	96.9	107.9
	徐 州	99.6	97.7	102.2	99.3	96.3	102.0
	扬 州	103	96.9	100.8	100.9	97.9	101.7

表 15 - 79　2012—2016 年南京、无锡、徐州、扬州四市契税收入　　单位:亿元

年份　　城市	南京	无锡	徐州	扬州
2012	30.06	26.12	25.19	18.78
2013	38.37	29.03	33.07	18.59
2014	46.35	31.76	31.91	14.59
2015	52.47	24.61	27.48	16.53
2016	35.83	24.01	33.33	14.46

表 15 - 80　2011—2016 年江苏省契税收入及其增幅　　单位:亿元、%

年份	契税收入	契税增幅
2011	318.23	-2.00
2012	331.15	4.06
2013	383.75	15.88
2014	401.69	4.68
2015	370.11	-7.86
2016	335.41	-9.38%

表 15 - 81　2011—2016 年江苏省商品房销售面积及其增长率　　单位:万平方米、%

年份	商品房销售面积	商品房销售面积增长率
2011	7976.45	-15.91%
2012	9021.52	13.10%
2013	11454.77	26.97%
2014	9846.83	-14.04%
2015	11414.05	15.92%
2016	13962.22	22.30%

表 15 - 82　2011—2016 年苏南商品房销售面积及契税收入　　单位:万平方米、亿元

年份	商品房销售面积	商品房销售面积增长率	契税收入	契税增长率
2011	3630.96	—	—	—
2012	4520.44	24.50%	163.89	—
2013	5474.69	21.11%	180.48	10.12%
2014	4953.54	-9.52%	201.00	11.37%
2015	6045.92	22.05%	169.79	-15.53%
2016	7258.34	20.05%	160.88	-5.25%

表 15-83 2011—2016年苏中商品房销售面积及契税收入 单位:万平方米、亿元

年份	商品房销售面积	商品房销售面积增长率	契税收入	契税增长率
2011	1698.18	—	—	—
2012	1641.08	−3.36%	56.51	—
2013	2226.15	35.65%	69.57	23.11%
2014	1994.45	−10.41%	65.50	−5.85%
2015	2104.62	5.52%	67.59	3.20%
2016	2630.43	24.98%	66.45	−1.69%

表 15-84 2011—2016年苏北商品房销售面积及契税收入 单位:万平方米、亿元

年份	商品房销售面积	商品房销售面积增长率	契税收入	契税增长率
2011	2647.31	—	—	—
2012	2860.00	8.03%	112.43	—
2013	3753.93	31.26%	133.67	18.89%
2014	2898.84	−22.78%	135.20	1.14%
2015	3263.50	12.58%	119.52	−11.60%
2016	4073.32	24.81%	108.07	−9.58%

表 15-85 2011—2016年江苏省民用汽车和私人汽车拥有量 单位:万辆、%

年份	民用汽车拥有量	民用汽车拥有量增长率	私人汽车拥有量	私人汽车拥有量增长率
2011	675.18	—	528.86	—
2012	802.20	18.81%	646.69	22.28%
2013	944.35	17.72%	780.43	20.68%
2014	1,095.45	16.00%	927.48	18.84%
2015	1,247.86	13.91%	1,076.90	16.11%
2016	1,432.45	14.79%	1,252.21	16.28%

表 15-86 2011—2016年江苏省民用汽车拥有量 单位:万辆

年份	苏南	增长率	苏中	增长率	苏北	增长率
2011	419.22	20.56%	112.96	24.34%	153.95	22.45%
2012	492.55	17.49%	137.01	21.29%	181.23	17.72%
2013	575.92	16.93%	166.2	21.31%	209.85	15.79%
2014	666.55	15.74%	195.51	17.64%	239.48	14.12%
2015	749.69	12.47%	225.85	15.52%	269.84	12.68%
2016	731.44	−2.43%	232.23	2.82%	288.54	6.93%

四、资源税

表 15-87　全国 2011—2016 年资源税税收收入情况　　　　单位:亿元

项目 ＼ 年份	2011	2012	2013	2014	2015	2016
资源税	595.87	904.37	960.31	1039.38	997.07	919.40
土地增值税	2062.61	2719.06	3293.91	3914.68	2142.04	4212.19
城镇土地使用税	1222.26	1541.72	1718.77	1992.62	3832.18	2255.74
耕地占用税	1075.46	1620.71	1808.23	2059.05	2097.21	2028.89
资源税总计	4956.2	6785.86	7781.22	9005.73	9068.50	9416.22
资源税增长率	38.11%	36.92%	14.67%	15.74%	0.70%	3.83%
地方税收收入	41106.74	47319.08	53890.88	59139.91	62661.93	64691.69
地方税收增长率	25.70%	15.11%	13.89%	9.74%	5.96%	3.24%
资源税总额占比	12.06%	14.34%	14.44%	15.23%	14.47%	14.14%

表 15-88　江苏省 2011—2016 年资源税收入情况　　　　单位:亿元

项目 ＼ 年份	2011	2012	2013	2014	2015	2016
资源税	12.48	21.93	23.39	25.33	26.48	17.56
土地增值税	256.97	317.17	405.79	444.89	437.01	480.58
城镇土地使用税	125.73	149.25	163.44	176.06	180.06	185.12
耕地占用税	54.33	57.96	42.91	34.74	31.76	26.63
资源税总计	449.51	546.31	635.54	681.02	675.32	709.89
资源税增长率	—	21.54%	16.33%	7.16%	−0.84%	5.12%
税收收入	4124.62	4782.59	5419.49	6006.05	6610.12	6531.83
资源税总额占比	10.90%①	11.42%	11.73%	11.34%	10.22%	10.87%

表 15-89　2011—2016 年江苏省资源税收入情况　　　　单位:亿元

年份	资源税收入	资源税增长率	税收收入总额	资源税占比
2011	12.48	24.06%	4124.62	0.30%
2012	21.93	75.76%	4782.59	0.46%
2013	23.39	6.66%	5419.49	0.43%
2014	25.33	8.26%	6006.05	0.42%
2015	26.48②	4.56%	6610.12	0.40%
2016	17.56	−33.69	6531.83	0.27%

---

① 国家统计局:http://www.stats.gov.cn/
② 国家统计局:http://www.stats.gov.cn/

表 15－90　2011—2016 年全国和江苏省的资源税收入及增长率　　　单位:亿元

年份	全国资源税收入	全国资源税收入增长率	江苏省资源税收入	江苏省资源税增长率
2011	595.87	42.70%	12.48	24.06%
2012	904.37	51.77%	21.93	75.76%
2013	960.31	6.19%	23.39	6.66%
2014	1039.38	8.23%	25.33	8.26%
2015	997.07	−4.07%	26.48	4.56%
2016	919.40	−7.79%	17.56	−33.69%

表 15－91　2011—2016 年江苏省土地增值税收入　　　单位:亿元

年份	土地增值税收入	土地增值税增幅	税收收入	土地增值税占比
2011	256.97	50.84%	4124.62	6.23%
2012	317.17	23.43%	4782.59	6.63%
2013	405.79	27.94%	5419.49	7.49%
2014	444.89	9.64%	6006.05	7.41%
2015	437.01①	−1.77%	6610.12	6.61%
2016	480.58	9.97%	6531.83	7.36%

表 15－92　2011—2016 年全国和江苏省土地增值税收入及增长率　　　单位:亿元

年份	全国土地增值税收入	全国土地增值税增长率	江苏省土地增值税收入	江苏省土地增值税增长率
2011	2062.61	61.36%	256.97	50.84%
2012	2719.06	31.83%	317.17	23.43%
2013	3293.91	21.14%	405.79	27.94%
2014	3914.68	18.85%	444.89	9.64%
2015	2142.04	−45.28%	437.01	−1.77%
2016	4212.19	96.64%	480.58	9.97%

---

① 国家统计局：http://www.stats.gov.cn/

数 据 篇

表 15-93　2011—2016 年江苏省城镇土地使用税收入　单位：亿元

年份	城镇土地使用税收入	城镇土地使用税增长率	税收收入	城镇土地使用税占比
2011	125.73	—	4124.62	3.05%
2012	149.25	18.71%	4782.59	3.12%
2013	163.44	9.51%	5419.49	3.02%
2014	176.06	7.72%	6006.05	0.58%
2015	180.06	2.27%	6610.12	2.72%
2016	185.12	2.81%	6531.83	2.83%

表 15-94　2011—2016 年全国和江苏省城镇土地使用税收入及增长率　单位：亿元、%

年份	全国城镇土地使用税收入	全国城镇土地使用税增长率	江苏省城镇土地使用税收入	江苏省城镇土地使用税增长率
2011	1222.26	21.74%	125.73	—
2012	1541.72	26.14%	149.25	18.71%
2013	1718.77	11.48%	163.44	9.51%
2014	1992.62	15.93%	176.06	7.72%
2015	3832.18	92.32%	180.06	2.32%
2016	2255.74	−41.14%	185.12	2.81%

表 15-95　2011—2016 年江苏省耕地占用税收入　单位：亿元

年份	耕地占用税收入	耕地占用税增长率	税收收入	耕地占用税占比
2011	54.33	−7.88%	4124.62	1.32%
2012	57.96	6.68%	4782.59	1.21%
2013	42.91	−25.97%	5419.49	0.79%
2014	34.74	−19.04%	6006.05	0.58%
2015	31.76	−8.57%	6610.12	0.48%
2016	26.63	−16.15%	6531.83	0.41%

表 15-96　2011—2016 年全国和江苏省耕地占用税收入及增长率　单位：亿元、%

年份	全国耕地占用税收入	全国耕地占用税增长率	江苏省耕地占用税收入	江苏省耕地占用税增长率
2011	1075.46	21.02%	54.33	−7.88%
2012	1620.71	50.70%	57.96	6.68%
2013	1808.23	11.57%	42.91	−25.97%
2014	2059.05	13.87%	34.74	−19.04%
2015	2097.21	1.85%	31.76	−8.58%
2016	2028.89	−3.26%	26.63	−16.15%

表 15 - 97　2014—2016 年江苏省 13 市资源税收入情况　　　　单位:亿元

城　市	2014 年	2015 年	2016 年	2015 年增长率	2016 年增长率
南　京	0.70	0.89	0.46	26.35%	−48.31%
无　锡	0.27	0.34	0.14	24.67%	−58.82%
徐　州	10.36	12.86	10.08	24.15%	−21.62%
常　州	1.16	0.67	0.42	−42.42%	37.31%
苏　州	0.02	0.01	0.01	−72.10%	0
南　通	—	0.14	0.09	—	−35.71%
连云港	6.20	6.94	2.18	11.92%	−68.59%
淮　安	1.89	—	—	—	—
盐　城	0.27	0.19	0.12	−30.09%	−36.84%
扬　州	0.34	—	—	—	—
镇　江	—	0.27	0.18	—	−33.33
泰　州	—	0.57	0.49	—	−14.04%
宿　迁	—	0.57	1.28	—	124.45%

表 15 - 98　2012—2016 年江苏省 13 市的土地增值税收入　　　　单位:亿元

城市＼年份	2012	2013	2014	2015	2016
南　京	45.39	63.70	66.51	63.10	95.42
无　锡	24.61	25.73	28.24	17.50	19.17
徐　州	33.63	39.79	49.03	48.73	52.58
常　州	21.37	23.44	18.54	15.27	10.10
苏　州	60.48	78.70	88.87	84.93	110.90
南　通	18.26	25.07	39.53	36.37	34.54
连云港	11.42	15.68	14.12	17.03	10.60
淮　安	19.45	33.08	33.41	38.74	28.14
盐　城	30.79	34.83	30.20	29.48	25.16
扬　州	14.49	17.22	27.95	36.09	38.92
镇　江	15.81	20.91	17.45	14.89	14.52
泰　州	11.00	15.13	13.96	14.49	18.14
宿　迁	10.36	12.00	17.03	20.34	33.31

表 15-99 2013—2016 年江苏省 13 市土地增值税增长率   单位:%

城市＼年份	2013	2014	2015	2016	城市＼年份	2013	2014	2015	2016
南 京	40.34	4.41	−5.13	51.22%	淮 安	70.08	1.00	15.95	−27.36%
无 锡	4.55	9.76	−38.04	9.54%	盐 城	13.12	−13.29	−2.39	−14.65%
徐 州	18.32	23.22	−0.61	7.90%	扬 州	18.84	62.31	29.12	7.84%
常 州	9.69	−20.90	−17.66	−33.86%	镇 江	32.26	−16.55	−14.67	−2.41%
苏 州	30.13	12.92	−4.44	30.58%	泰 州	37.55	−7.73	3.83	25.19%
南 通	37.29	57.68	−8.00	−5.03%	宿 迁	15.83	41.92	19.42	63.77%
连云港	37.30	−9.95	20.62	−40.93%					

表 15-100 2014—2016 年江苏省 13 市的城镇土地使用税收入   单位:亿元

城 市	2014 年	2015 年	2016 年	2015 年增幅	2016 年增幅
南 京	12.79	16.79	17.02	31.28%	1.37%
无 锡	21.88	20.45	19.94	−6.56%	−2.49%
徐 州	14.01	15.47	15.75	10.42%	1.81%
常 州	17.52	16.10	16.78	−8.06%	4.22%
苏 州	34.77	36.03	34.78	3.62%	−3.47%
南 通	—	19.30	19.79	—	2.54%
连云港	10.68	11.44	10.74	7.14%	−6.12%
淮 安	7.87	—	—	—	—
盐 城	11.32	10.43	11.78	−7.84%	12.94%
镇 江	7.86	6.09	6.38	−22.54%	4.76%
泰 州	—	8.00	8.72	—	9.00%
宿 迁	—	5.21	6.54	—	25.53%
扬 州	—	—	—	—	—

表 15-101 2012—2016 年江苏省 13 市的耕地占用税收入   单位:亿元

城市＼年份	2012	2013	2014	2015	2016
南 京	3.68	1.72	2.84	3.41	1.37
无 锡	6.91	5.66	4.67	3.17	2.01
徐 州	2.05	1.64	2.48	1.23	2.01
常 州	4.55	5.49	2.55	2.38	1.88
苏 州	8.75	6.39	5.01	4.98	3.90
南 通	4.26	4.71	4.10	4.35	3.14
连云港	0.21	0.18	0.21	0.08	0.16

城市＼年份	2012	2013	2014	2015	2016
淮 安	2.88	1.21	0.84	0.77	1.07
盐 城	4.89	3.57	2.14	2.90	2.38
扬 州	4.32	4.02	2.10	2.40	2.49
镇 江	4.72	2.70	3.65	2.19	1.73
泰 州	4.20	4.23	3.38	3.17	3.82
宿 迁	6.53	1.39	0.77	0.73	0.64

表 15－102　2013—2016 年江苏省 13 市耕地占用税增长率　　　　单位:%

城市＼年份	2013	2014	2015	2016	城市＼年份	2013	2014	2015	2016
南 京	−53.26	65.12	20.12	−59.82%	淮 安	−57.99	−30.58	−8.33	38.96%
无 锡	−18.09	−17.49	−32.12	−36.59%	盐 城	−26.99	−40.06	35.53	−17.93%
徐 州	−20.00	51.22	−50.60	63.41%	扬 州	−6.94	−47.76	14.29	3.75%
常 州	20.66	−53.55	−6.71	−21.01%	镇 江	−42.80	35.19	−39.97	−37.44%
苏 州	−26.97	−21.60	−0.51	−21.69%	泰 州	0.71	−20.09	−6.32	20.50%
南 通	10.56	−12.95	6.21	−27.82%	宿 迁	−78.71	−44.60	−4.97	−12.33%
连云港	−14.29	16.67	−60.33	100%					

表 15－103　2010—2014 年江苏省采矿业的资源税收入　　　　单位:亿元

年份	采矿业收入	增长率
2010	16.00	—
2011	21.00	31.25%
2012	31.00	47.62%
2013	30.00	−3.23%
2014	30.00	0%

表 15－104　2014—2016 年苏南四市和苏北四市的资源税及增长率　　　　单位:亿元、%

	2014 年	2015 年	2016 年	2015 年增长率	2016 年增长率
苏南	2.15	1.91	1.07	−11.16	−43.98%
苏北	16.83	19.99	13.66	18.78	−31.67%

表 15-105　2012—2016 年江苏省国有土地使用权出让金及增长率　　　单位:亿元、%

年份	国有土地使用权出让金	增长率
2012	3071.28	—
2013	4369.58	42.27
2014	4687.40	7.27
2015	4031.90	−13.98
2016	6150.63	52.55

表 15-106　2011—2016 年江苏省房地产开发投资额及其增长率　　　单位:亿元、%

年份	江苏房地产开发投资额	增长率
2011	5573.83	—
2012	6209.16	11.40
2013	7241.45	16.63
2014	8240.23	13.79
2015	8153.68	−1.05
2016	8956.40	9.84

表 15-107　2012—2016 年苏南、苏中、苏北地区的土地增值税及增幅　　　单位:亿元、%

地域	2012 年	2013 年		2014 年		2015 年		2016 年	
	总额	总额	增幅	总额	增幅	总额	增幅	总额	增幅
苏南	167.66	212.48	26.73	219.61	3.36	195.69	−10.89	230.94	18.01
苏中	43.75	57.42	31.25	81.44	41.83	86.95	6.77	110.85	27.49%
苏北	105.65	135.38	28.14	143.79	6.21	154.32	7.32	138.79	−10.06%

表 15-108　2011—2016 年江苏省城镇村建设用地及其增长率　　　单位:公顷、%

年份	城镇村建设用地	增长率
2011	22500.83	10.84
2012	21019.06	−6.59
2013	21228.91	1.00
2014	15351.86	−27.68
2015	42313.54	175.62%
2016	16720.08	−60.49%

表 15 - 109　2014—2016 年苏南五市和苏北四市的城镇土地使用税及增长率

单位:亿元、%

区域	2014 年	2015 年	2016 年	2015 年增长率	2016 年增长率
苏南	94.82	95.46	94.89	0.67	−0.6%
苏北	36.01	37.34	44.81	3.69%	20.00%

表 15 - 110　2012—2016 年江苏省农业土地开发资金及增长率　单位:亿元、%

年份	农业土地开发资金	增长率
2012	17.36	—
2013	18.15	4.55
2014	22.27	22.70
2015	13.76	−38.21
2016	21.18	53.92

表 15 - 111　2012—2016 年苏南、苏中、苏北地区的耕地占用税及增幅　单位:亿元、%

地域	2012 年	2013 年		2014 年		2015 年		2016 年	
	总额	总额	增幅	总额	增幅	总额	增幅	总额	增幅
苏南	28.61	21.96	−23.24%	18.72	−14.75%	16.13	−13.84%	10.91	−32.36
苏中	12.78	12.96	1.41%	9.58	−26.08%	9.92	3.55%	9.46	−2.82%
苏北	16.56	7.99	−51.75%	6.44	−19.40%	5.71	−11.34%	6.26	9.63%

表 15 - 112　2011—2016 年江苏省资源税占江苏省 GDP 的比重　单位:亿元

项目　　　　年份	2011	2012	2013	2014	2015	2016
资源税合计	449.51	546.31	635.54	681.02	675.32	709.89
GDP 数值	49110	54058	59753	65088	70116.4	77388.3
资源税占 GDP 比重	0.92%	1.01%	1.06%	1.05%	0.96%	0.92%

表 15 - 113　2011—2016 年江苏省资源税分税占比　单位:%

各税占比　　　年份	2011	2012	2013	2014	2015	2016
资源税占比	2.78%	4.01%	3.68%	3.72%	3.92%	2.47%
土地增值税占比	57.17%	58.06%	63.85%	65.33%	64.71%	67.70%
城镇土地使用税占比	27.97%	27.32%	25.72%	25.85%	26.66%	26.08%
耕地占用税占比	12.09%	10.61%	6.75%	5.10%	4.70%	3.75%

数　据　篇

表 15-114　2011—2016 年江苏省资源税及其增长率　　　　单位:亿元、%

年份	资源税合计	税收增长率	GDP 数值	GDP 增长率
2011	449.51	—	49110	11
2012	546.31	21.54%	54058	10.10
2013	635.54	16.33%	59753	9.60
2014	681.02	7.16%	65088	8.70
2015	675.32	−0.84%	70116.4	8.50
2016	709.89	5.12%	77388.3	10.37%

表 15-115　2011—2016 年全国资源税合计和税收增长率　　　　单位:亿元、%

年份	全国资源税	全国资源税增长率
2011	1367.69	38.11
2012	1829.66	36.92
2013	7781.22	14.67
2014	9005.73	15.74
2015	9068.50	0.70
2016	9416.22	3.83

表 15-116　2011—2016 年江苏省税收增长弹性　　　　单位:亿元、%

年份	税收增长率	GDP 数值	GDP 增长率	税收增长弹性
2011	—	49110	11.00%	—
2012	21.54%	54058	10.10%	2.13
2013	16.33%	59753	9.60%	1.70
2014	7.16%	65088	8.70%	0.82
2015	−0.84%	70116.4	8.50%	−0.10
2016	5.12%	77388.3	10.37%	0.49

表 15-117　2011—2014 年全国资源税增长弹性　　　　单位:%

年份	全国资源税增长率	全国 GDP 增长率	资源税增长弹性
2011	38.11%	9.50%	4.01
2012	36.92%	7.70%	4.79
2013	14.67%	7.70%	1.91
2014	15.74%	7.30%	2.16
2015	0.7%	8.5%	0.082
2016	3.83%	10.37%	0.37

表 15-118　2011—2016 年江苏省资源税增长边际系数　　　　单位:亿元

年份	资源税	资源税增量	GDP 数值	GDP 增量	资源税增长边际系数
2011	449.51	—	49110	—	—
2012	546.31	96.8	54058	4948	1.96%
2013	635.54	89.23	59753	5695	1.57%
2014	681.02	45.48	65088	5335	0.85%
2015	675.32	−5.7	70116.4	5028.4	−0.11%
2016	709.89	34.57	77388.3	7271.9	0.48%

表 15-119　2011—2014 年全国资源税税收边际系数　　　　单位:亿元

年份	全国资源税增加额	全国 GDP 增加额	税收边际系数
2011	1367.69	75220.5	1.82
2012	1829.66	49999.5	3.66
2013	995.36	53895.8	1.85
2014	1224.51	47891.4	2.56
2015	62.77	5028.4	1.25
2016	347.72	7271.9	4.78

五、行为税

表 15-120　2011—2016 年江苏省印花税收入情况　　　　单位:亿元

项目＼年份	2011	2012	2013	2014	2015	2016
印花税收入	62.64	66.77	75.37	81.97	85.27	87.94
总税收收入	4124.62	4782.59	5419.49	6006.05	6610.12	6531.83
印花税收入涨幅	7.34%	6.59%	12.88%	8.76%	4.03%	3.13%
印花税占总税收收入的比重	1.52%	1.40%	1.39%	1.36%	1.29%	1.35%

表 15-121　2011—2016 年国家印花税收入情况　　　　单位:亿元

项目＼年份	2011	2012	2013	2014	2015	2016
国家印花税收入	1042.22	985.64	1244.36	1540	3441.44	2209.37
国家税收收入	89738.39	100614.28	110530.7	119175.31	124922.2	130360.7
国家印花税涨幅	0.18%	−5.43%	26.25%	23.76%	123.47%	−35.80%
印花税占国家税收收入的比重	1.16%	0.98%	1.13%	1.29%	2.75%	1.69%

表 15－122　　2011—2016 年江苏省城建税收入情况　　　　单位:亿元

项目＼年份	2011	2012	2013	2014	2015	2016
城建税收入	270.82	309.93	339.53	376.15	421.46	433.98
总税收收入	4124.62	4782.59	5419.49	6006.05	6610.12	6531.83
城建税占总税收收入的比重	6.57%	6.48%	6.26%	6.26%	6.38%	6.64%
城建税涨幅	64.32%	14.44%	9.55%	10.79%	12.04%	2.97%

数据来源:历年江苏省统计年鉴。

表 15－123　　2011—2016 年国家城建税收入情况　　　　单位:亿元

项目＼年份	2011	2012	2013	2014	2015	2016
国家城建税收入	1887.11	2779.29	3125.63	3419.9	3886.32	4033.60
国家税收收入	73210.79	89738.39	100614.28	110530.7	124922.2	130360.73
国家城建税涨幅	47.28%	12.46%	9.41%	6.57%	13.64%	3.79%
城建税占全国税收收入的比重	2.58%	3.10%	3.11%	3.09%	3.11%	3.09%

表 15－124　　2011—2014 年江苏省车辆购置税收入情况　　　　单位:亿元

项目＼年份	2011	2012	2013	2014	2015	2016
车辆购置税收入	177.7	188.42	212.03	248.16	245.64	240.00
总税收收入	4124.62	4782.59	5419.49	6006.05	6620.12	6531.83
车辆购置税占总税收收入的比重	4.31%	3.94%	3.91%	4.13%	3.71	3.67
车辆购置税涨幅	—	6.03%	12.53%	17.04%	－1.02%	－2.30%

表 15－125　　2011—2016 年国家车辆购置税收入情况　　　　单位:亿元

项目＼年份	2011	2012	2013	2014	2015	2016
国家车购税收入	2044.89	2228.91	2596.34	2885.11	2792.56	2674.16
国家总税收收入	89738.39	100614.28	110530.7	119175.31	124922.2	130360.73
国家车购税涨幅	14.07%	9.00%	16.48%	11.12%	－3.21%	－4.24%
国家车购税占总税收收入的比重	2.28%	2.22%	2.35%	2.42%	2.24%	2.03%

表 15-126　江苏省各地市 2015—2016 年印花税收入情况　　　　单位:亿元

城　市	2015 年	2016 年	2015 年同比增长	2016 年同比增长
南　京	12.48	14.41	7.68%	15.46%
无　锡	10.56	10.42	−1.96%	−1.33%
徐　州	4.57	5.03	5.54%	10.07%
常　州	5.95	6.18	−0.17%	3.87%
连云港	2.71	2.47	12.45%	−8.86%
盐　城	4.85	4.85	−3.58%	0
镇　江	3.28	3.70	2.50%	12.80%

表 15-127　2012—2016 年江苏省各市的城建税收入情况　　　　单位:亿元

城市 ＼ 年份	2012	2013	2014	2015	2016
南　京	53.70	57.11	63.30	71.60	87.09
苏　州	70.71	76.37	82.79	92.42	103.68
徐　州	21.72	24.31	27.38	31.53	29.40
宿　迁	6.70	7.50	8.84	9.56	9.99
南　通	20.55	22.87	25.43	27.80	26.38
扬　州	11.52	14.19	16.43	18.29	17.74

表 15-128　2012—2016 年苏南、苏中、苏北地区的城建税收入　　　　单位:亿元

地区 ＼ 年份	2012	2013	2014	2015	2016
苏南	196.73	211.13	231.35	252.38	278.99
苏中	45.39	51.44	58.00	63.60	61.74
苏北	63.82	72.78	81.93	93.76	88.18

表 15-129　2012—2016 年江苏省民用汽车拥有量和私人汽车拥有量　　　　单位:万辆

年份	民用汽车(量)	民用增长率	私人汽车(量)	私人增长率
2012	802.20	18.81%	646.69	22.28%
2013	944.35	17.72%	780.43	20.68%
2014	1,095.45	16.00%	927.48	18.84%
2015	1,247.86	13.91%	1,076.90	16.11%
2016	1,434.53	14.96%	1,252.20	16.28%

表 15-130 2011—2016 年南京、常州、宿迁近几年车辆购置税收入 单位:亿元

城市＼年份	2011	2012	2013	2014	2015	2016
南 京	27.50	29.60	35.70	49.40	40.50	36.7
常 州	16.07	16.25	17.33	19.30	18.77	17.93
宿 迁	4.73	5.17	6.58	6.93	7.29	8.19

表 15-131 2011—2016 年江苏省行为税各税种所占比重 单位:%

项目＼年份	2011	2012	2013	2014	2015	2016
城建税	52.98	54.84	54.16	53.26	54.82	56.96
印花税	12.25	11.82	12.02	11.61	11.33	11.54
车购税	34.76	33.34	33.82	35.14	33.85	31.50
行为税合计	511.16	565.12	626.93	706.28	752.37	761.92

表 15-132 2012—2016 年江苏省税收增长弹性与行为税增长弹性

项目＼年份	2012	2013	2014	2015	2016
税收收入	4782.59	5419.49	6006.05	6610.12	6531.83
税收收入增长率	15.95%	13.32%	10.82%	10.06%	−1.18%
行为税税收收入	565.12	626.93	706.28	752.37	761.92
行为税收入增长率	10.56%	10.94%	12.66%	6.53%	1.27%
国民收入	54058.22	59753.37	65088.32	70116.38	76086.17
国民收入增长率	10.08%	10.54%	8.93%	7.72%	8.51%
税收增长弹性	1.58	1.26	1.21	1.30	−1.38
行为税收入增长弹性	1.05	1.04	1.42	1.44	1.49

表 15-133 2012—2016 年江苏省税收增长边际系数与行为税增长边际系数

项目＼年份	2012	2013	2014	2015	2016
税收收入	4782.59	5419.49	6006.05	6610.12	6531.83
行为税税收收入	565.12	626.93	706.28	752.37	761.92
国民收入	54058.22	59753.37	65088.32	70116.38	76086.17
税收增长边际系数	0.13	0.11	0.11	0.12	−0.013
行为税增长边际系数	0.01	0.01	0.01	0.02	0.001